초 보 자 를 위 한
**꼼 꼼 가 이 드 북**

화초 기르기를 시작하다

**지은이 전영은**

서울여자대학교에서 산업디자인을 전공하고 독일 GBF Flower-Designer(Flower ART International) Diplom, 방식 꽃 예술원 사범 1급 자격증을 취득했다. 고려대학교 생명환경과학 대학원 화훼장식 및 원예치료학 석사 과정을 마치고 원예학적 지식을 통해 한층 더 발전된 꽃전문가가 되었다.
다양한 플라워, 조경, 디스플레이 연출을 진행하고 있으며 세련되고 감각적인 디자인으로 활발한 활동을 하고 있다. 현재 꽃의 아름다운 매력뿐 아니라 신비로운 자연의 모습에 반해 꽃과 함께하게 된 플로리스트로 플라워 컴퍼니 '더모스피플'을 운영하고 있다.


초 보 자 를  위 한  꼼 꼼  가 이 드 북
# 화초 기르기를 시작하다

**펴낸날** | 2013년 3월 20일 초판 1쇄 발행
　　　　　2021년 2월 15일 초판 4쇄 발행

**지은이** | 전영은
**펴낸이** | 김병준
**펴낸곳** | ㈜하서출판사
**주　소** | 서울특별시 강남구 논현로 71길 14
**전　화** | 2237-8161(대표) | 557-6352(팩스)
**등　록** | 제2009-000078호(1967. 12. 18)

ⓒ 전영은, 2013년 printed in Korea.
**편집책임** 한은선 **편집진행** 박성아 **디자인** 이수연 **사진촬영** 조희원
**촬영화분 협찬** 더모스피플 www.mosspeople.com 뜨레농원 www.treflower.com
**촬영장소 협찬** 아일랜드 리조트 www.islandresort.co.kr

**ISBN** 978-89-6259-190-3 13520

* 잘못 만들어진 책은 바꾸어 드립니다.
* 책값은 뒤표지에 있습니다.

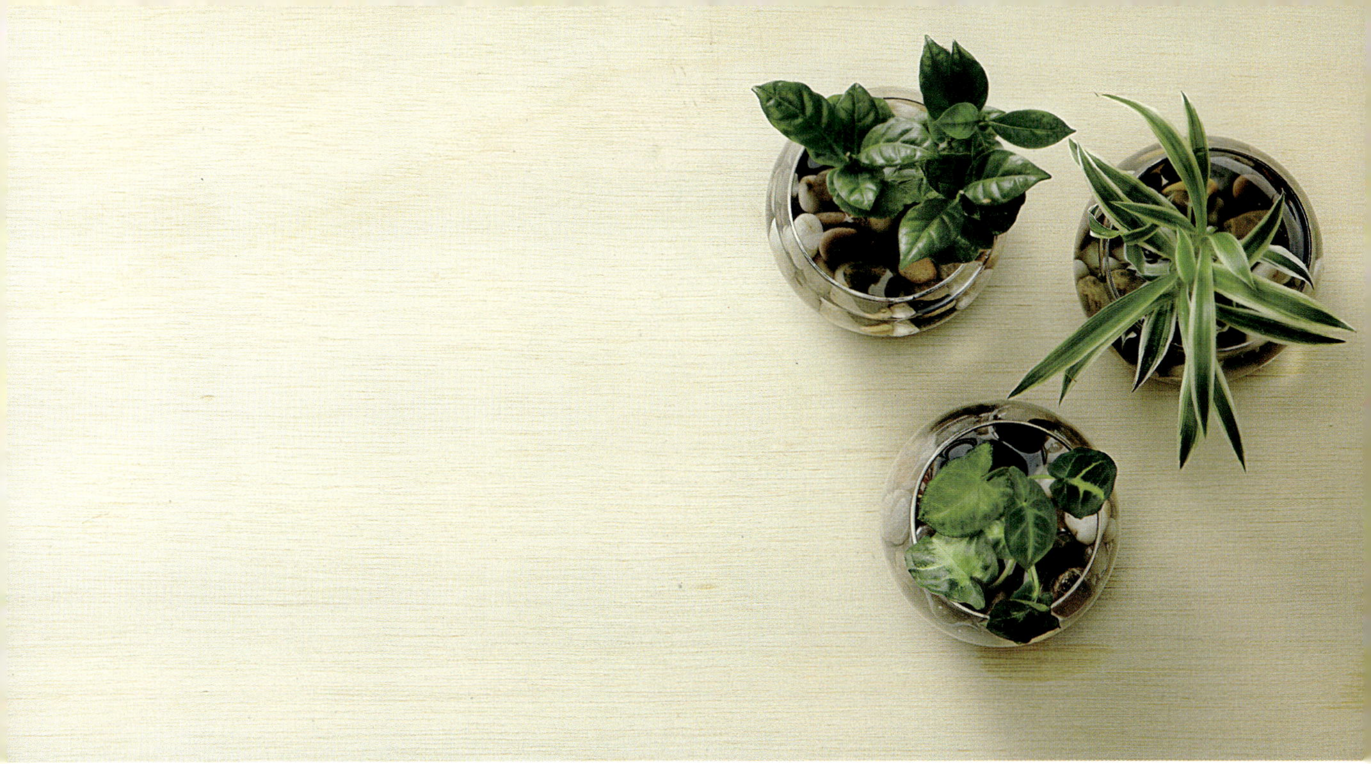

초보자를 위한 **꼼꼼 가이드북**

# 화초 기르기를 시작하다

**전영은** 지음

하서
haseo

## *prologue*

메마른 일상 속에서 문득 장미 향기에 미소 짓거나 좋아하지 않던 소국 향기에 취하기도 합니다. 식물과 마주하는 일은 자연 속으로 들어가는 초대장과 같습니다. 식물을 키워 보면 예전에는 못생겨서 싫었던 꽃이 꿋꿋이 잘 자라서 좋아지는 반면, 예뻐서 반했던 꽃이 하루아침에 시들어서 다시는 키우지 않으리라 다짐하기도 합니다.
식물을 가꾸는 일은 사람 사는 모습과 닮았습니다. 자신의 욕심을 버리고 식물의 입장에서 무엇을 좋아하고 싫어하는지 잘 관찰하여 원하는 것을 해주어야 하지요.

잘 가꾸어진 화단의 식물은 보기에는 좋지만 그렇게 되기까지 주인의 관심과 사랑을 통해 이루어진 성과일 것입니다. 그만큼 식물을 키우는 일이란 결코 쉬운 일이 아니지요. 식물 가꾸기는 우리가 생활하면서 꼭 해야 할 일은 아닙니다. 그러나 삶을 살아가면서 소소한 기쁨을 느끼고 싶다면 모르고 있기에는 아까운 일이랍니다. 많은 식물을 가꾸는 것이 부담스럽다면 키우기 까다롭지 않은 작은 화분을 골라 키워 보세요. 어느새 자신만의 식물 키우기 노하우를 깨달으며 늘어나는 화분 수를 발견하게 될 겁니다.

이 책은 식물을 어떻게 키워야 할지 막막한 분들을 위해 기획했습니다. 선물할 때는 어떤 의미의 식물을 선택하면 좋을지, 테마별 분류와 함께 계절을 느낄 수 있는 식물 그리고 집에서 간단하게 연출할 수 있는 스타일링과 팁을 소개합니다. 식물의 기본적인 정보는 물론 식물과 관련된 이야기를 들려줌으로써 식물을 새로운 각도로 바라보고, 흥미를 느낄 수 있게 하였지요. 더불어 식물을 공간에 아름답게 배치하기 위한 아이디어와 활용법도 소개했습니다. 단순히 식물을 키우는 정보보다는 생활 속에서 식물과 함께 느끼고 살아가는 이야기를 전해 드리고 싶습니다.

플로리스트 전영은

차례

**프롤로그** · 4
**이 책을 보는 방법** · 10
**계절별 화초 캘린더** · 14

## part 1 식물 초보자를 위한 꼼꼼 가이드

### 1. 식물을 왜 키워야 하나요?
실내 공기정화의 효과 · 19 | 장식적인 효과 · 21
정서적 안정 · 취미 생활의 즐거움 · 교육적인 효과 · 22

### 2. 이름 모를 식물, 어떻게 키울까요?
향이 나는지 맡아 보세요 · 야생화인지 확인하세요 · 잎이 통통하거나 가시가 있나요? · 25
꽃이 있는 식물인가요? · 26
허브, 야생화, 꽃이 있는 식물도 아니라면? · 26

### 3. SOS! 죽어가는 식물 살리기
잎끝이 말라요 · 잎이 처졌어요 · 줄기와 뿌리가 물렀어요 · 31
연약하게 키만 쑥 자랐어요 · 아래 잎부터 말라가요 · 32
잎이 점점 시들어요 · 잎이 우수수 떨어져요 · 수경 재배 식물이 시들어가요 · 32

### 4. 이것만 기억하자! 식물 키우기 3가지 포인트
물주기 · 35 | 햇빛 · 42 | 온도 · 44

### 5. 식물키우기, 무엇이 필요한가요?
화분과 바구니 · 47 | 가드닝 도구 · 48 | 분갈이 · 50 | 흙 · 52

### 6. 알아두면 좋아요! 비료&병해충
비료 · 55 | 병해충 · 57

## part 2 식물 초보자를 위한 테마별 화초 이야기

### 1. 식물 초보자를 위한 화초
싱고니움 · 70 | 식물 이름, 어떻게 부르면 좋을까? · 74
페페로미아(신홀리페페로미아) · 76 | 식물의 번식과 꺾꽂이 · 80
칼랑코에 · 82 | 순지르기란? · 86
꽃기린 · 88 | 박쥐란 · 92

### 2. 돈과 행운을 부르는 식물
행운목 · 98 | 행운목 번식시키기 · 103
금전수(자미오쿨카스) · 104 | 금전수 포기나누기 · 108
자주만년초(부자란) · 110 | 자주만년초 부자가 되어 보아요! · 113
백량금 · 114 | 백량금의 개체수를 늘려 보아요! · 118

### 3. 선물하기 좋은 의미 있는 식물
호야 케리 · 120 | 칼라데아 인시그니스(부부초) · 124 | 식물의 증산과 증발이란? · 127
행복나무(해피트리) · 128 | 접란 · 132 | 접란을 주렁주렁 늘려 보아요! · 135
다육 식물 · 136 | 다육 식물을 늘리고 싶어요! · 140

### 4. 카페에 잘 어울리는 식물
떡갈잎고무나무 · 142 | 고무나무의 수를 늘려 보아요! · 147
알로카시아 · 148 | 커피나무 · 152 | 커피나무의 종자를 늘려 보아요! · 157
디펜바키아 마리안느 · 158 | 클루시아 · 162

### 5. 특별한 나무 이야기
그린볼 · 168 | 월계수 · 172 | 꽃댕강나무 · 176 | 님트리 · 180

### 6. 공기정화에 좋은 친환경 식물
아레카야자(황야자) · 188 | 산세비에리아 스투키 · 192 | 산세비에리아 꺾꽂이는 어떻게 할까? · 196
안스리움 · 198 | 구근베고니아 · 202

### 7. 향기 나는 허브 식물
로즈메리 · 208 | 로즈메리의 개체수를 늘리고 싶어요! · 213
애플민트 · 214
장미허브 · 220 | 장미허브의 개체수를 늘려 보아요! · 223
율마 · 224

# part 3 계절별로 보는 화초 이야기

### 1. 봄을 부르는 식물

히아신스 · 232 | 알뿌리 식물, 내년에 또 만나자! · 236
무스카리 · 238 | 수선화 · 242 | 알뿌리 식물로 수경 재배하기 · 246
튤립 · 248 | 양골담초(애니시다) · 252
캄파눌라 · 256 | 봄을 느끼는 하나의 시작, 씨앗 · 259

### 2. 여름을 시원하게 해주는 식물

종려방동사니(시페루스) · 266 | 종려방동사니 잎꽂이 · 268
워터코인 · 270 | 수생 식물이란? · 274
스파티필룸 · 276 | 수경 재배란? · 280
수국 · 282 | 클레마티스 · 286

### 3. 가을 단풍 같은 식물

남천 · 292 | 밴쿠버제라늄 · 296 | 제라늄 번식시키기 · 300
피라칸사 · 302 | 국화 · 306

### 4. 겨울, 크리스마스에 어울리는 식물

포인세티아 · 312 | 포인세티아를 붉게 만드는 단일 처리 · 316
아라우카리아 · 318 | 호랑가시나무 · 322 | 백묘국 · 326

## part 4 소품을 이용한 다양한 화초 가꾸기

### 1. 허브 다양하게 이용하기
허브티 · 332 | 허브 비니거 · 허브 오일 · 333
허브 양초 · 허브 포푸리 · 334 | 허브 페이셜스팀 · 335

### 2. 내추럴 스타일링 만들기
계피를 이용한 크리스마스 장식 · 336
자작나무 껍질 · 마른 잎 · 가지치기 줄기를 이용한 장식 · 338
조개 · 전복 · 소라 껍데기를 이용한 화분, 장식품 · 339

### 3. 간단한 소품으로 분위기 변신
일회용품을 이용한 식물 이름표 만들기 · 340
리본 하나로 분위기 변신 · 342
종이 포장으로 옷 입히기 · 344
문양 만들어 붙이기 · 345

### 4. 주방용품 화분으로 활용하기
주전자와 유리잔을 이용한 수경 재배 · 346
접시와 수반을 이용한 행운목과 수생 식물 기르기 · 347
화분으로 변신한 머그잔 · 348

### 5. 재활용품을 이용한 화분 만들기
주스병에 꽂은 화초 · 350
일회용품으로 만든 디저트 상차림 세트 · 352

### 6. 내 손으로 만드는 화분 DIY
분유통 · 깡통을 화분으로 변신시키기 · 354
요구르트통을 이용한 화분 만들기 · 356
칙칙한 화분, 개성 있게 변신시키기 · 358
우유팩 공중걸이분으로 활용하기 · 360

**찾아보기** · 362
**참고문헌** · 364
**부록** 계절별 화초 엽서 · 367

## 이 책을 보는 방법

- part1에서는 식물 키우기에 앞서 알아야 할 지식을 이해하기 쉽게 설명합니다.
- part2에서는 7가지 테마별로 식물을 분류하여 소개합니다.
- part3에서는 계절에 따라 키울 수 있는 식물을 소개합니다.
- part4에서는 앞에 소개한 식물을 이용하여 집에서 간단하게 꾸밀 수 있는 방법을 사진과 함께 설명합니다.

- 이 책에 소개된 식물의 학명, 과명, 국명은 '국가 표준식물목록'과 '원예학용어 및 작물명집'에 따랐습니다. 학명은 이명법을 따랐으며, 명명자는 생략하였습니다. 화원에서 많이 판매되고, 품종명이 흔하게 불리는 식물에는 품종명까지 표시하였습니다.
  공기정화 효과는 미국항공우주국(NASA)에서 선정한 에코플랜트와 농촌진흥청원예연구소에서 실험한 식물을 대상으로 선정하였습니다.

## 기호 설명

### ✚ 식물키우기 난이도

● ● ●　난이도 **하**
**하** 중 상

● ● ●　난이도 **중**
하 **중** 상

● ● ●　난이도 **상**
하 중 **상**

### ✚ 식물 분류

 관엽 식물　　 덩굴성 식물

 꽃이 피는 식물　　 관목

꽃이 피는 식물은 '열매가 열리는 식물'　　 교목

### ✚ 빛

　　　　　　○

양지　　반양지　　반음지　　음지

### ✚ 물주기

분무하기　저면 관수　자주　보통　가끔

• 주 1회 이상 물을 주는 식물은 '자주', 주 1회 정도 물을 주는 식물은 '보통', 월 1~2회 물을 줘도 되는 식물은 '가끔'으로 표기하였습니다.

**화초의 식물명 표기** 한글명과 영문명 및 학명을 표기하였습니다.

**본문** 식물에 얽힌 이야기나 꽃말, 이름의 의미, 식물의 특징과 정보를 이야기 형식으로 풀어 식물에 흥미를 느낄 수 있도록 하였습니다.

나비 떼가 춤추는 것 같은
# 접란

Spider Plant, Spider Ivy, Ribbon Plant
백합과 *Chlorophytum comosum*

접란을 가만히 보고 있으면 나비 떼가 춤추는 모습이 떠오릅니다. 접란은 잎 사이사이에서 수시로 아치형의 줄기를 올려 그 끝에 새끼 접란을 만들어 냅니다. 이 새끼 접란을 '런너runner'라고 하는데, 늘어지는 런너에서 아주 작은 꽃이 피기도 하지요. 꽃이 지고 나면 같은 자리에서 새로운 식물체가 또 나옵니다. 달려 있는 모습이 거미줄 모양과 비슷하다고 하여 영문명으로는 거미식물Spider Plant, 거미 아이비Spider Ivy, 리본식물Ribbon Plant 등으로 불리지요.

남아프리카 원산의 접란은 세계적으로 약 50여 품종이 있고, 난 종류는 아니지만 난과 닮아서 접란이라는 이름이 붙었답니다. 뿌리는 굵은 알뿌리가 생겨 옆으로 줄기가 기어가듯 번져 나갑니다. 이 새로운 포기를 잘라 번식시키거나 주렁주렁 달린 새끼들을 떼어 내어 심을 수 있어 번식력이 아주 강한 식물이지요. 키우기에도 까다롭지 않고 잘 자라므로 식물 키우기에 어려움을 느끼는 분들께도 추천할 수 있는 식물입니다. 번식이 쉬워서 어린이들의 교육용으로도 아주 좋습니다.

접란처럼 다복한 가정을 이루기 바라며 집들이용으로 선물하거나 직원들이 한 가족처럼 행복한 회사를 만들어가길 바라는 마음으로 사무실에 두는 것도 좋습니다.

집 안에 새로운 가구를 들여왔거나 공사 후 입주하는 경우라면 접란이 공기정화에 도움이 될 거예요.

접란의 런너 부분

**식물 정보** 식물에 대한 정보를 기호로 보기 쉽게 정리하였습니다.

─ **공기정화에 좋아요** 각 식물의 공기정화 효과를 설명합니다.

─ **Planterior** 공간에 어떻게 연출하면 식물을 더 아름답게 볼 수 있는지 알려줍니다.

**밀착! 식물 속으로** 식물의 번식법 및 원예지식 등을 사진과 함께 보여줍니다.

**Planterior** (Plant + Interior)

밀착!
식물
속으로  **접란을 주렁주렁 늘려 보아요!**

접란은 잎에 새겨진 줄무늬가 매력적인 식물입니다. 모체에서 새끼들이 주렁주렁 달려 늘어지므로 공중걸이 화분에 심어서 그 늘어지는 모습을 감상하는 것도 좋은 방법이지요. 잎의 연한 연둣빛과 흰색의 줄무늬를 가지고 있어 시원하고 싱그러운 느낌을 연출할 수 있습니다.

**접란 번식시키기**

새끼 접란 떼어 내어 심기

접란은 잎끝에 새끼들을 주렁주렁 달고 있습니다. 이것을 '런너'라고 하는데 이 새끼들을 자세히 보면 이미 뿌리가 많이 나 있지요. 새끼들을 하나씩 떼어 내어 심으면 하나의 완전한 개체로 키울 수 있습니다.

● **공기정화에 좋아요**
접란은 미국항공우주국(NASA)에서 선정한 에코플랜트 중 종합평가 38위를 차지하고 있는 식물이에요. 휘발성 화학물질 제거율이 상당히 높으며 특히 포름알데히드와 일산화탄소 제거능력이 탁월합니다.

1 새끼 접란의 런너를 떼어 냅니다.    2 떼어 낸 새끼 접란의 모습입니다.

**이렇게 키워 보세요!**

1 물은 겉흙이 마르면 화분 구멍으로 흘러 나올 때까지 흠뻑 주는 것이 좋습니다. 뿌리는 알뿌리를 형성하고 있으므로 물을 많이 주는 것보다 열 주는 것이 더 좋습니다.
2 공중습도가 낮으면 잎끝이 마를 수 있으므로 자주 분무해 줍니다.
3 반음지에서 키우는 것이 좋으며 잎이 탈색될 우려가 있으므로 직사광선은 피하세요. 음지에 오래 두면 새로운 잎이 무늬가 없어지거나 웃자라서 튼튼하게 자랄 수 없습니다.

**Tip**
무늬가 있는 좋은 기물에 새끼 접란들이 많이 달리고, 무늬가 없는 좋은 여름에 새끼 접란들이 더 많이 달립니다.

3 뿌리를 내린 새끼 접란의 모습입니다.    4 새끼 런너가 화분 가득히 뿌리를 내려 하나의 완전한 개체가 되었습니다.

─ **재배 포인트** 물주기 및 햇빛, 온도 조절, 화분갈이 등 식물을 잘 키우기 위한 정보를 담았습니다.

**Tip** 식물에 대한 팁을 알려줍니다.

# 계절별 화초 캘린더

🌸 꽃    🍒 열매    🍃 잎

여기에 소개된 것은 잎을 주로 보는 식물이에요. 자생지에서는 꽃이 피지만 실내에서 키우면 꽃을 피우기가 어렵답니다. 하지만 가끔씩 환경이 맞으면 꽃대가 올라오기도 하지요.

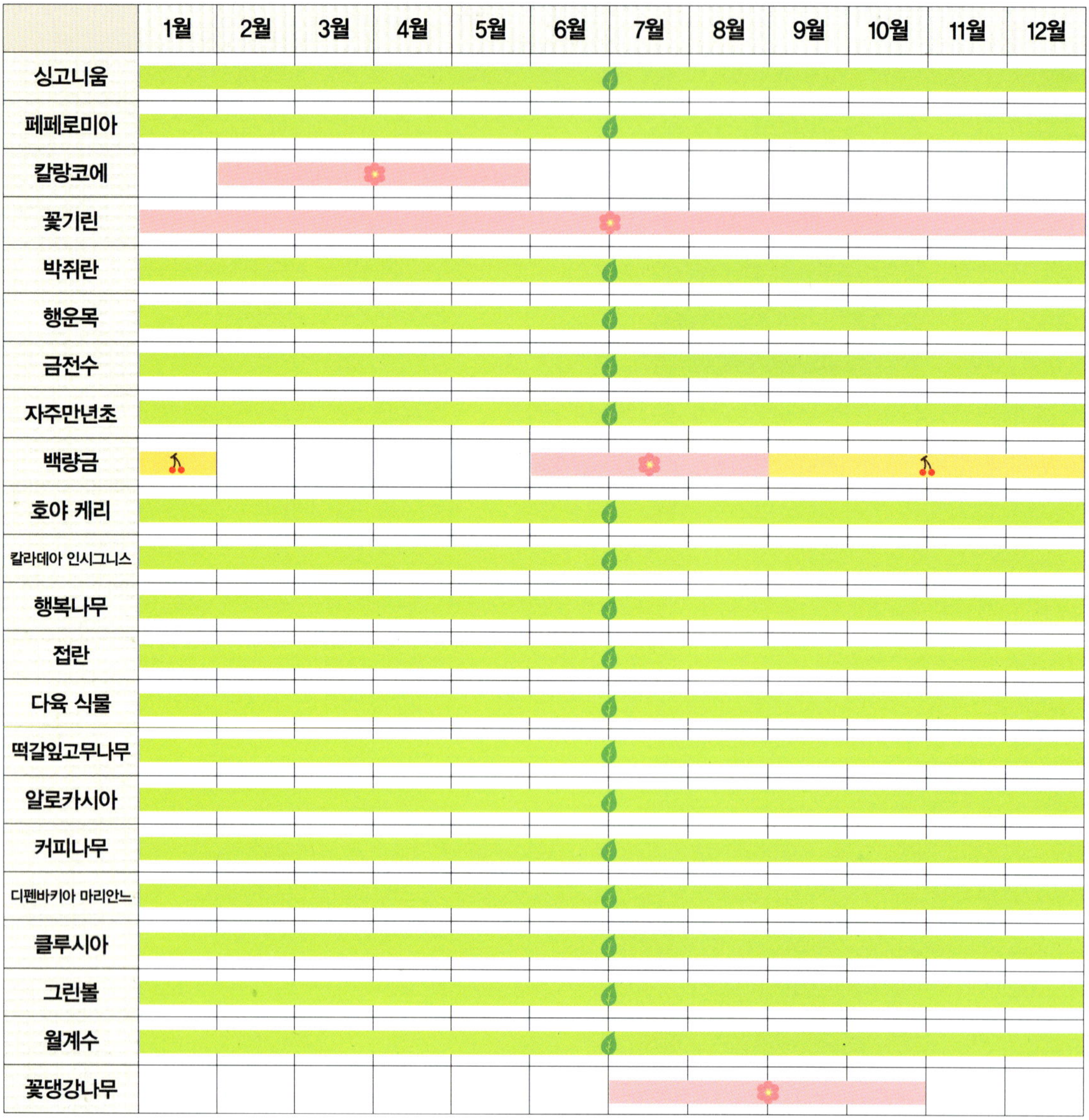

|  | 1월 | 2월 | 3월 | 4월 | 5월 | 6월 | 7월 | 8월 | 9월 | 10월 | 11월 | 12월 |
|---|---|---|---|---|---|---|---|---|---|---|---|---|
| 싱고니움 | 🍃 | 🍃 | 🍃 | 🍃 | 🍃 | 🍃 | 🍃 | 🍃 | 🍃 | 🍃 | 🍃 | 🍃 |
| 페페로미아 | 🍃 | 🍃 | 🍃 | 🍃 | 🍃 | 🍃 | 🍃 | 🍃 | 🍃 | 🍃 | 🍃 | 🍃 |
| 칼랑코에 |  | 🌸 | 🌸 | 🌸 | 🌸 |  |  |  |  |  |  |  |
| 꽃기린 | 🌸 | 🌸 | 🌸 | 🌸 | 🌸 | 🌸 | 🌸 | 🌸 | 🌸 | 🌸 | 🌸 | 🌸 |
| 박쥐란 | 🍃 | 🍃 | 🍃 | 🍃 | 🍃 | 🍃 | 🍃 | 🍃 | 🍃 | 🍃 | 🍃 | 🍃 |
| 행운목 | 🍃 | 🍃 | 🍃 | 🍃 | 🍃 | 🍃 | 🍃 | 🍃 | 🍃 | 🍃 | 🍃 | 🍃 |
| 금전수 | 🍃 | 🍃 | 🍃 | 🍃 | 🍃 | 🍃 | 🍃 | 🍃 | 🍃 | 🍃 | 🍃 | 🍃 |
| 자주만년초 | 🍃 | 🍃 | 🍃 | 🍃 | 🍃 | 🍃 | 🍃 | 🍃 | 🍃 | 🍃 | 🍃 | 🍃 |
| 백량금 | 🍒 |  |  |  |  | 🌸 | 🌸 | 🌸 | 🍒 | 🍒 | 🍒 |  |
| 호야 케리 | 🍃 | 🍃 | 🍃 | 🍃 | 🍃 | 🍃 | 🍃 | 🍃 | 🍃 | 🍃 | 🍃 | 🍃 |
| 칼라데아 인시그니스 | 🍃 | 🍃 | 🍃 | 🍃 | 🍃 | 🍃 | 🍃 | 🍃 | 🍃 | 🍃 | 🍃 | 🍃 |
| 행복나무 | 🍃 | 🍃 | 🍃 | 🍃 | 🍃 | 🍃 | 🍃 | 🍃 | 🍃 | 🍃 | 🍃 | 🍃 |
| 접란 | 🍃 | 🍃 | 🍃 | 🍃 | 🍃 | 🍃 | 🍃 | 🍃 | 🍃 | 🍃 | 🍃 | 🍃 |
| 다육 식물 | 🍃 | 🍃 | 🍃 | 🍃 | 🍃 | 🍃 | 🍃 | 🍃 | 🍃 | 🍃 | 🍃 | 🍃 |
| 떡갈잎고무나무 | 🍃 | 🍃 | 🍃 | 🍃 | 🍃 | 🍃 | 🍃 | 🍃 | 🍃 | 🍃 | 🍃 | 🍃 |
| 알로카시아 | 🍃 | 🍃 | 🍃 | 🍃 | 🍃 | 🍃 | 🍃 | 🍃 | 🍃 | 🍃 | 🍃 | 🍃 |
| 커피나무 | 🍃 | 🍃 | 🍃 | 🍃 | 🍃 | 🍃 | 🍃 | 🍃 | 🍃 | 🍃 | 🍃 | 🍃 |
| 디펜바키아 마리안느 | 🍃 | 🍃 | 🍃 | 🍃 | 🍃 | 🍃 | 🍃 | 🍃 | 🍃 | 🍃 | 🍃 | 🍃 |
| 클루시아 | 🍃 | 🍃 | 🍃 | 🍃 | 🍃 | 🍃 | 🍃 | 🍃 | 🍃 | 🍃 | 🍃 | 🍃 |
| 그린볼 | 🍃 | 🍃 | 🍃 | 🍃 | 🍃 | 🍃 | 🍃 | 🍃 | 🍃 | 🍃 | 🍃 | 🍃 |
| 월계수 | 🍃 | 🍃 | 🍃 | 🍃 | 🍃 | 🍃 | 🍃 | 🍃 | 🍃 | 🍃 | 🍃 | 🍃 |
| 꽃댕강나무 |  |  |  |  |  | 🌸 | 🌸 | 🌸 | 🌸 |  |  |  |

| | 1월 | 2월 | 3월 | 4월 | 5월 | 6월 | 7월 | 8월 | 9월 | 10월 | 11월 | 12월 |
|---|---|---|---|---|---|---|---|---|---|---|---|---|
| 님트리 | | | | | | | | | | | | |
| 아레카야자 | | | | | | | | | | | | |
| 산세비에리아 스투키 | | | | | | | | | | | | |
| 안스리움 | | | | | | | | | | | | |
| 구근베고니아 | | | | | | | | | | | | |
| 로즈메리 | | | | | | | | | | | | |
| 애플민트 | | | | | | | | | | | | |
| 장미허브 | | | | | | | | | | | | |
| 율마 | | | | | | | | | | | | |
| 히아신스 | | | | | | | | | | | | |
| 무스카리 | | | | | | | | | | | | |
| 수선화 | | | | | | | | | | | | |
| 튤립 | | | | | | | | | | | | |
| 양골담초 | | | | | | | | | | | | |
| 캄파눌라 | | | | | | | | | | | | |
| 종려방동사니 | | | | | | | | | | | | |
| 워터코인 | | | | | | | | | | | | |
| 스파티필룸 | | | | | | | | | | | | |
| 수국 | | | | | | | | | | | | |
| 클레마티스 | | | | | | | | | | | | |
| 남천 | | | | | | | | | | | | |
| 밴쿠버제라늄 | | | | | | | | | | | | |
| 피라칸사 | | | | | | | | | | | | |
| 국화 | | | | | | | | | | | | |
| 포인세티아 | | | | | | | | | | | | |
| 아라우카리아 | | | | | | | | | | | | |
| 호랑가시나무 | | | | | | | | | | | | |
| 백묘국 | | | | | | | | | | | | |

## part 1 식물 초보자를 위한 꼼꼼 가이드

도대체 이건 무슨 식물일까?
어떻게 키워야 할까?
화분을 볼 때마다 막막한가요?
식물 키우기는 무엇보다 교감이 중요합니다.
여기에 기본적인 원예지식을 알아 두면 초보자도
식물을 이해하는 데 도움이 될 거예요.

# 1
## 식물을 왜 키워야 하나요?

식물 키우는 재미를 모르는 사람은 흔히 '식물을 왜 키우지?' '그 귀찮은 일을 왜 하나?' '식물 기르기는 너무 어려워. 나 살기도 바쁜데.'와 같은 생각을 하며 식물 기르기를 꺼립니다. 하지만 식물은 우리가 생각하는 것보다 훨씬 더 많은 이로움을 줍니다. 식물을 바라보는 것만으로도 정서가 안정되고, 식물을 키우면서 얻는 기쁨은 삶의 활력소가 되지요. 또한 식물을 키우는 과정에서 자연의 가르침을 얻기도 합니다.

### 실내 공기정화의 효과

식물을 키우는 가장 큰 이유 중 하나는 실내 공기를 정화하기 때문일 것입니다. 식물은 광합성을 하여 우리에게 산소를 공급하지요. 식물이 만든 산소는 실내의 미세먼지뿐 아니라 합성화학 제품에서 발생하는 휘발성 유해물질을 제거하는 데 효과가 있습니다. 또한 잎을 통해 깨끗한 수증기를 내뿜어 천연 가습기 역할까지 하니, 식물은 자연의 선물이 아닐까 싶습니다.

미국항공우주국(NASA)에서는 우주기지 건설을 진행하면서 밀폐된 공간에서 생명유지에 관한 연구를 했습니다. 이 연구를 통해 1980년, 실내식물이 각종 휘발성 유해물질을 제거한다는 사실을 발표했지요. 1990년, 50종의 식물을 대상으로 연구한 실험에서도 식물이 실내에서 휘발성 유해물질인 포름알데히드를 제거하는 능력이 탁월하다는 것이 알려지면서 '에코플랜트(실내 공기정화식물)'라는 말이 생겨났습니다. 이때부터 실내식물의 위상이 한층 높아지게 되었지요.

*참고! 포름알데히드 P.73*

· · ·

과거에는 자연과 인간이 밀접한 관계였지만 지금은 문명의 발달로 시멘트가 주성분인 주택에서 살아갑니다. 그만큼 자연이 존재하는 공간이 줄어들어 인위적이고, 화학적인 물질들이 우리 주변을 둘러싸게 된 것이지요. 건축자재인 바닥재와 접착제, 벽지, 페인트 같은 합성재료에서 포름알데히드, 벤젠, 톨루엔, 아세톤이라는 유해물질이 발생합니

다. 건축자재에 쓰이는 화학재료는 우리의 건강을 위협하는 발암물질 덩어리입니다. 특히, 새로 지은 건물에서 발암물질에 노출된 사람들이 만성적인 질환에 시달림에 따라 '새집증후군'이라는 말도 생겨났습니다.

새집증후군은 기침, 두통, 현기증, 피로감, 집중력 저하 등의 증상이 나타납니다. 장기간 노출되면 호흡기 질환, 심장병, 암 등이 발생할 수 있지요. 화학물질 대신 친환경 소재를 사용해 유해물질을 줄여나가야 하지만 우리 나라는 아직 선진국에 비해 화학재료의 규제가 엄격하지 않습니다. 그렇기 때문에 새집증후군의 피해를 줄이기 위해서는 환기를 자주 하고 자연을 실내로 들여와야 합니다. 더욱이 새로운 시대, 변화하는 환경에 노출된 우리는 자연과 균형을 이루는 것이 중요합니다.

### 식물 공기정화 포인트 5

- **미세 먼지 제거** 실내 공간에 식물이 있을 경우 미세먼지의 양이 줄어듭니다. 식물이 많을수록 광합성하는 양이 많고, 잎의 면적이 넓을수록 미세먼지 제거율이 더 높게 나타나지요.
- **휘발성 유해물질 제거** NASA의 연구에서도 알 수 있듯이 식물은 휘발성 유해물질을 제거하

는 데에 탁월한 효과가 있습니다. 포름알데히드의 제거율은 보스톤고사리가 가장 높게 나타났으며 다음으로 포트맘, 거베라, 드라세나 자넷크레이그, 대나무야자 등이 있습니다. 키실렌과 톨루엔은 아레카야자가 제거율이 높고 관음죽은 암모니아에서, 스파티필룸은 아세톤에서 제거율이 높게 나타났지요. 각각의 식물은 서로 다른 유해물질 제거에 효과가 있으므로 다양한 식물을 함께 실내에 두었을 때 실내 공기정화에 더 효과적입니다.

- **음이온 방출**  사람들은 수목원이나 자연휴양림에서 삼림욕을 즐깁니다. 삼림욕을 하면 몸이 가벼워지고, 면역력이 좋아지며 신진대사가 촉진되는 등 우리 몸에 좋은 기운을 불어넣어 줍니다. 식물이 뿜어내는 음이온이 오염물질인 양이온을 중화시켜 균형을 맞춰 주기 때문이지요. 산세비에리아는 이런 음이온을 대량 방출한다고 하여 인기가 있었습니다. 실제로 다른 식물에 비해 약 30배 이상의 음이온이 발생합니다. 산세비에리아뿐만 아니라 팔손이, 필로덴드론 등과 같이 잎 면적이 넓고 키가 큰 식물이 음이온 발생량이 많습니다.

- **가습효과**  식물은 잎 뒷면의 기공이라는 구멍을 통해 증산 작용을 합니다. 흙에서 수분을 공급받아 잎으로 내보내는 것이지요. 어떠한 물을 사용하더라도 이 증산 작용에 의한 수증기는 100% 순수한 물입니다.

- **공기청정효과**  우리는 탁해지는 공기 때문에 실내에서 공기청정기를 사용합니다. 식물은 나쁜 공기는 빨아들이고 깨끗한 공기를 내뿜는 천연 공기청정기입니다.

### 장식적인 효과

아무리 잘 설계한 건축물이나 멋있게 디자인한 장소라고 해도 식물이 없으면 공간에 생명력이 떨어지지요. 각 공간에 알맞은 식물을 배치하면 쾌적하고 완성도 있는 환경을 만들 수 있습니다.

인위적이지 않은 자연스러운 느낌의 실내에서는 자연 그대로의 모습을 돋보이게 하는 것이 관건입니다. 이러한 실내 환경에서는 바구니, 나무, 돌과 같은 자연적인 소재의 화기花器를 이용하여 식물을 풍

성하게 연출하는 것이 좋습니다. 깔끔하고 심플한 실내에서는 현대적이고 고급스러운 화기를 이용하여 잎이 넓은 식물이나 매끈한 줄기의 식물로 장식하면 더욱 세련되고 돋보이는 공간을 만들 수 있지요.

### 정서적 안정

우리는 푸른 식물이 많은 공간에서 안정된 기분을 느낍니다. 인간이 편안할 때 많이 발생하는 알파파를 배출하기 때문이지요. 요즘 빌딩의 실내나 옥상에 식물을 이용해 조경 시설을 하는 경우가 많은데, 이것은 단순한 휴식 공간을 제공하는 것만이 아닌 삶의 질을 높이기 위한 방법입니다. 주변의 삭막한 공간 속에서 조금이나마 자연의 기운을 느낄 수 있으니까요. 식물은 눈의 피로를 풀어 주고 일 때문에 받은 스트레스를 치유합니다. 식물을 보며 자연 속에 있는 듯한 느낌을 받아 기분전환을 할 수도 있지요.

### 취미 생활의 즐거움

햇빛을 충분히 받으며 물을 머금고 반짝반짝 빛나는 식물을 보면 뿌듯하기 그지없지요. 작은 식물이 자라나면서 가지를 뻗고 그 수를 늘려가는 모습을 보면 식물의 매력에서 헤어나지 못할 겁니다. 식물을 키우는 것은 늘 살피고 돌보는 일이지만 생각해 보면 키우는 사람이 얻는 게 더 많습니다. 식물 돌보는 일을 통해 스스로 기쁨을 얻는다면 그 어떤 취미 생활보다 좋지요. 요즘은 관상용으로 식물을 기르는 것 외에 채소나 허브 등을 유기농으로 직접 길러 먹는 가정도 늘고 있습니다.

### 교육적인 효과

식물을 키워 보면 식물에게 배우는 것이 많습니다. 힘들게 흙을 밀고 올라와 싹을 틔우고, 잘려나간 가지에서도 새순을 냅니다. 때로는 거칠고 메마른 환경에서 죽어가지만 식물의 생명력은 우리가 생각하는 것보다 훨씬 더 강인하지요. 이러한 식물의 성장 모습은 어린이에게도 큰 교육이 됩니다. 식물이 자라는 과정을 지켜보면서 식물에 대한 책임감과 애정을 가질 수 있지요. 우리는 식물이 작은 화분에서 큰 화분으로 옮겨지고 계절에 따라 변하는 모습을 봅니다. 때가 되면 꽃을 피우고 꺾꽂이를 하여 새로운 개체를 만드는 식물의 모습에서 자연의 위대함과 소중함을 깨닫게 됩니다.

# 2
## 이름 모를 식물, 어떻게 키울까요?

식물을 선물로 받았는데 정작 이름을 모를 때가 많지 않나요? 그래도 물을 주고 키워야 하는데 어떻게 해야 할지 막막합니다. 가장 좋은 방법은 식물의 이름을 찾아서 특성에 맞게 물을 주는 것입니다. 부득이하게 식물의 이름을 찾지 못했다면 생김새를 보고 특성을 파악할 수 있지요.

### 향이 나는지 맡아 보세요.

손으로 식물을 살짝 만지거나 흔들어 보세요. 잎에서 향이 나는 식물이라면 허브 종류일 것입니다. 허브 종류는 실외 환경에서 햇빛을 충분히 쬐어 주며 키우는 것이 좋습니다. 단, 흙이 건조해지지 않도록 주의해야 합니다.

### 야생화인지 확인하세요.

꽃이 작고 앙증맞게 달렸다면 야생화 종류일 가능성이 큽니다. 하늘하늘 유연한 자태에 화려하지는 않지만 온화한 색을 띠고 있지요. 야생화는 실외와 같은 환경을 만들어 주면 잘 자랍니다. 대신 실외

에 두어야 할 식물이 화분에 심겨 있다면 바람 때문에 물이 금방 마를 수 있으니 수시로 확인하고 물 주는 일을 게을리하면 안 됩니다.

### 잎이 통통하거나 가시가 있나요?

참고! 다육 식물 P.136

잎이 통통하거나 가시가 있다면 다육 식물일 확률이 큽니다. 다육 식물은 통통한 줄기와 잎에 물을 저장합니다. 가시를 가진 선인장도 다육 식물의 한 종류지요. 이런 식물은 몸에 수분을 머금고 있기 때

문에 물을 많이 주지 않아도 잘 자랍니다. 그렇다고 아예 물을 주지 않는 것은 아닙니다. 물을 적게 주어도 잘 견디는 것이지요. 다육 식물은 실내에서 키워도 되지만 음지에 너무 오래 두면 웃자랄 수 있어 햇빛이 드는 장소에 두는 것이 좋습니다.

### 꽃이 있는 식물인가요?

꽃이 있는 대부분의 식물은 햇빛을 많이 쪼이는 것이 좋아요. 실외 환경을 좋아한다고 생각하면 아주 쉽습니다. 햇살이 잘 비치고 통풍이 잘되는 장소에서는 물이 쉽게 마르므로 물 주는 횟수가 잦아지니 잘 살피세요.

### 허브, 야생화, 꽃이 있는 식물도 아니라면?

그렇다면 관엽 식물일 확률이 아주 큽니다. 관엽 식물은 대체로 실내에서 잘 자라는 식물로 햇빛을 많이 쬐지 않아도 되지요. 관엽 식물은 생김새와 환경에 따라 필요로 하는 물의 양이 다릅니다. 그럼, 어떻게 다른지 한번 살펴볼까요?

### 관엽 식물 꼼꼼 체크!

**첫 번째, 잎의 두께를 확인하세요.**

식물의 잎 두께에 따라 물을 얼마만큼 줘야 하는지 가늠할 수 있습니다. 얇고 하늘하늘한 줄기와 잎을 가진 식물이라면 물을 좋아하는 식물일 가능성이 큽니다. 이런 식물은 잎에 머금고 있는 수분의 양이 적어 건조한 환경에서 견디는 힘이 부족해요. 그래서 물을 더 자주 필요로 합니다.

반면, 두툼한 줄기와 잎을 가진 식물은 물을 많이 필요로 하지 않아요. 잎이나 줄기에 물을 어느 정도 머금고 있으므로 건조한 환경에 견디는 능력이 더 뛰어나지요. 선인장 같은 다육 식물이라면 이미 몸에 많은 수분이 저장되어 있어 물을 많이 필요로 하지 않습니다.

### 🌿 얇은 잎

| 아디안텀 | 뮬렌베키아 | 사랑초 |

### 🌿 중간 두께 잎

참고! 싱고니움 P.70
스파티필룸 P.276

스파티필룸　　　아이비　　　싱고니움

### 🌿 두꺼운 잎

참고! 고무나무 P.142
클루시아 P.162
안스리움 P.198

고무나무　　　안스리움　　　클루시아

### 🌿 다육질 잎

참고! 페페로미아 P.76
호야 P.122
다육 식물 P.136

페페로미아　　　호야　　　다육 식물(흑토이)

잎 면적이 좁은 식물 ←——→ 잎 면적이 넓은 식물

### 두 번째, 잎의 면적을 살펴보세요.

잎 면적이 넓은 식물은 수분을 발생시키는 증산 작용이 활발하므로 물을 먹는 속도가 빠릅니다. 반대로 잎 면적이 좁은 식물은 그만큼 물을 적게 먹습니다. 같은 식물이라고 해도 풍성하게 자랐다면 잎의 수가 늘어나 잎 면적 또한 증가하게 되지요. 따라서 물을 더 많이 필요로 하게 됩니다.

### 세 번째, 화분 크기를 살펴보세요.

작은 화분과 큰 화분을 비교하면 당연히 큰 화분에 더 많은 흙이 들어갑니다. 흙이 많은 화분은 흙속의 수분을 더 오랫동안 유지시킬 수 있지요. 물을 흠뻑 주었을 때 흙이 마르는 속도도 달라집니다. 큰 화분은 물이 조금 마르더라도 아래에 있는 물을 끌어다 쓰거나 식물 자체에 남아 있는 수분을 끌어다 씁니다. 하지만 작은 화분은 그렇

지 못하므로 물주기에 더 신경을 써야 하지요.

**네 번째, 식물을 키우는 장소를 살펴보세요.**
햇빛이 잘 들고 통풍이 잘되는 곳에 둔 식물은 흙이 금방 마르므로 물을 자주 줘야 합니다. 하지만 바람이 없는 그늘에서 키우는 식물은 물이 마르는 속도가 더디므로 물을 덜 주어도 되지요.

위에 말한 방법들이 모든 식물에 100% 적용되는 것은 아닙니다. 언제나 예외의 경우가 있게 마련이니까요. 식물의 이름도 잘 모르겠고 물을 어떻게 주어야 할지 모를 때는 일단 제시한 방법에 따라 키워 보세요. 대부분의 식물은 큰 문제 없이 자라날 거예요.

# 3
## SOS!
## 죽어가는 식물 살리기

집이나 사무실에 있는 식물은 왜 죽어갈까요? 많은 사람들이 식물을 키울 때 겪는 고민과 그에 대한 답을 알려드립니다. 나도 이런 경험을 하지 않았는지 돌아보고 지금 키우는 식물의 상태를 꼼꼼히 살펴보세요.

### 잎끝이 말라요.

관엽 식물의 경우, 공중습도가 높은 곳에서 자라는 식물이 대부분입니다. 물을 잘 주더라도 습도가 낮으면 잎끝이 마르는 현상이 발생할 수 있습니다. 이럴 때에는 잎에 분무를 자주 해주어 공중습도를 높여 주는 것이 좋습니다. 베란다에서 식물을 키우는 경우에는 베란다 바닥에 물을 자주 뿌려서 습도를 높이도록 합니다.

### 잎이 처졌어요.

잎이 처지는 이유는 다양합니다. 첫째 물이 부족해서, 둘째 물이 과해서, 셋째 햇빛이 너무 강해서, 넷째 여름철에 온도가 너무 높아서지요. 이러한 현상들이 지속되면 잎은 지치게 됩니다. 잎이 처지기 시작하면 사람들은 무조건 물을 많이 주는데, 먼저 흙의 상태를 확인하고 물을 주어야 합니다. 물이 너무 많아서 잎이 처지는 경우도 있거든요. 흙의 상태가 말라 있다면 물이 부족한 것이지만 흙이 축축하다면 뿌리가 숨 쉴 틈도 주지 않고 계속 물을 주었기 때문이지요. 이런 경우에는 흙이 바짝 마를 때까지 기다리는 것이 좋습니다. 물주기가 잘되었다면 햇빛이 너무 강한 것은 아닌지, 실내 온도가 너무 높은 것은 아닌지 확인해 보세요.

### 줄기와 뿌리가 물렀어요.

물을 너무 자주 주면 줄기와 뿌리가 썩을 수 있습니다. 심하지 않으면 물기를 바짝 말리거나 식물을 조심스럽게 뽑아 뿌리를 잘 말린 후 다시 심습니다. 줄기까지 물러 버렸다면 회복이 힘들 수 있어요. 물러진 부분은 잘라 버리고 윗부분을 꺾꽂이로 다시 뿌리를 내리게 하여 키우는 것이 좋습니다.

### 연약하게 키만 쑥 자랐어요.

식물이 단단하게 자라지 않고 연약하게 키만 쑥 자란 상태를 '웃자랐다'고 합니다. 물이 많거나 비료가 과할 경우에 웃자라지만 대부분이 햇빛을 잘 받지 못했기 때문입니다. 식물이 웃자랐을 때에는 얼른 햇빛이 잘 드는 장소로 옮기는 것이 좋아요. 너무 웃자라서 보기 싫다면 가지치기를 하여 다시 단단하게 키우는 것이 좋습니다.

### 아래 잎부터 말라가요.

드라세나와 고무나무는 자라면서 아래부터 잎이 떨어지는데, 이는 자연스러운 현상입니다. 그대로 두면 키만 기다랗게 크고 위쪽에만 잎이 남게 됩니다. 중간 가지를 잘라 가지가 여러 갈래로 나오게 하여 밑동이 굵어지도록 단단하게 키우는 것이 좋지요.

### 잎이 점점 시들어요.

식물 전체가 말라간다면 물이 부족하거나 너무 많기 때문입니다. 화분 전체에 뿌리가 꽉 차서 식물이 더 이상 뿌리를 뻗을 곳이 없어도 이런 현상이 나타나지요. 물주기를 잘 조절하고 뿌리가 꽉 찼다면 분갈이를 해야 합니다. 식물이 전체적으로 잘 자라는데 한두 개 잎만 떨어지는 경우가 있습니다. 이것은 가끔씩 오래된 잎이 노화되어 떨어지는 현상이므로 크게 걱정하지 않아도 됩니다.

### 잎이 우수수 떨어져요.

갑자기 환경이 변했거나 분갈이 후에 식물이 스트레스를 받았다면 이런 현상이 일어날 수 있습니다. 식물의 위치를 바꿔 줄 때에는 원하는 위치로 서서히 옮기는 것이 좋습니다.

### 수경 재배 식물이 시들어가요.

참고! 수경 식물 P.274
수경 재배 P.280

수경 재배로 식물을 키울 때, 식물의 색이 옅어지고 잎이 마르는 경우가 있지요. 이것은 영양분이 부족하기 때문에 생기는 현상입니다. 흙에는 영양분이 섞여 있기 때문에 굳이 비료를 주지 않더라도 어느 정도는 식물이 자랄 수 있습니다. 하지만 물에는 영양분이 부족하므로 식물이 시드는 현상이 나타나지요. 이럴 때에는 액체비료를 물속에 몇 방울 떨어뜨려 주세요. 물이 부패되었을 때에도 식물이 시들 수 있으니 가끔씩 물을 갈아 주는 것이 좋습니다.

### 문제 진단 & How to

#### ① 식물이 데친 시금치처럼 축 처졌어요.
추운 날씨에 갑자기 노출되어 얼어 버린 거예요. 잎은 얼어서 처졌을지 몰라도 오랜 시간 방치된 것이 아니라면 뿌리는 살아 있을 가능성이 있으니 너무 덥지 않은 서늘한 곳으로 옮겨 주세요.

#### ② 겨울에는 식물이 추울 텐데 따뜻한 물을 줘도 되나요?
안 됩니다! 식물은 항상 상온과 같은 온도의 물을 주는 것이 좋습니다. 춥다고 따뜻한 물을 붓는 것은 식물에게 고문입니다. 날씨가 추울 때에는 아침에 물을 주고, 추운 저녁시간보다는 낮에 물을 주는 것이 더 좋습니다.

참고! 포인세티아를 붉게 만드는 단일 처리 P.316

#### ③ 왜 식물에 꽃이 안 피나요?
꽃이 피지 않는 것은 햇빛과 연관성이 깊습니다. 햇빛이 잘 드는 창가에 두는 것이 좋지요. 식물은 빛을 필요로 하는 시간과 암기를 필요로 하는 시간이 적절하지 않으면 꽃을 피우기 힘듭니다. 이럴 때에는 인위적으로 빛을 더 오랫동안 쪼이거나 빛을 차단하여 암기를 만들어 주면 꽃이 필 수 있습니다.

#### ④ 휴가철 집을 비울 때는 물을 어떻게 주나요?
우묵한 그릇에 물을 채운 뒤 화분을 물에 담가 놓습니다. 뿌리에서부터 식물이 원하는 만큼의 물을 스스로 공급할 수 있도록 하는 것이지요. 또는 물통에 물을 받아 천이나 굵은 실을 화분에 연결해 둡니다. 이 방법은 많은 물을 공급할 수는 없지만 최소한의 필요한 물을 공급해 주는 방법입니다. 하지만 너무 오랫동안 이 방법만 사용해서는 식물이 자라기 힘드니 꼭 필요할 때만 이용하세요.

**4**

이것만 기억하자!
식물 키우기 3가지 포인트

무관심이 식물을 죽이지만 너무 많은 관심을 가져도 식물은 죽습니다. 식물을 잘 관찰하여 원하는 것을 주는 것이 잘 키우는 방법이지요. 식물에게 지나친 관심은 사랑이 아니라 고문이 될 수 있어요. 식물을 사랑하는 마음은 마음껏 가지되 식물이 무엇을 필요로 하는지 생각하는 것이 중요합니다. 식물에게 없어서는 안 될 가장 중요한 세 가지는 물, 햇빛, 온도입니다. 다른 건 몰라도 이 세 가지만 잘 지킨다면 식물 키우기는 크게 어렵지 않습니다.

### 물주기

식물을 사러 오는 분들 가운데 이런 질문을 하는 분들이 정말 많습니다.

"제가 식물을 못 키우는데요, 물 안 줘도 잘 자라는 식물 있나요?"

이 질문에 대한 대답은 냉정하게도 '없습니다.' 입니다. 물을 덜 줘도 되는 식물은 있지만 물을 주지 않아도 잘 사는 식물은 없습니다. 물이 필요하지 않으면 식물이 아니지요. 사람이나 동물이 밥과 물을 먹지 않고 살 수 없듯이 식물에게 물은 삶과 죽음을 결정짓는 중요한 요소입니다.

농사를 짓거나 식물을 키울 때, '물주기 3년'이라는 말이 있습니다. 물주기를 잘 하려면 최소한 3년의 경험과 노력이 필요하다는 것이지요. 물주기는 그만큼 식물을 키울 때 가장 중요하고 기본적이면서 어려운 일이기도 합니다. 물만 잘 줘도 식물키우기의 절반 이상은 성공한 셈이지요.

• • •

초보자가 식물을 키우기 힘든 이유는 언제 물을 주어야 할지 몰라서입니다. 처음 식물을 사는 분들은 '이제 열심히 키워야지!' 하고 다짐하는 경우가 많은데, 물을 주지 않아서가 아니라 오히려 과습 때문에 식물을 죽이는 경우가 더 많습니다. 물을 잘 주기 위해서는 식물을 꼼꼼히 관찰하는 일이 중요합니다. 흙이 말라 물을 필요로 하지 않는지, 흙이 너무 축축해서 답답하지는 않을지 살펴야 해요. 물에서 사는 종류를 제외하고 흙이 계속 축축하게 젖은 상태를 좋아하는 식물은 없습니다.

식물의 물주기는 '<u>충분한 물주기 → 건조상태 → 충분한 물주기</u>'와 같이 순환적으로 관리하는 것이 가장 이상적이지요. 같은 종류의 식물이라 해도 키우는 환경, 온도, 습도, 바람, 배양토의 차이 등에 따라 물 주는 시기가 달라질 수 있으므로 '며칠에 한 번' 식의 정기적인 물주기 방법은 바람직하지 않습니다. 햇빛이 많이 들고 바람이 많이 부는 날에는 흙이 금방 마르기 때문에 물 주는 시기가 짧아지며, 습하고 바람이 없는 날에는 물 주는 시기가 길어집니다.

## 상황별 물주기 방법

### ■ '겉흙이 마르면 흠뻑'

일반적으로 이런 말을 많이 듣게 됩니다. 그럼 "겉흙이 마르면"이 언제인가요? 흙에 물을 주면 처음에는 흙이 완전히 젖겠지요? 서서히 시간이 지나면서 흙이 마르게 되는데, 겉흙부터 시작해서 속흙까지 말라갑니다. 흙의 윗부분을 만져 보았을 때, 축축하거나 손에 흙이 묻는 정도는 겉흙이 마른 것이 아닙니다. 손에 흙이 묻지 않고 보송보송하면 겉흙이 마른 상태입니다.

마른 흙

눈으로 봤을 때 마른 흙과 젖은 흙은 차이가 납니다. 보송보송하고 색이 옅으면 마른 흙, 촉촉하고 색이 진하면 젖은 흙이지요.

일반적인 식물 대부분이 겉흙이 마른 후 물을 흠뻑 주는 것이 좋습니다.

젖은 흙

흙의 건조 상태 비교

1 흙이 완전히 젖은 상태입니다. 처음 물을 주었을 때의 모습이지요. 색이 진한 것을 확인할 수 있습니다.
2 아직은 겉흙이 촉촉한 상태이므로 물 줄 시기가 아닙니다.
3 겉흙이 거의 마른 모습입니다. 흙의 마른 부분과 젖은 부분은 색으로도 구별이 되지요. 조금만 더 기다렸다 물을 주세요. 물을 자주 주어야 하는 식물은 이때 주면 됩니다.
4 겉흙이 완전히 마른 상태입니다. 일반적인 식물은 대개 이때 물을 주면 되지요.

■ '속흙이 마르면 흠뻑'

그럼 '속흙이 마르면'은 언제일까요? 속흙이 마른 것을 확인하려면 손을 흙속에 집어넣어 확인하는 방법이 있습니다. 손가락 한 마디 정도가 들어가는 깊이의 흙 상태를 확인하는 것이지요. 손톱에 흙이 끼는 게 싫으면 나무젓가락이나 아이스크림 막대기, 이쑤시개 등을 이용해도 좋습니다. 물을 많이 필요로 하지 않는 식물의 물주기에 활용할 수 있습니다.

손가락으로 만져보기(마른 흙)   막대기로 확인하기(마른 흙)

손가락으로 만져보기(젖은 흙)   막대기로 확인하기(젖은 흙)

■ '흠뻑'은 물을 얼마나 주는 것일까요?

물이 화분 구멍으로 흘러나올 때까지 주는 것을 말합니다.

물주기 전　　　　　　　물을 주는 모습　　　　　　물이 빠지는 모습

**TIP** 꽃집에서는 화분을 판매할 때 식물을 상품화하기 위해 흙 위에 마사토나 색돌을 장식합니다. 이럴 경우, 흙이 말랐는지 확인하기가 쉽지 않지요. 식물 초보자 중 물주기를 어려워하는 분들은 과감히 돌을 치우고 관리하면 좀 더 편하게 식물을 돌볼 수 있을 거예요.

■ 화분에 구멍이 없으면 어떻게 물을 주나요?

사실 식물을 키울 때는 구멍이 있는 화분을 사용하는 것이 좋습니다. 하지만 요즘에는 구멍이 없는 화분에 식물을 심어 판매하기도 합니다. 식물을 실내에 둘 경우, 매번 물을 줄 때마다 화분을 이동해야 합니다. 물을 주다 넘칠 수도 있기 때문이지요. 하지만 구멍이 없는 화분을 사용하면 이런 번거로움이 없습니다. 단, 이런 경우는 물주기가 조금 더

천천히 물주기　　　　　　　화분을 기울여 물빼기

까다로워요. 물을 줄 때 너무 많은 양을 주는 것은 좋지 않습니다. 속흙이 말랐을 때 물을 천천히 주면서 흙에 흡수되는 것을 지켜보세요. 물이 마른 경우는 흙에서 따다닥 작은 소리를 내며 물을 금방 흡수하지요. 흙이 쏟아지지 않게 화분을 기울여 보아 물이 흘러 나오지 않으면 적당히 준 것입니다. 물을 너무 많이 줘서 화분에 찰랑찰랑 찼다면 화분을 기울여 물을 빼 내는 것이 좋아요.

■ **저면 관수가 뭔가요?**

식물에 물을 줄 때 위에서만 주게 되면 흙이 딱딱하게 굳을 수 있지요. 이때는 계속 물을 줘도 흙이 물을 흡수하지 못합니다. 이런 상태가 되면 아무리 물을 주더라도 뿌리까지 공급되지 않아 식물이 물을 빨아들일 수 없습니다. 최악의 경우, 잘 자라지 못하고 죽어 버릴 수도 있지요. 이럴 때에는 저면 관수법을 이용하여 물을 주면 물오름이 더 빠릅니다. 아래 잔뿌리부터 흙 전체가 필요로 하는 만큼 물을 빨아들이므로 충분한 물을 공급해 줄 수 있기 때문입니다. 흙이 너무 굳은 경우에는 뿌리가 다치지 않게 젓가락이나 막대기를 이용하여 굳은 흙을 풀어 주세요. 잎이 작고 얇은 식물, 꽃이나 잎에 물이 닿으면 좋지 않은 식물에게 특히 더 유용한 물주기 방법입니다.

**큰 그릇에 물 준비**　　　　　　　　　　**저면 관수법**

**TIP** 화분의 흙이 바짝 말라 식물이 축 처져 있으면 큰 그릇에 물을 담고 화분을 완전히 담가 두세요. 물에서 뽀글뽀글 공기가 올라오면 물이 흡수되는 신호랍니다. 2시간 정도 물에 푹 담가 놓으면 식물이 다시 생생하게 살아납니다.

■ **계절별 물관리**

우리 나라의 봄, 가을은 식물이 자라는 데 좋은 환경입니다. 너무 덥지도 춥지도 않기 때문이지요. 관엽 식물의 경우는 여름이 가장 왕성하게 자라는 시기입니다. 식물의 물주기는 여름과 겨울에 특히 더 주의를 기울여야 합니다. 여름에는 너무 덥고 겨울에는 춥기 때문에 이 기간에 휴식을 취하는 식물도 있거든요. 이때는 식물을 내버려 두는 것이 좋습니다.

🟢 **봄** 만물이 소생하는 봄은 식물을 키우기에 좋은 시기지요. 식물이 활동을 활발히 시작하는 때이므로 물을 자주 주는 것이 좋습니다. 특히 꽃이 피는 시기에는 식물이 물을 더 열심히 먹기 때문에 물 관리를 신경 써서 해야 하지요. 봄에는 날씨가 건조하므로 잎이 마르고 벌레가 생길 수 있으니 분무를 자주 하는 것이 좋습니다.

🟢 **여름** 관엽 식물은 고온다습한 환경에서 잘 자라는 것들이 많습니다. 특히 우리 나라의 장마철은 관엽 식물에게 고향의 날씨와 비슷하여 천국과 같지요. 반대로 건조한 환경을 좋아하는 식물에게는 너무 덥고 습하기 때문에 여름을 나는 게 무척 힘이 들겁니다. 다육 식물이나 후크시아, 제라늄과 같은 식물은 여름철에 휴식을 취하는 경우가 많습니다. 이때는 식물을 가만히 내버려 두는 게 도와주는 겁니다. 특히 장마철에는 공중습도가 높기 때문에 물주기를 거의 하지 않아도 되지요. 하지만 햇빛이 강하고 기온이 높으면 물이 쉽게 마를 수 있으니 특별히 신경 써서 물을 줘야 합니다.

*참고! 열대우림 지역의 관엽 식물 P.44*

여름철 실내에서는 에어컨을 켜는 경우가 많아서 식물이 쉽게 건조해집니다. 식물이 에어컨을 직접적으로 받는 장소는 피하고 건조해지면 바로바로 물을 주세요. 이때 직사광선 아래에서 물을 주는 것은 피해야 합니다. 잎에 맺힌 물방울이 돋보기 역할을 하여 잎을 태울 수도 있거든요.

**가을**  가을은 식물의 활동이 급격히 줄어드는 시기로 그만큼 필요한 수분도 줄어들게 됩니다. 그러므로 봄, 여름보다는 물 주는 횟수를 조금 줄이는 것이 좋습니다. 물 주는 횟수를 줄이지 않고 이전 그대로 주다 보면 식물이 과습하여 뿌리가 썩어 버릴 수 있습니다. 물주기는 언제나 식물이 놓인 환경을 고려하여 필요로 하는 만큼만 주는 것이 좋습니다. '며칠에 한 번' 식의 물주기 방법은 잊으세요. 여름에 비해 공중습도가 낮아지니 건조한 공기를 싫어하는 식물은 분무를 자주 해주는 것이 좋습니다.

**겨울**  겨울은 식물에게 휴면기이므로 많은 양의 물을 필요로 하지 않습니다. 그렇기 때문에 다른 계절보다는 물 주는 횟수를 줄이는 것이 좋지요. 따뜻한 실내의 식물은 상관이 없으나 베란다에서 겨울을 나야 하는 식물에게는 물의 온도에 신경을 써야 합니다. 너무 차가운 물은 뿌리를 얼게 할 수 있지요. 사람들이 겨울에 찬물로 샤워하기를 꺼리듯이 추운 겨울에 찬물 세례를 받는 것은 식물에게도 가혹한 일입니다. 그렇다고 뜨거운 물을 주어서는 안 됩니다. 대기 온도와 비슷한 물로 오전 10시경, 따뜻한 시간에 주는 것이 좋지요. 새벽이나 밤 시간은 피하세요. 또한 바람이 불고 추운 날에도 물을 주는 것은 피해야 합니다. 건조한 날씨와 함께 실내 난방으로 식물의 잎이 많이 건조해질 수 있으니 히터 바람이 바로 오는 위치에 식물을 두지 말고, 자주 분무하여 공중습도를 높여주세요.

### 햇빛

혹시 키우는 식물 중에 햇빛을 한껏 받으며 일광욕을 즐겨야 하는 종류인데 음지에 방치하고 있는 것은 없나요? 햇빛을 쪼이면 잎이 점박이로 변하는 식물을 볕 아래에 두지는 않았는지 살펴보세요. 식물을 키울 때는 식물이 좋아하는 환경에 있는지 확인하고 필요로 하는 만큼의 빛을 쪼여 주는 것이 중요합니다. 식물에 따라 쪼여야 하는 빛의 종류를 살펴볼까요?

### 양지 : 정면으로 곧게 비치는 빛살

어떤 여과도 없이 햇빛이 정면으로 내리쬐는 상태를 말합니다. 실외나 창문을 열어놓고 들어오는 햇살을 그대로 받는 장소가 양지입니다.

**해당 식물** 선인장, 다육 식물, 아테누아타, 클레마티스, 크로커스, 포인세티아, 채송화, 칼랑코에, 연꽃, 시계초, 채송화, 로즈메리, 루드베키아, 기린초, 율마, 시페루스, 국화, 데이지, 봉선화, 해바라기, 물양귀비, 피라칸사, 꽃댕강나무

### 반양지 : 직사광선이 아닌 볕이 드는 곳

햇빛이 창문이나 방충망을 통해 들어오는 상태를 말합니다. 햇빛이 실내에 바로 들어오는 것 같아도 대부분의 가정이나 사무실에서는 창문이나 방충망을 거쳐 들어오는 경우가 많습니다.

**해당 식물** 선인장, 다육 식물, 알로에, 용설란, 유카, 호야, 칼랑코에, 채송화, 국화, 데이지, 루드베키아, 빈카, 아마릴리스, 제라늄, 코스모스, 콜레우스, 크로톤, 튤립, 팬지, 피튜니아, 프리뮬라, 해바라기, 히아신스, 맨드라미, 포인세티아, 클레마티스, 크로커스, 시클라멘, 달리아, 치자나무, 작약, 수국, 애니시다, 캄파눌라, 로즈메리, 장미허브, 애플민트, 시네라리아, 백정화, 한련화, 등나무, 아펠란드라, 칼라디움, 러브체인, 율마, 시페루스, 파리지옥, 벤자민고무나무, 인도고무나무, 떡갈잎고무나무, 피라칸사, 백묘국, 해피트리, 그린볼

### 반음지 : 햇빛이 직접 비치지는 않지만 밝은 곳

햇빛이 직접 닿지는 않지만 햇빛의 영향권에 있어 밝은 장소를 말합니다. 반음지이지만 우리가 느끼기에 꽤 밝은 장소입니다. 대부분의 식물은 반양지와 반음지에서 잘 자랍니다.

**해당 식물** 자금우, 백량금, 베고니아, 남천, 수국, 샐비어, 알로에, 해피트리, 관음죽, 군자란, 난초과 식물, 드라세나, 디펜바키아, 벤자민고무나무, 스킨답서스, 싱고니움, 접란, 파키라, 팔손이, 페페로미아, 필로덴드론, 그린볼, 아디안텀, 아글라오네마, 알로카시아, 안스리움, 아펠란드라, 칼라데아, 러브체인, 크로톤, 커피나무, 테이블야자, 코르딜리네, 끈끈이주걱, 인도고무나무, 떡갈잎고무나무, 피토니아, 틸란드시아, 박쥐란, 익소라, 프리뮬러, 아프리칸바이올렛, 게발선인장, 칼라, 에크메아

### 음지 : 햇빛이 비치지 않아 어두운 곳

어떤 식물도 햇빛 없이 자라는 것을 좋아하지 않지만 음지에서도 잘 견디는 식물이 있지요. 대부분의 식물이 이 환경에 너무 오랜 시간 있으면 웃자라거나 수형이 흐트러지고, 수세가 약해질 수 있습니다.

**해당 식물** 고사리, 드라세나, 디펜바키아, 마란타, 만년청, 맥문동, 백량금, 자금우, 베고니아, 산세비에리아, 산호수, 스킨답서스, 스파티필룸, 식나무, 아프리칸바이올렛, 안스리움, 야자류, 페페로미아, 필로덴드론, 아글라오네마, 엽란

## 온도

식물은 원래 살았던 고향의 기후에 따라 생육온도가 달라집니다. 식물이 살 수 있는 최저온도와 최고온도 사이의 온도가 식물의 최적온도입니다. 식물에 따라 최적온도를 맞춰 주는 것이 잘 키울 수 있는 방법이지요. 식물의 종류에 따라서 생육온도가 달라지는데, 최적온도 안에서 온도가 높아지면 자라는 속도가 빨라져 꽃을 피우게 됩니다. 하지만 어느 정도 온도가 오르면 식물은 성장을 멈추게 되지요. 우리 나라에서 식물을 키울 때는 다른 계절보다 겨울이 가장 큰 문제입니다. 따뜻한 온도를 좋아하는 식물이 겨울의 추운 기온에 노출되면 잎이 데친 것처럼 축 처지거나 물러질 수 있거든요. 그렇기 때문에 날씨가 추워지기 전에 화분을 따뜻한 곳으로 옮기는 것이 좋습니다.

### 열대우림 지역의 관엽 식물

보통 우리가 실내에서 키우는 식물은 대부분이 관엽 식물입니다. 열대우림 지역의 높은 온도와 그늘진 곳에서 자라는 식물이 많지요. 실내식물이라고도 하여 우리 나라에서는 주로 실내에서 키우는 종류입니다. 주로 16-30℃ 사이에서 가장 잘 자랍니다. 일 년 내내 같은 모습으로 오랫동안 키울 수 있는 것이 장점입니다. 이런 식물은 덥고 습한 곳에서 잘 자라므로 우리 나라 여름 날씨가 좋은 환경이지요. 하지만 추위에 약하기 때문에 겨울에는 실내의 따뜻한 곳으로 옮기는 것이 좋습니다. 평균 10℃ 이상의 온도를 유지해 주어야 합니다.

**종류** 야자류, 필로덴드론, 드라세나, 고무나무, 마란타, 디펜바키아, 페페로미아, 안스리움, 아글라오네마, 칼라디움, 관음죽, 싱고니움, 접란, 알로카시아, 홍콩야자, 호접란 등

### 건조한 지역의 다육 식물

실내에서 많이 키우는 종류에는 다육 식물이 있습니다. 다육 식물 역시 열대, 아열대 원산의 식물이지만 관엽 식물과는 다르게 사막이나 암석 등 건조하고 물이 부족한 지역에서 사는 식물이지요. 그래서 물이 있을 때 몸에 저장해 두었다가 조금씩 필요한 양만큼만 사용합니다. 이 종류의 식물은 25-30℃ 사이에서 가장 잘 자랍니다. 낮에는 덥고 건조하며 밤에는 서늘하게 해주면 더욱 튼튼하게 자라지요.

하지만 다육 식물은 우리 나라의 덥고 습한 날씨에 견디기 힘들 것입니다. 더운 것은 견딜 수 있지만 습한 날씨 때문에 뿌리가 물러 버리는 경우가 많거든요. 따라서 이런 종류의 식물은 여름에는 물을 줄여 최대한 건조한 환경을 만들어 주는 것이 좋습니다.

**종류** 알로에, 칼랑코에, 꽃기린, 게발선인장, 에케베리아, 아테누아타, 다육 식물과 선인장 등

### 사계절을 느끼는 식물

우리 나라는 온대성 기후에서 자라는 식물이 대부분입니다. 봄에는 새순이 나오고 여름에는 무성하게 자라나다 가을에 잎이 지고 겨울에는 잎이 다 떨어져 가지만 앙상하게 남지요.

봄에 씨를 뿌려 따뜻한 여름을 지내야 가을에 꽃을 피우고, 가을에 씨를 뿌려 추운 겨울을 난 후에야 봄에 꽃을 피우기도 하지요. 계절별 온도와 해의 길이 변화가 식물이 자라는 데 영향을 미치는 것입니다.

**종류** 개나리, 국화, 능소화, 동백나무, 등나무, 작약, 피라칸사, 해바라기, 수국, 백량금, 벚나무, 목련, 박태기나무, 남천 등

**화분과 바구니**

농장이나 도매시장에서 파는 식물은 사람과 비교하면 예쁜 옷도 입지 않고 화장도 안 한 상태라고 할 수 있습니다. 그 안에서 맘에 드는 식물을 고르는 것은 어려운 일이지요. 꽃집에서는 이런 상태의 식물을 가지고 와서 예쁜 옷도 입히고, 깨끗하게 꾸미는 역할을 합니다. 그래서 같은 식물이라도 달라보이게 되지요. 식물은 배치된 상태에 따라 분위기도 완전히 달라집니다.

**화분** 식물에게 가장 좋은 화분은 토분입니다. 유약이 발라져 있지 않아 통풍이 잘되기 때문이지요. 토분은 사용할수록 자연스럽게 이끼도 끼고 때가 타게 되는데, 이런 부분이 토분의 매력이기도 합니다. 이 밖에 도자기 화분은 컬러와 모양이 다양하므로 색다른 모습으로 연출할 수 있습니다. 또한 돌화기는 자연스러운 느낌을 주고, 플라스틱 화분은 다른 화분에 비해 고급스러움은 떨어지지만 가볍고 저렴하여 사용하기에 편리합니다.

**바구니** 바구니와 나무 트레이에도 여러 종류가 있는데, 식물을 심기보다는 모종을 담아서 보는 용도로 사용하는 것이 좋습니다. 바구니와 나무 트레이는 물이 닿은 상태에서 오랫동안 방치되면 썩는 단점이 있지만 모종을 옮겨 심기 전에 잠시 관상용으로 활용할 수 있습니다. 또한 분위기를 바꾸기 위해 화분을 바구니나 나무 트레이에 넣어 자연스럽게 연출할 수 있지요. 바구니는 덩굴성 식물을 담아서 벽이나 천장에 걸어 사용하기에도 좋습니다.

## 가드닝 도구

① **흙삽** 흙이나 난석, 마사토 등을 퍼 담을 때 사용한다.

② **모종삽** 흙을 파거나 식물을 옮길 때 사용한다.

③ **갈고랑이·삼지창** 흙을 고르거나 파낼 때 쓰인다.

④ **가위** 식물을 다듬거나 가지치기를 할 때 쓰인다.

⑤ **전지가위** 굵은 가지를 자를 때 사용한다.

⑥ **쓰레기통** 식물을 정리하거나 잘라낸 줄기나 잎 등을 버릴 때 필요하다.

⑦ **깔망** 화분에 식물을 심을 때 화분 구멍에 깔아 흙이 흘러나오는 것을 방지한다.

⑧ **나무젓가락** 씨앗을 심거나 꺾꽂이할 때 흙에 구멍을 내는 데 쓰이며, 흙이 마른 정도를 확인할 때도 유용하다.

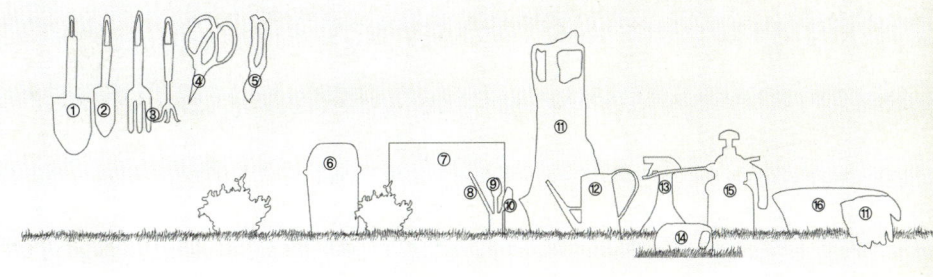

⑨ **스푼** 작은 화분에 흙을 담거나 장식돌을 넣을 때 편리하다.

⑩ **포크** 작은 화분에 씨앗을 심거나 흙을 고를 때 쓰인다.

⑪ **앞치마·장갑** 분갈이를 하거나 식물을 관리할 때 흙이 묻는 것을 막아준다.

⑫ **물뿌리개** 작은 화분에 물을 줄 때 사용한다.

⑬ **분무기** 식물의 잎에 물을 분무하거나 약을 줄 때 쓰인다.

⑭ **원예용 끈** 식물을 막대기에 지지하거나 묶어서 정리할 때 사용한다.

⑮ **압력분무기** 많은 양의 식물에 분무할 때 편리하다.

⑯ **큰대야** 식물 분갈이를 할 때, 바닥을 깨끗이 청소할 때, 물을 받아 놓을 때 쓰인다.

## 분갈이

식물이 자라면 크기가 커지기 때문에 몸집에 비해 화분이 작아지게 되지요. 너무 작은 화분에서 키우면 뿌리가 더 이상 뻗어나갈 곳이 없으므로 큰 화분으로 분갈이를 해야 합니다. 그럴 바에는 아예 커다란 화분에 심는 것이 편리한 것 같지만 식물의 몸집에 비해 큰 화분은 물을 주었을 때 흙이 금방 마르지 않습니다. 또한 축축한 상태가 더 오랫동안 지속되므로 그때그때 적당한 화분에 심는 것이 가장 좋습니다.

**1** 작은 화분의 경우는 옆으로 기울여 식물을 빼거나 화분 구멍의 망을 가위로 누르면 잘 빠집니다.

**2** 망을 깔아 흙이 빠져나가는 것을 방지합니다.

**3** 배수층을 만들어 물이 잘 빠지도록 합니다.

**4** 화분에 흙을 조금 넣습니다. 화분이 깊으면 더 많은 양의 흙을 넣으세요.

**TIP** 작은 모종 화분은 주변을 살살 눌러 주면 손쉽게 식물을 뺄 수 있지요. 하지만 플라스틱 화분이나 큰 화분은 화분 구멍으로 뿌리가 많이 나와 있을 경우, 빼내기가 쉽지 않습니다. 이럴 때는 화분 바닥의 구멍으로 비죽 튀어나온 잔뿌리를 자르거나 엉킨 뿌리를 풀어 줍니다(이때 원뿌리를 자르면 식물 전체가 죽을 수도 있으니 주의하세요). 그런 다음 화분을 돌려가며 누른 뒤 식물을 잡고 화분을 빼냅니다. 그래도 나오지 않으면 가장자리에 삽을 꽂아서 식물이 쉽게 나올 수 있도록 합니다.

**5** 화분에 식물을 넣습니다.

**6** 빈 공간에 흙을 채워 주세요.

**7** 흙을 잘 다져가며 눌러 주세요. 그렇지 않으면 나중에 물을 주었을 때 흙이 쑥 가라앉아 버리거든요. 이때, 너무 꾹꾹 누르면 물빠짐이 좋지 않으니 적당한 힘으로 누르세요.

**8** 분갈이 완성!

## 흙

흙은 식물에게 있어 의식주와 같습니다. 식물의 몸을 덮어 주거나 자랄 때 필요한 물과 양분을 공급하여 뿌리를 지탱할 수 있게 하지요.

흙은 식물이 자라는 데 없어서는 안 될 중요한 요소지만 식물 초보자들이 크게 신경 쓸 필요는 없습니다. 대부분의 사람들은 이미 흙에 심긴 식물을 구입하게 되니까요. 그래도 일반적으로 필요한 가장 기본적인 흙 몇 가지만 알면 식물 키우는 데는 아무 문제 없습니다. 밭에 있는 흙이나 산에서 퍼온 흙을 이용하는 것은 좋지 않습니다. 병해충에 오염되었을 수도 있으니까요. 구입해서 사용하는 모든 흙은 소독처리가 되어 있으므로 실내에서 사용하기 적합합니다.

❶ **배양토** 자생토, 질석, 펄라이트, 마사토, 바크 등이 섞여 있는 흙입니다. 색산되는 회사마다 배합 비율이 조금씩 다르지만 사용하는 데는 큰 차이가 없으므로 어떤 것을 사용해도 좋습니다. 깨끗하게 소독한 흙이라서 실내에 둬도 괜찮습니다. 식물을 심을 때 이 흙 하나면 충분하지요.

❷ **마사토** 다육 식물과 같이 물을 좋아하지 않는 식물이나, 배수가 잘되어야 하는 식물일 경우 마사토를 섞어서 심어도 됩니다. 이렇게 넣은 마사토는 모래 같은 역할을 합니다. 영양분 없이 입자가 흙보다 굵기 때문에 흙 사이에 공간이 생겨 배수가 잘되지요. 분갈이를 하거나 식물을 심을 때 배수층으로 사용하며, 식물을 심고 난 후 장식돌 대신 자연스럽게 연출할 수 있습니다.

❸ **난석** 주로 난을 심을 때 사용합니다. 난은 절대 흙에 심으면 안 되는 식물입니다. 흙에 심으면 뿌리가 숨을 쉬지 못해 죽게 되지요. 난석이나 바크, 이끼에 심어야 합니다. 난석은 배수가 잘되고 통기성이 아주 좋습니다. 분갈이를 하거나 식물을 심을 때 배수층으로 사용해도 좋지요.

❹ **바크** 바크는 나무껍질입니다. 입자가 굵기 때문에 배수와 통풍이 잘되지요. 또한 물을 머금고 있는 성질이 있어 보습력도 좋습니다. 바크는 난을 심는 데 많이 사용합니다. 다른 상토(모판흙)에 섞어 사용하기도 하고 배수층으로 쓰기도 합니다.

❺ **피트모스** 피트는 식물이 습지에 퇴적되어 완전히 분해되지 않고 탄화된 흙입니다. 특히 수태(이끼)가 퇴적된 것을 피트모스라고 하며 원예용으로 많이 사용합니다. 피트모스는 강산성을 띠고 있어 산성의 흙에서 재배해야 하는 블루베리를 키우는 데 적당한 흙이지요. 가볍고 보수력이 강합니다.

❻ **맥반석** 맥반석은 물을 정화시키는 데에 효과적이므로 물이 탁해질 수 있는 수경 재배를 할 때 사용하면 좋습니다. 이 밖에 배수층으로 깔아도 좋고 장식용으로 사용할 수도 있지요.

**❼ 이끼** 토피어리를 만들거나 식물을 심고 난 후 장식용으로 사용하며 난과 같은 착생식물을 키울 때 쓰기도 합니다. 이끼에는 일반 이끼와 비단 이끼가 있어요. 비단 이끼는 이끼와 돌만으로도 예쁘게 연출할 수 있습니다.

**❽ 장식용 돌** 돌은 식물을 심을 때 장식용으로 없어서는 안 될 소품입니다. 꼭 필요한 요소는 아니지만 돌을 이용해서 더 멋스럽고 때로는 앙증맞게 연출할 수 있습니다. 잎이 흙에 닿거나 떨어졌을 때 곰팡이균이 번식할 우려가 있는데 이런 점에서는 돌이 흙보다 안전하지요. 물 주는 시기를 알아차리기 어려운 식물 초보자에게는 장식용 돌이 방해가 될 수 있으니 경우에 따라 치우는 것이 좋습니다.

**6**

알아두면 좋아요!
비료 & 병해충

### 비료

비료는 크게 유기질 비료와 무기질 비료로 나눌 수 있습니다. 대부분의 식물이 정상적으로 자라기 위해서는 영양분이 필요합니다. 그러나 영양분이 많다고 좋은 것은 절대 아닙니다. 과한 것은 부족한 것보다 못하지요. 식물에게 물, 햇빛, 온도가 적당하지 않은 상태에서 많은 비료를 주면 오히려 힘들어합니다. 사람에 빗대어 말하면 당장 먹고살 기본적인 생계조차 힘든 이에게 좋은 옷과 가방이 무슨 소용이 있을까요? 식물이 자랄 수 있는 기본적인 환경이 갖춰졌을 때 비료를 제공하여 윤택하게 살 수 있도록 해야 합니다.

**유기질 비료** 식물이나 동물의 생명체가 썩어서 만들어진 비료입니다. 유기질 비료는 많은 양을 사용해도 농도가 낮고 오랫동안 지속되므로 식물이 자라는 밑거름으로 사용하는 것이 좋습니다.

**무기질 비료** 화학비료로 효과가 빨리 나타납니다. 흙에 덧거름으로 뿌리거나 분무기를 이용해 잎에 뿌려 주는 것이 좋습니다. 식물이 필요로 하는 대표적인 3대 영양소를 중심으로 양분을 섞어서 만든 것이지요.

**TIP** 중요한 것은 식물마다 필요로 하는 영양분을 알맞은 시기에 공급해야 한다는 점입니다. 식물이 왕성하게 성장하는 생육 초기나 봄에 비료를 주는 것이 좋습니다. 반면, 추운 겨울에는 식물이 활동을 멈추는 시기이므로 비료를 주지 않는 것이 좋지요. 햇빛을 많이 필요로 하지 않는 고사리나 관엽 식물은 비료 요구도가 낮습니다. 식물은 많은 햇빛, 높은 온도, 광합성이 활발히 일어날 때 영양분을 더 많이 필요로 합니다.

### 비료의 3대 요소는 질소(N), 인산(P), 칼리=칼륨(K)

N 질소는 잎이 성장하는 데 관여하는 비료입니다. 식물의 잎이 자라는 데 많이 이용되지요. 부족하거나 과다하면 잎이 마르고 잘 자라지 못하게 됩니다.

P 인산은 꽃, 열매, 종자를 위한 비료입니다. 인산이 부족하게 되면 꽃눈이 생기지 않고 잎만 계속 무성해집니다.

K 칼리는 줄기와 구근에 영향을 주는 비료이며 탄수화물의 이동과 저장을 돕습니다. 또한 물이 원활하게 작용할 수 있도록 하지요. 구근이 자라고 수량을 늘리는 데 많이 필요한 영양분입니다. 줄기와 뿌리를 튼튼하게 하여 추운 곳에서도 잘 견디고 병해를 막는 데 도움을 줍니다. 칼리가 부족하면 잎 주변이 마르고 생육이 억제됩니다.

위 세 가지 영양분이 골고루 잘 섞여 있어야 식물이 잘 자라지만, 시기에 따라 세 가지 영양분의 배합이 다른 것을 사용하는 것이 좋습니다. 개화 시기가 아니라고 해서 질소와 칼리만 주거나 꽃이 피었다고 인산만 주는 것은 올바르지 않습니다. 모든 영양분은 복합적으로 작용하는 것이기 때문이지요. 그러므로 보통 비료를 구입할 때에는 성분표를 보고 구입하는 것이 좋습니다.

예 1) 6-40-6-15 : N 6%, P 40%, K 6%, Mg 15%
이 비료는 인산의 비율이 가장 높으므로 식물이 꽃을 피우고 열매를 맺는 생장 시기에 사용하면 좋습니다.

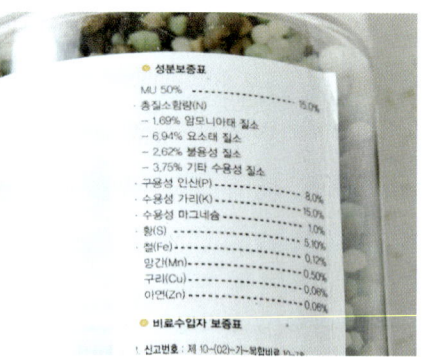

예 2) N 15.0%, P 8.0%, K 15.0%, Mg 1.0%
질소와 칼리의 비율이 높으므로 초기 생장 시 잎과 줄기, 뿌리를 풍성하게 만드는 데 사용하면 좋습니다.

### 비료는 언제, 어떻게 주나요?

① 일반적으로 대부분의 식물은 봄, 가을에 비료를 주는 것이 좋습니다.
② 더운 여름이나 추운 겨울은 피하는 것이 좋아요.
③ 비료를 줄 때는 줄기나 뿌리에 닿지 않도록 하세요.
④ 액체비료는 한 달에 한 번 정도 주면 됩니다.
⑤ 알갱이로 된 비료는 화분에 담긴 흙에 올려두면 3~4개월 정도 물을 줄 때마다 식물에 흡수되므로 봄, 가을에 1회씩만 주면 됩니다.
⑥ 꽃이 잘 피게 하려면 꽃이 피기 전후에 비료를 주는 것이 좋습니다.
⑦ 분갈이를 할 때에는 유기질 비료를 흙과 섞어 밑거름으로 사용하세요.

### 병해충

식물을 키우다 보면 가장 괴롭게 하는 것이 바로 병해충입니다. 건조한 날씨가 계속되어 흙이나 공기가 건조한 봄, 가을에는 진딧물이나 깍지벌레 같은 충해가 많이 발생합니다. 이때는 분무를 자주 해주어 습도를 높이는 것이 좋아요. 반대로 날씨가 덥고 습한 장마철에는 병해가 많이 발생합니다. 물을 너무 자주 줘서 흙이 계속 축축한 상태가 유지되어 통풍까지 되지 않으면 곰팡이균이 번식하기 쉬운 최적의 상황이지요. 병해충이 발생하는 환경을 피하고 가능한 한 빨리 발견하여 피해가 확산되는 것을 막아야 합니다.

**TIP** 요즘은 독성이 강한 농약을 사용하는 것이 제한되어 판매를 금지하고 있습니다. 저독성의 친환경 농약을 사용해서 병해충을 없애야 하지요. 국가 병해충 관리시스템에서 병해충과 농약에 대한 정보를 검색할 수 있습니다. 농약을 검색하면 농약 성분에서부터 제조회사명과 상표명, 독성의 정도와 어떤 식물에 효과적인지도 함께 볼 수 있습니다.

### 병해충 진단 및 해결 방법

#### ① 초기발견이 중요해요!
무슨 병이던지 초기에 발견하는 것이 중요합니다. 중증으로 발전되기 전에 빨리 치료를 하고 다른 합병증이 생기지 않도록 해야 하지요. 식물도 마찬가지입니다. 물을 줄 때마다 병해충이 생기지 않았는지 늘 지켜보는 것이 중요합니다. 그리고 생기는 즉시 없애는 것이 피해가 커지는 것을 막는 방법입니다.

#### ② 병해충이 생긴 식물은 격리시키세요!
병해충이 생긴 식물을 다른 식물과 함께 두면 옮길 수도 있으니 격리시키는 것이 좋습니다.

#### ③ 손으로 없애 주세요!
양이 많지 않을 경우에는 손으로 하나하나 없애 주세요. 병해충이 많이 퍼졌다면 줄기나 잎 자체를 잘라 버리는 것이 좋지요.

#### ④ 벌레나 균이 많아질 때까지 방치하지 마세요!
벌레나 균이 너무 많이 생겼을 때는 식물뿐 아니라 식물이 심긴 흙까지 버려야 합니다. 이런 상황이 될 때까지 방치하지 않도록 주의하세요.

#### ⑤ 살충제, 살균제를 이용하여 없애 주세요!
곰팡이 같은 세균에 의해 병해를 입었다면 살균제를 사용하고 진딧물, 응애, 깍지벌레 같은 충해를 입은 경우에는 살충제를 사용하세요. 어떤 병해충이 생겼는지 잘 파악하여 그에 맞는 약을 써야 합니다. 병해충이 생기기 전에 한 번씩 예방 차원에서 뿌리는 것도 좋아요.

*참고! 잿빛곰팡이 P.61*
*깍지벌레 P.64*

#### ⑥ 사용한 도구는 깨끗하게!
도구로 인해 병해충이 다른 식물에 옮길 수 있으므로 병해충이 생긴 부분에 사용한 가위, 장갑, 물뿌리개 등 모든 도구는 깨끗하게 씻어서 다시 사용하세요.

#### ⑦ 식물에 관한 민간요법은 피하세요!
마늘액, 담배 우린물, 우유, 요구르트, 설탕물 등의 민간요법은 실제로 큰 효과가 없답니다. 만약 일시적인 효과가 있더라도 다른 병이나 벌레가 생길 수 있으니 피하는 것이 좋아요.

#### ⑧ 천연 재료 이용하기
채소나 허브 등 우리가 직접 먹는 식물의 경우에는 저독성 농약을 사용해도 무관하지만 그것도 꺼려지면 천연 재료를 섞어 만든 친환경 제품들을 구입하여 사용해 보세요.

### 살충제, 살균제 뿌리는 방법

농약은 큰 스프레이 통에 희석된 상태로 사용할 수 있는 것과 물에 희석해서 사용해야 하는 종류가 있습니다. 전자는 그대로 뿌리면 되지만 후자는 설명서를 보고 적당량을 희석해서 사용해야 하지요. 인터넷이나 다른 정보를 이용하는 것보다는 구입한 농약의 설명서를 보고 그 비율대로 희석하는 것이 가장 좋습니다.

**1** 살균제 5ml, 물 100ml, 종이컵 2개, 분무기를 준비합니다.

**2** 살균제 뚜껑을 이용해 5ml의 살균제를 종이컵에 넣어 주세요.

**3** 또 다른 종이컵에 준비한 100ml의 물을 약간 넣어 줍니다.

**4** 살균제와 물이 잘 섞이도록 저어 줍니다.

**5** 비율에 맞게 물을 붓고 섞어 주세요.

**6** 만들어 놓은 살균제를 분무기에 담아 식물에 뿌립니다.

\* 설명에 사용된 살균제는 물과 1:20의 비율로 희석하였습니다.
살균제 뚜껑의 용량 5ml, 종이컵의 용량 120ml로 종이컵을 꽉 채우지 않은 정도의 물을 사용하였습니다.

### 주의사항
1. 희석액은 그때그때 만들어서 사용하세요.
2. 약이 몸에 묻지 않도록 주의합니다.
3. 바람이 불지 않는 날 작업하는 것이 좋습니다.
4. 햇빛이 많이 드는 시간은 피하는 것이 좋습니다.
5. 통풍이 잘되는 곳에서 뿌리고 꼭 환기를 시키세요.
6. 증상이 심각하지 않으면 1주일에 한 번, 심각한 경우에는 2~3일 간격으로 뿌려 줍니다.

### 병해충이 생기지 않게 하려면

1. 식물을 너무 빽빽하게 심지 마세요.
2. 잎이나 꽃이 복잡하게 난 곳은 정리해 주세요.
3. 시든 잎이나 꽃은 따내는 것이 좋습니다.
4. 흙에 닿는 잎도 제거해 주세요.
5. 흙을 축축하지 않게 합니다.
6. 공기가 건조하지 않도록 알맞게 분무하세요.
7. 통풍이 잘되게 환기를 자주 시킵니다.
8. 화분과 화분의 간격을 넓히는 것도 통풍에 도움이 됩니다.

### 병해의 3가지 주요 원인

**1. 바이러스** : 병을 발생시키는 가장 미세한 병원체입니다. 사람에게 전염되는 감기나 간염 등도 바이러스에 의한 것이지요. 식물의 바이러스는 주로 진딧물이나 접촉에 의해 전염됩니다.

**2. 세균** : 고온다습한 지역에서 쉽게 발생하며 증식속도가 아주 빠릅니다. 균이 식물체 속에 침입하여 병을 일으키는 것이지요. 식물의 잎이 변하고, 반점이 생겨 심하면 식물 전체가 죽을 수도 있습니다.

**3. 곰팡이** : 식물 대부분의 병은 곰팡이균에 의한 경우가 많습니다. 우리가 살고 있는 환경에 약 8,000여 종의 곰팡이균이 있다고 합니다. 습한 환경에서 많이 발생하며 기공이나 식물의 상처를 통해 식물에 전염됩니다.

## 병해의 종류

| | 바이러스병 | 무름병(연부병) | 잿빛곰팡이병 | 흰가루병 | 그을음병 |
|---|---|---|---|---|---|
| 증상 | 아주 미세한 바이러스에 의한 병으로 잎과 꽃잎에 줄무늬, 얼룩, 모자이크 무늬가 나타납니다. 잎에 주름살이 생기기도 하지요. 한 번 바이러스에 전염되면 끝까지 잔류하여 계속 피해를 줍니다. | 감염 부위가 약해지고 물에 삶은 것같이 되거나 물렁물렁해지며 썩어갑니다. 갈색의 끈적한 액체가 나오고 지상부는 쭈글쭈글하게 시들다가 죽게 되지요. 주로 다육 식물에 많이 생기는 병으로 뿌리의 상처를 통해 감염되어 줄기와 알뿌리를 썩게 만듭니다. | 많은 종류의 식물에 가장 널리 발생하는 공기 전염병입니다. 잎끝의 부정형 반점에서 시작하여 잎 전체가 말라 버립니다. 꽃에는 갈색 반점이 생기면서 잿빛곰팡이를 만들지요. | 어린 잎 표면에 흰색의 반점으로 시작해 식물 전체로 퍼져 나가며 흰가루로 덮여 버리지요. 잎이 마르거나 기형이 생기게 됩니다. | 식물의 잎·가지·열매 표면에 검은 그을음 같은 가루가 묻어나는 현상이 생깁니다. |
| 원인 | 주로 진딧물 또는 접촉에 의해 전염됩니다. 진딧물은 봄과 가을의 건조할 때 많이 생기기 때문에 바이러스병도 이때 많이 발생하지요. 바이러스의 종류에 따라 원인이 다르며 해충이나 접촉에 의해, 접목, 종자를 통해 전염되기도 합니다. | 온도가 높거나 과습한 경우에 생깁니다. | 고온다습한 환경에서 많이 생기는 병으로 장마철에 매우 많이 발생합니다. 물을 줄 때, 잎과 꽃에 물을 흠뻑 뿌리거나 식물이 너무 빽빽하게 심긴 경우에 통풍이 되지 않아 포기가 무르면서 곰팡이균이 생깁니다. | 질소 비료 과다나 통풍 부족으로 생기게 되지요. | 깍지벌레와 진딧물이 개미를 유인하려고 분비한 배설물에서 곰팡이가 번식한 것이지요. |
| 치료 | 치료약이 따로 없어 병을 옮기는 진딧물을 없애는 것이 중요합니다. 병이 생긴 부분을 즉시 제거하고 태워 버리는 것이 좋지요. | 감염된 부위는 소독한 가위로 넓게 잘라 내거나 심하면 포기 전체를 없애는 것이 좋습니다. 가스가마이신, 바실루스서브틸리스, 발리다마이신에이, 스트렙토마이신 수화제, 옥솔린산 수화제, 프로베나졸입제, 베노밀 등의 살균제를 뿌려 줍니다. | 감염된 가지, 꽃은 잘라 버리고, 심하게 오염된 그루는 뽑아서 태워 버립니다. 메트코나졸, 바실루스서브틸리스, 티오파네이트메틸 수화제, 베노밀, 보스칼리드, 사이프로디닐, 이프로디온 등의 살균제를 뿌려 줍니다. | 유황제, 베노밀, 메트라페논, 비타놀, 티오파네이트메틸 등의 살균제를 뿌려 줍니다. | 진딧물과 깍지벌레를 제거하고, 심하지 않을 경우 그을음 같은 가루도 닦아 주세요. 심할 경우에는 유황제나 다이센, 다코닐 등의 살균제를 뿌려 줍니다. |
| 피해 식물 | 양난, 선인장, 메리골드, 피튜니아, 카네이션, 글라디올러스, 달리아, 백합, 붓꽃, 아마릴리스, 칸나, 튤립, 수선화, 과꽃, 코스모스, 작약, 수국 등 대부분의 식물 | 아이리스, 히아신스, 시클라멘, 튤립, 백합 등의 알뿌리 식물, 다육 식물, 산세비에리아, 게발선인장, 안스리움, 베고니아, 칼라디움, 제라늄, 금전수 등 | 국화, 거베라, 안개초, 카네이션, 금어초, 글라디올러스, 베고니아, 장미, 수국, 고무나무 등 | 장미, 거베라, 칼랑코에, 봉선화, 철쭉, 국화, 코스모스, 베고니아, 달리아, 에리카, 스위트피, 라일락, 느릅나무, 해바라기, 양귀비, 벚나무 등 | 사과나무, 감귤나무, 동백나무, 감나무 등 |

### 잎에 반점이 생기는 종류의 병

잎에 반점이 생기는 병은 여러 가지가 있습니다. 증상만으로는 어떤 병이라고 정확하게 판단하기 힘든 경우가 많지요. 반점이 생기는 원인은 곰팡이에 의한 것으로 점무늬성병을 의심할 수 있습니다. 이 밖에 탄저병이나 녹병, 노균병 또한 반점이 생기는 증상을 보입니다. 곰팡이에 의한 점무늬성병 치료를 위한 약을 뿌리는 것이 좋습니다. 이 약을 뿌려도 낫지 않는다면 세균에 의한 반점세균병일 가능성이 있지요. 이때는 반점세균병 치료에 효과적인 약을 뿌려야 합니다.

| | 점무늬성병<br>(흑반병, 점무늬병, 검은무늬병,<br>겹무늬병, 흰별무늬병) | 탄저병 | 녹병 | 반점세균병(반점병) |
|---|---|---|---|---|
| 증상 | 아래쪽 잎에 둥근 흑색 무늬가 생기고 결국 잎이 노랗게 되면서 떨어지게 되지요. | 주로 성숙기의 과실에서 발생합니다. 처음에는 표면에 반점이 생기는데 주변이 진하고 중심이 옅은 증상이 나타납니다. 진전되면 움푹 들어간 둥그런 병반으로 확대되지요. | 잎 뒤에 곰보 같은 흑색점이 생기며 그 중앙이 등황색으로 변합니다. 다음에는 이것이 세로로 갈라져 황적색 가루를 날리는데 이때 밤색의 긴 타원형이나 방추형 무늬가 생기게 됩니다. 식물의 생육이 나빠지고 심한 경우에는 식물 전체가 죽을 수 있지요. | 잎에 불규칙적인 모양의 반점이 생기는 병입니다. |
| 원인 | 곰팡이에 의한 병으로 흙이 습한 경우에 발생합니다. | 곰팡이가 원인으로 온도와 습도가 높은 6월~9월까지 많이 발생합니다. 질소 과다가 가장 큰 원인으로 곤충이 낸 상처나 가지치기에 의한 상처, 비바람에 의한 상처로 인해 식물에 침입하게 되지요. | 곰팡이가 원인으로 날씨가 차고 습기가 많을 때 발생하게 됩니다. | 세균 감염이 원인으로 과습하거나 통풍이 부족하면 생기게 되지요. |
| 치료 | 병든 잎은 제거하고 사이프로디닐, 디페노코나졸, 비타타놀, 프로피네브 등의 살균제를 뿌리면 효과가 있습니다. | 병든 잎은 제거하고 만코제프, 베노밀, 프로피네브, 이미녹타딘 트리아세테이트 등의 살균제를 뿌려 줍니다. | 병든 잎은 제거하고 만코제프, 비타타놀, 테부코나졸, 트리아디메폰, 유황제 등의 살균제를 뿌려 줍니다. | 감염 초기에는 잎을 제거해 줍니다. 코퍼하이드록사이드, 스트렙토마이신계 등의 살균제를 뿌려 주는 것이 좋습니다. |
| 피해식물 | 금어초, 백일홍, 해바라기, 작약, 카네이션, 무궁화, 장미, 팬지, 국화 등 | | 해바라기, 카네이션 등 | 카네이션, 국화, 거베라, 제라늄, 자스민, 홍콩야자, 드라세나, 디펜바키아, 안스리움, 칼라데아, 고무나무, 베고니아, 백일초, 헤데라, 필레아, 히비스커스 등 |
| 사진 | | | | |

### 갉아먹는 해충

식물의 잎에 갉아먹은 흔적이 있다면 식물에 해충이 있다는 증거입니다. 줄기, 잎, 꽃봉오리, 뿌리 등을 모두 갉아먹어 버리지요. 가지에 구멍을 내기도 하고 심하면 식물 전체를 갉아먹습니다. 이렇게 잎을 갉아먹으며 식물에 피해를 입히는 해충에는 나비와 나방류, 달팽이류가 있습니다.

| | 나비, 나방류의 애벌레<br>(털벌레, 배추벌레) | 달팽이 |
|---|---|---|
| 증상 | 잎을 갉아먹으며 식물에 피해를 입힙니다. | 달팽이 또한 식물의 잎을 갉아먹으며 살지요. 민달팽이는 야행성이라 낮에는 발견하기 힘들어요. 하지만 달팽이는 지나간 흔적을 남기므로 비교적 피해의 원인을 쉽게 파악할 수 있지요. |
| 원인 | 주로 애벌레일 때 피해를 입힙니다. 배추벌레, 털벌레라고 하는 벌레가 나방의 애벌레입니다. | 습도가 높고 어두운 곳을 좋아하므로 통풍이 잘되게 하는 것이 좋습니다. |
| 치료 | 애벌레가 자랄수록 그 피해가 커지니 발견하는 즉시 모두 없애는 것이 좋지요. 다이아지논, 디노페퓨란, 비티아이자와이, 비티쿠르스타키, 에토펜프록스 등의 살충제를 뿌려 줍니다. | 메타알데히드제, 메티오카브 등의 살충제를 사용할 수 있답니다. 달팽이가 좋아하는 것으로 유인하여 잡을 수도 있지요. |
| 사진 | | |

## 즙액을 빨아먹는 해충

잎, 줄기, 뿌리 등 식물의 곳곳에 붙어 즙액을 빨아먹어 식물 전체가 약해질 수 있습니다.

빨리 없애지 않으면 주변의 다른 식물로까지 번지기도 합니다.

|  | 진딧물 | 깍지벌레 | 응애 |
|---|---|---|---|
| 증상 | 가장 흔한 해충으로 아주 작은 벌레입니다. 잎의 뒷면이나 어린 새순에 주로 잘 생기지요. 검은색이나 녹색, 적색 등 몸의 색깔이 다양합니다. 잎, 줄기, 꽃잎, 뿌리에 붙어 즙액을 빨아먹으면서 살지요. 진딧물은 개미와 공생관계라서 진딧물이 있는 곳에는 개미가 나타날 확률이 높습니다. 개미 퇴치약을 함께 뿌리는 것도 도움이 됩니다. | 잎이 시들어 떨어지거나 식물체가 약해진 것처럼 보입니다. 이럴 때는 잎을 잘 살펴보세요. 깍지벌레는 잎이나 가지에 기생하며 즙액을 빨아먹습니다. 미니 번데기같이 생기기도 하고 작은 조개를 뒤집어 놓은 것처럼 보이기도 하지요. 깍지벌레는 휴지로 잡아 누르면 빨간 피 같은 액이 나와요. 종류 또한 다양해서 작은 솜덩이처럼 생긴 것도 있습니다. 벌레가 아닌 것으로 착각하기 쉬우니 잘 살펴보세요. | 눈에 보이는 벌레는 없지만 거미줄 같은 것이 촘촘히 쳐진 부위가 있다면 응애가 발생한 것입니다. 자세히 보면 아주 작은 벌레가 보일 거예요. 잎 뒷면이나 꽃봉오리에 붙어 즙액을 빨아먹습니다. 엽록소가 파괴되어 식물을 흰색으로 변화시키며 흰 가루 같은 것이 생깁니다. 거미과에 속하는 종류로 잎과 어린 줄기에 거미줄을 치지요. |
| 원인 | 식물체가 약해지거나 식물의 토양이나 습도가 건조할 경우 진딧물이 생깁니다. | 잎이 건조하고 통풍이 잘되지 않을 때 주로 발생합니다. | 온도가 높고 건조할 때 많이 발생합니다. |
| 치료 | 진딧물은 바이러스와 그을음병의 원인이 되기도 하므로 생기는 즉시 없애는 것이 좋습니다. 수가 적을 때에는 손으로 모두 제거한 뒤 약을 뿌리는 것이 좋고, 수가 많은 경우에는 진딧물이 많이 붙은 줄기를 잘라 내고 약을 뿌려 줍니다. 진딧물은 약에 대한 저항성이 생기므로 성분이 다른 약을 바꿔가며 사용해야 합니다. 메틸브로마이드, 아세페이트, 아세타미프리드, 이미다클로프리드, 파라핀오일유제, 피메트로진, 플로니카미드 등의 살충제가 효과적이지요. 진딧물의 천적인 무당벌레를 함께 놔두는 것도 좋은 방법입니다. | 양이 많지 않으면 휴지나 솜으로 닦으면 되지만 수가 많은 경우에는 깍지벌레가 많이 붙은 줄기를 잘라 내고 약을 뿌려 줍니다. 약을 뿌린 후에는 죽은 깍지벌레가 잎에 그대로 붙어 있으니 모두 떼어 내야 합니다. 클로티아니딘, 디노페퓨란, 이미다클로프리드 등의 성분을 가진 살충제를 사용하는 것이 좋습니다. | 같은 종류의 약을 계속해서 사용하면 내성이 생기므로 종류를 바꿔가며 사용하는 것이 좋습니다. 피해 받은 부분을 제거하고 발견하는 즉시 방제하는 것이 좋지요. 디메토에이트, 만코제프, 테트라디온 등의 성분을 가진 살충제를 뿌려 줍니다. |
| 피해 식물 | 일년초와 숙근초, 구근초 등 대부분의 식물 | 관엽 식물 등 | 장미과, 국화과, 백합과 식물 |

|  | 온실가루이 | 총채벌레 | 선충 |
|---|---|---|---|
| 증상 | 잎 뒷면에 주로 생기며 즙액을 빨아먹는 흰색의 작은 나방입니다. 잎 색깔이 옅어지고 식물 전체가 연약해집니다. 온실가루이 배설물에 의해 그을음병이 생길 수도 있지요. | 어린 잎이나 눈, 꽃봉오리, 꽃잎 속에 들어가 즙액을 빨아먹습니다. 그대로 두면 다 자란 잎 뒷면에까지 총채벌레가 번져 잎이 말라가며 죽지요. 잎이나 꽃이 기형이 되거나 회색, 갈색의 상처를 남기게 됩니다. | 뿌리에 염주 모양의 혹이 생기고 식물이 말라가며 시들게 됩니다.<br>먼지같이 미세한 존재로 자세히 보면 지렁이같이 몸을 비틀거리며 움직이지요. |
| 원인 | 온도가 높고 건조하면 생깁니다. | 건조하고 통풍이 잘되지 않을 때 발생합니다. | 수분을 좋아하여 습도가 높은 토양에 기생합니다. 주로 뿌리와 잎에 기생하지요. |
| 치료 | 노발루론, 아세타미프리드, 스피노사드 등의 성분을 가진 살충제가 효과적이지요. | 노발루론, 디노테퓨란, 아세페이트 수화제, 메틸브로마이드 훈증제, 스피노사드, 클로티아니딘 등의 살충제를 뿌려 주면 사망률이 높으나 땅속의 번데기는 방제가 어려우므로 토양소독을 해주는 것이 좋습니다. | 에토프로포즈, 포스티아제이트 등의 성분을 가진 살충제를 뿌려 줍니다. 뿌리 내부에 침입하면 완전 방제가 어려우므로 토양을 소독하는 것이 좋지요. |
| 피해식물 | 거베라, 포인세티아, 란타나, 후크시아, 샐비어, 라벤더, 아게라텀, 토마토, 오이, 감자, 고추 등 | 장미, 글라디올러스, 국화, 카네이션, 거베라, 시클라멘, 수국, 백합, 오이, 토마토, 참외, 감귤 등 | 국화, 파초일엽, 아프리칸바이올렛, 글록시니아, 백합, 히아신스, 작약 등 |

## part 2 식물 초보자를 위한 테마별 화초 이야기

식물 초보자를 위한 식물 키우는 방법과
식물의 이름, 꽃말, 전설, 식물에 담긴 이야기를 흥미롭게 엮었습니다.
공간을 더욱 돋보이게 해주는 식물 배치와 연출방법도 소개합니다.
두루두루 살펴보면 식물에 대해 무지했던 날들도
머지않아 옛날일이 될 거예요.

# 1

## 식물 초보자를 위한 화초

싱고니움 ● 페페로미아(산홀리페페로미아) ● 칼랑코에 ● 꽃기린 ● 박쥐란

도전할 때마다 늘 실패하는 식물 키우기.
또 죽일 것 같아 겁나서 못 키우겠다고요?
그렇다고 너무 일찍 포기하지 마세요!
키우기 쉬운 식물부터 차근차근 도전해 보는 건 어떠세요?

누구나 쉽게 기를 수 있는
## 싱고니움

Arrow-Head Vine
천남성과 *Syngonium podophyllum*

# 식 물 이 야 기

식물 초보자를 위한 최고의 식물을 하나만 꼽으라면 싱고니움을 추천하고 싶습니다. 키우기가 쉽고 어디서나 잘 자라는 식물이거든요. 싱고니움의 연둣빛 잎은 삭막한 실내공간에 싱그러움을 선사합니다. 하트 모양의 잎들이 소복하게 자라는 모습도 아주 사랑스럽지요.

식물 키우기가 힘든 이유는 언제 물을 주어야 할지 모르기 때문입니다. 물주기는 통상적으로 겉흙이 마르면 흠뻑 주는 것이 좋습니다. 하지만 겉흙이 얼마만큼 말랐는지 잘 모를 경우, 싱고니움은 고맙게도 잎을 축 늘어뜨리며 물이 부족한 것을 알립니다. 싱고니움의 잎은 얇은 편이지만 건조한 환경에 잘 견디므로 물을 적게 줘도 큰 문제없이 자라지요. 반대로 물을 조금 과하게 줬을 때에도 비교적 잘 견디는 편입니다. 반음지나 음지에서도 잘 자라 가정집의 거실, 베란다, 사무실 등 실내 어느 곳에서나 쉽게 기를 수 있는 식물입니다.

수경 재배

또한 싱고니움은 여름철이 되면 유리화기에 수경 재배로 심어 시원한 분위기를 연출하기에도 아주 좋은 식물입니다. 싱고니움을 키우다 보면 줄기 마디에서 뿌리가 생기는 것을 볼 수 있습니다. 뿌리 아래쪽 줄기를 잘라 흙에 심으면 또 하나의 싱고니움 개체가 생기지요. 싱고니움은 공기뿌리를 이용해 나무 줄기를 타고 오르는 덩굴성 식물입니다. 높은 곳에 올려놓고 흐르는 형태로 키워도 좋습니다. 이렇게 다양한 모습으로 연출할 수 있고 생명력이 아주 강한 싱고니움. 식물 초보자라면 한번 키워 볼만 하겠지요?

싱고니움의 뿌리

| 식물 정보 | 난이도 | 식물분류 | 빛 | 물주기 | 비료 | 개화시기 | 최적온도 | 최저온도 |
|---|---|---|---|---|---|---|---|---|
| | 하 중 상 | 잎 덩굴성 | 반음지 음지 | 분무 보통 | 봄·가을 | - | 16~24℃ | 10℃ |

싱고니움은 환경에 잘 적응하고 번식력이 좋아 손쉽게 기를 수 있는 식물입니다. 통풍이 잘되지 않는 사무실에서도 강인한 생명력을 자랑하지요. 암모니아를 제거하는 능력이 있어 화장실에 두고 기르면 좋습니다.

### ▣ 공기정화에 좋아요

미국항공우주국(NASA)에서 선정한 에코플랜트 가운데 종합평가 19위를 차지한 기특한 화초입니다. 특히 암모니아와 포름알데히드 제거에 효과적이에요.

## 이렇게 키워 보세요!

1 실내의 반음지나 음지에서도 잘 자라는 강한 식물로 어디에서든 적응력이 좋습니다.
2 물은 겉흙이 마르면 화분 구멍으로 흘러나올 때까지 흠뻑 주는 것이 좋습니다.
3 공중습도를 높게 하는 것이 좋으니 자주 분무해 주세요.

**관련상식 + 더하기**

### 포름알데히드란?

포름알데히드는 새집증후군, 실내공기 오염을 일으키는 물질입니다. 자극적인 냄새가 나는 가연성 무색 기체로 우리가 생활하는 일상 속에 침투해 있지요. 건축 자재나 실내 인테리어 자재, 가구, 싱크대, 바닥재, 단열재, 접착제에서부터 화장품, 종이, 샴푸에 이르기까지 포름알데히드 성분은 우리의 건강을 위협합니다. 포름알데히드는 눈과 호흡기를 자극하여 안구 건조증, 기관지염, 천식, 알레르기성 비염, 아토피성 피부염 같은 질병을 유발할 뿐만 아니라 수면장애, 정서불안, 기억력 장애 등 정서적으로도 나쁜 영향을 끼칩니다. 심하면 폐질환이나 발암의 원인이 되기도 하지요. 포름알데히드 제거를 위해서는 환기를 자주 하는 것이 좋습니다. 또한 실내에 식물을 놓아 두는 것만으로도 휘발성 물질을 제거하는 데 많은 도움이 됩니다.

밀착! 식물 속으로

# 식물 이름, 어떻게 부르면 좋을까?

### 식물에는 왜 여러 이름이 있을까?

식물은 여러 이름으로 불리는 경우가 많습니다. 우리 나라에서 불리는 한글명과 영문명, 그리고 학명이라고 하는 세계적으로 통용되는 이름이지요. 그런데 식물이 각 나라의 언어로 서로 다르게 불리면서 사람들은 식물학을 연구하는 데 불편함을 느꼈습니다. 따라서 모든 나라 사람들에게 통용되는 식물의 학명이 필요하게 된 것이지요. 학명은 라틴어를 사용하며, 린네라는 학자가 만든 이명법을 따르고 있지요. 이명법이란 속명과 종명을 연달아 쓰는 방법입니다. 예를 들어 싱고니움의 경우, *Syngonium podophyllum*이라는 학명을 가지고 있는데 여기서 *Syngonium*이 속명, *podophyllum*이 종명이 되지요. 갑자기 머리가 아파온다고요? 그렇게 어렵지 않아요. 속명은 사람의 이름으로 따지면 성에 해당하고 종명은 이름이라고 생각하면 조금 이해하기 쉽습니다. 그러면 싱고니움의 이름을 예로 들어 좀 더 자세히 살펴볼까요?

### 학명 보기 예

- *<u>Syngonium  podophyllum</u>*
      홍        길동

  싱고니움 집안의 포도필룸이라는 이름을 가진 식물을 뜻합니다.

- *<u>Syngonium  podophyllum</u>*  <u>cv.</u>  <u>Pixie</u>
      홍        길동

  뒤에 cv. Pixie가 붙었어요. 이건 품종명이에요. 싱고니움 포도필룸 중에서도 '픽시'라는 세부 품종명인 것이지요. 'Pixie'라고 표기하기도 합니다. 특히 장미를 부를 때 많이 사용하는데 헤븐, 마르샤, 블랙뷰티와 같이 장미에도 각각의 품종명이 있습니다. 싱고니움은 우리 나라에서 자생하는 식물이 아니므로 한글명이 따로 없어요. 싱고니움이라는 이름으로 들어오면서 학명 그대로 부르게 된 것이지요.

### 학명으로 식물의 특징을 알 수 있어요!

예전부터 할미꽃은 한국에서 자생해 온 식물입니다. 학명으로는 *Pulsatilla koreana*라고 하지요. *Pulsatilla*는 '소리 내어 울린다'라는 뜻으로 종 모양의 꽃이 바람에 의해 소리를 낸다는 데에서 유래하였습니다. *koreana*는 한국이 원산지라는 뜻이에요. 이렇게 학명에는 그 식물의 특징이 담겨 있어 이름만으로도 어떤 식물인지 알 수 있습니다.

*Helianthus annuus*는 해바라기의 학명인데 *Helianthus*는 태양을 닮은 꽃, *annuus*는 일년초(한해살이풀)라는 뜻이지요. 이 밖에 식물을 발견한 사람의 이름으로 학명을 정하기도 합니다. 새로운 식물을 가장 먼저 발견하거나 품종을 개발하면 그 식물에 이름을 붙일 수 있지요.

할미꽃 *Pulsatilla koreana*

튼튼하게 자라는
# 페페로미아 (신홀리페페로미아)

**Peperomia**
후추과 *Peperomia* spp.

# 식 물 이 야 기

페페로미아의 속명은 그리스어의 '후추'라는 뜻의 peperi와 '보이다'라는 의미인 omma의 합성어로 후추처럼 생겼다 하여 지어진 이름입니다.
페페로미아는 다육질 잎이라서 많은 양의 물이 필요하지 않습니다. 식물을 키우고 싶기는 하지만 물을 잘 줄 자신이 없는 분들께 권하고 싶은 화초입니다.
페페로미아를 키워 보면 초록빛 애벌레같이 생긴 뾰죽한 촉이 식물 곳곳에서 올라오는 것을 볼 수 있는데, 그게 바로 페페로미아의 꽃입니다. 하지만 꽃이라고 하기에는 볼품이 없어서 실망할 수도 있어요.

페페로미아 꽃 부분

• • •

페페로미아는 세계적으로 약 1,000여 종의 유사종이 있습니다. 그만큼 모양과 색이 아주 다양하지요. 그 중 청페페로미아, 홍페페로미아, 홀리페페로미아, 신홀리페페로미아, 수박페페로미아, 이자벨라 페페로미아 등 약 10여 종 정도가 우리 나라에서 유통·판매되고 있습니다. 위의 페페로미아 이름은 모두 시장이나 농장에서 불리는 유통명입니다. 우리 나라 이름이 따로 없어 학명을 부르지요.
페페로미아의 종류를 살펴보면 청페페로미아는 광택이 나는 청색의 넓은 잎을 지녔습니다. 잎이 단단하고 마치 조화처럼 생겼지요. 홍페페로미아는 청페페로미아와 비슷하게 생긴 잎을 가지고 있는

| 식물정보 | 난이도 | 식물분류 | 빛 | 물주기 | 비료 | 개화시기 | 최적온도 | 최저온도 |
|---|---|---|---|---|---|---|---|---|
| | 하 중 상 | 잎 | 반양지·반음지·음지 | 분무 보통·가끔 | 봄·가을 | - | 18~23℃ | 12℃ |

데, 색만 조금 다릅니다. 잎은 짙은 녹색을 띠고 테두리에 홍색의 띠가 둘러져 있지요. 그래서 홍페페로미아라고 부릅니다. 앞의 두 종류는 처음에는 위를 향해 직립으로 자라지만 길이가 길어지면서 아래로 늘어지지요.

수박페페로미아는 잎이 수박의 줄무늬를 닮아 지어진 이름입니다. 잎 크기는 청페페로미아, 홍페페로미아와 비슷하나 자라는 모양이 달라요. 청페페로미아, 홍페페로미아는 위에서 새로운 잎이 계속 생겨나지만 수박페페로미아는 하나의 줄기 끝에 잎이 한 개만 달립니다. 같은 면적 대비 청페페로미아나 홍페페로미아보다 여러

개의 줄기가 나와 있지요. 홀리페페로미아는 앞의 3가지 종류의 페페로미아보다 잎이 작습니다. 잎이 늘어지면서 덩굴성으로 자라고, 줄리아페페로미아와 비슷하게 생겼지요. 신홀리페페로미아나 이자벨라페페로미아의 경우는 홀리페페로미아보다 잎이 작고 앙증맞게 생겼습니다.

### + 페페로미아의 종류

같은 페페로미아라도 잎이나 줄기의 두께, 크기에 따라 물주기를 조금씩 다르게 하는 것이 좋습니다. 청페페로미아, 홍페페로미아와 같이 도톰한 잎을 가졌다면 물을 덜 줘도 됩니다. 신홀리페페로미아나 이자벨라페페로미아는 앞에서 말한 페페로미아 종류보다는 물을 더 필요로 하지요.

청페페로미아 *P. obtusifolia*    홍페페로미아 *P. clusiifolia*    줄리아페페로미아 *P. puteolata*

## Planterior (Plant + Interior)

페페로미아는 종류가 다양하여 공간의 색상과 특징에 따라 분위기를 달리할 수 있습니다. 연둣빛 싱그러움을 자아내는 신홀리페페로미아는 봄에 잘 어울리는 식물이지요. 자연스럽게 늘어뜨려 심어 놓으면 어느 공간에서도 봄 분위기를 물씬 풍깁니다. 청페페로미아의 잎은 짙은 녹색의 광택이 나는 질감으로 심플하고 깔끔한 분위기를 연출합니다. 홀리페페로미아는 청페페로미아보다 잎 색상의 채도가 낮고 줄무늬가 들어가 있어 중후한 분위기에 더 잘 어울리지요.

### ■ 공기정화에 좋아요

다육 식물의 속성을 가지고 있는 페페로미아는 낮이 아닌 밤 시간에 산소를 배출합니다. 집 안의 침실에서 키우면 밤에 페페로미아가 뿜어내는 상쾌한 산소를 들이마시며 잠들 수 있지요.

##  재·배·포·인·트 이렇게 키워 보세요!

1 물은 속흙이 마르면 화분 구멍으로 흘러나올 때까지 흠뻑 줍니다.
2 물주기가 과하면 줄기와 잎이 물러져 죽을 수도 있으니 흙이 습하지 않게 관리하는 것이 좋습니다.
3 여름에는 공중습도가 높아서 물을 덜 줘도 괜찮습니다.
4 직사광선은 피합니다. 그늘에서도 잘 자라지만 반음지나 반양지에서 키우면 웃자라지 않고, 광택과 무늬가 선명하게 살아납니다.

**밀착! 식물 속으로**

# 식물의 번식과 꺾꽂이

### 식물의 번식

식물을 번식시키기 위한 방법은 크게 두 가지로 나뉩니다. 첫 번째는 꽃이 진 뒤에 결실을 맺는 열매의 씨앗으로 번식하는 종자번식입니다. 다른 말로 '유성번식'이라고도 하며 가격이 저렴하고 번식하기 쉬운 장점이 있습니다. 주로 초화류 식물을 유성번식으로 번식시킵니다.

두 번째는 식물의 일부분을 떼어 내어 번식시키는 방법입니다. '영양번식' 또는 '무성번식'이라고 합니다. 영양기관인 뿌리, 줄기, 잎 등의 일부분을 떼어 내어 번식시키지요. 영양번식에는 여러 가지 종류가 있습니다. 포기 나누기, 알뿌리 나누기, 꺾꽂이, 휘묻이, 접붙이기가 그 방법이지요.

### 꺾꽂이

꺾꽂이는 '삽목'이라고도 부릅니다. 식물체의 일부인 뿌리, 줄기, 잎 등을 잘라 내어 심으면 잘라 낸 부위에서 새로운 뿌리, 줄기, 잎이 생겨 하나의 완전하고 독립된 식물체를 만들어 내지요. 식물을 번식시키는 데 가장 많이 사용하는 방법으로 종자로 번식하기 힘든 식물을 번식시키기에 아주 유용합니다. 농장에서 식물을 키워 상품화하려면 식물의 크기나 형태를 균일하게 하는 것이 좋지요. 이러한 이유로 꺾꽂이 방법을 많이 사용합니다.

1 꺾꽂이를 잘 하기 위해서는 좋은 꺾꽂이 순을 고르는 것이 중요합니다. 햇빛이 잘 드는 곳에서 자란 튼튼한 줄기가 좋아요.

2 식물에 따라 꺾꽂이 흙이 조금씩 다르지만 집에서 사용한 경우, 일반적인 분갈이용의 깨끗한 흙을 사용하면 문제가 없답니다. 단, 외부에서 퍼온 흙에는 균이나 해충이 섞여 있을 수 있으므로 피하는 것이 좋아요.

3 잎과 줄기가 얇은 식물의 꺾꽂이 순은 물에 1시간 정도 담가 두었다가 심는 것이 좋습니다.

4 다육 식물은 1~2일, 길게는 2주 정도 잘린 부위를 말린 후에 심는 것이 좋아요. 상처 부위가 작으면 그냥 사용해도 좋지만 상처 부위가 클 경우, 세균이 침투하여 식물이 물러서 죽게 됩니다.

5 꺾꽂이를 할 때에는 식물의 잘라 낸 단면이 상처가 나지 않도록 흙에 구멍을 뚫어 가지를 꽂아 주는 것이 좋습니다.

6 꺾꽂이 후에는 햇빛이 들지 않는 서늘한 곳에 두고 습하지 않게 관리해 주세요.

7 뿌리가 났는지 확인하려고 자꾸 뽑으려 들면 식물이 더 힘들어해요. 식물에 따라 다르지만 뿌리가 나오는 데는 1~2개월이 걸리므로 인내하는 마음으로 느긋이 기다려야 합니다.

### 번식시키고 싶어요!

페페로미아는 꺾꽂이로 번식시킬 수 있습니다. 줄기나 잎을 잘라 흙에 꽂아 놓으면 뿌리를 내려 새로운 개체로 성장합니다. 하지만 몇몇 종류의 페페로미아는 잎만 꽂으면 무늬가 없어지게 되지요. 이럴 때는 줄기를 함께 심으면 똑같은 개체가 나옵니다.

꺾꽂이를 할 때에도 줄기를 잘라 흙에 바로 심는 방법과 물에 꽂아 뿌리를 내리게 한 후 심는 방법이 있습니다. 페페로미아는 줄기꽂이, 잎꽂이, 물꽂이 모두 번식이 잘되는 식물입니다. 특히 물꽂이는 뿌리가 자라는 모습을 관찰할 수 있어 어린이들의 교육에도 좋습니다.

**+ 페페로미아 줄기꽂이**

1 줄기를 잘라 꺾꽂이할 순을 준비해 주세요.

2 줄기의 아래쪽을 깨끗하게 정리합니다.

3 뿌리가 나올 때까지 물에 담가 두세요. 물꽂이 상태로 수경 재배하거나 뿌리가 나오면 흙에 심습니다.

4 화분에 망을 깔고 난석을 이용하여 배수층을 만들어 주세요.

5 흙을 넣고 줄기를 꽂을 수 있는 구멍을 만듭니다.

6 구멍 속에 줄기를 꽂은 뒤 흙을 덮어 주면 새로운 화분이 완성됩니다.

식물 초보자를 위한 꽃
# 칼랑코에

Christmas Kalanchoe
돌나물과 *Kalanchoe blossfeldiana*

## 식 물 이 야 기

인도양에 있는 마다가스카르 섬은 동화 '어린 왕자'에 나오는 바오밥나무가 자라는 곳입니다. 6,000만 년 전, 아프리카 대륙과 인도가 갈라지면서 생겨난 섬으로 영화 같은 풍경이 장관을 이루는 곳이기도 하지요. 다른 대륙과 고립되다 보니 이 섬의 동식물 중 80%가 독특하게 진화한 희귀종이 많습니다. 이 신비의 섬이 바로 칼랑코에의 고향입니다. 바위로 덮인 마다가스카르 섬의 건조한 환경 속에서 칼랑코에는 다육질의 꽃잎을 지닌 채 생명력을 지켜왔습니다.

사람들은 식물이라고 하면 화려하고 아름다운 모습을 좋아합니다. 그러나 꽃이 피는 식물은 손이 가는 일이 많아 키우기가 더 힘이 들지요. 꽃이 지고 나면 식물이 죽었다고 생각하는 경우도 많고요. 하지만 꽃이 진다고 해서 식물 전체가 죽은 것은 아닙니다. 꽃이 일 년 내내 피어 있을 수는 없지요. 온몸 가득 머금고 있던 영양분과 힘을 꽃을 피우는 데 다 써버리고 나면 다시 꽃 피울 준비를 하며 몸을 건강하게 만들어야 합니다.

칼랑코에는 식물을 처음 키우지만 꽃을 보고 싶은 욕심까지 있는 분들에게 추천하는 식물입니다. 물주기를 게을리해도 잘 견디는 식물이기 때문이지요. 하지만 건조한 환경을 잘 견디는 것이지 물을 아예 주지 않아도 되는 것은 아닙니다.

| 식물 정보 | 난이도 | 식물분류 | 빛 | 물주기 | 비료 | 개화시기 | 최적온도 | 최저온도 |
|---|---|---|---|---|---|---|---|---|
| | 하 중 상 | 꽃 | 반양지 반음지 | 가끔 | 봄·여름 | 2~5월 | 16~26℃ | 5~7℃ |

**+ 칼랑코에의 꽃**

칼랑코에는 줄기 끝에서 꽃대가 올라와 십자 모양의 작은 꽃이 풍성하게 핍니다. 꽃이 핀 상태로 오래 가고, 꽃이 차례차례 피어 올라오기 때문에 2~3개월은 꽃을 계속해서 볼 수 있지요. 그래서 불로초라고 불리기도 합니다. 칼랑코에는 홑꽃과 '칼란디바'라고 불리는 겹꽃이 있습니다. 홑꽃은 깔끔하고 단아한 느낌을 좋아하는 분들에게, 겹꽃은 화려하고 풍성함을 좋아하는 분들에게 추천합니다.

칼랑코에는 원래 2~5월에 꽃이 피지만 비닐하우스 안에서 개화 조절을 하여 연중 꽃을 피울 수 있습니다. 그래서 농장에서는 계절에 관계없이 칼랑코에가 재배되어 일 년 내내 언제든지 칼랑코에를 구할 수 있습니다. 처음 칼랑코에를 구입할 때에는 꽃이 핀 상태이기 때문에 문제가 없지만 키우다 보면 꽃이 피지 않고 잎만 무성해집니다. 이것은 칼랑코에의 꽃눈이 생기기 위한 조건이 맞지 않아서지요. 꽃을 피우고 싶다면 단일 처리로 조건을 만들어 주세요. (*316쪽 단일 처리 참고)

칼랑코에 홑꽃

칼랑코에 홑꽃

칼랑코에 겹꽃

### Planterior (Plant + Interior)

빨강, 주황, 노랑, 자주, 분홍 등 원색의 컬러를 지닌 칼랑코에는 밝고 경쾌한 분위기를 연출하고 싶은 장소에 두는 것이 좋습니다. 어린이의 방에 두면 밝은 분위기를 낼 수 있습니다. 밤에 산소도 내뿜어 주니 일석이조겠지요? 사무실의 무미건조함이 싫다면 화사한 칼랑코에를 책상 위에 두는 것도 좋은 방법입니다.

#### ■ 공기정화에 좋아요

미국항공우주국(NASA)에서 선정한 에코플랜트 중 종합평가 50위에 선정된 식물입니다. 포름알데히드와 이산화탄소 제거에 효과적입니다.

### 재·배·포·인·트
## 이렇게 키워 보세요!

1. 칼랑코에는 햇빛이 잘 드는 장소에 두는 것이 좋습니다. 그러나 여름철 직사광선에는 잎이 탈 수 있으니 반음지로 옮기세요.
2. 물은 속흙이 마르면 흠뻑 주세요. 물기를 말리는 것은 상관없으나 과하면 오히려 줄기가 녹을 수 있으니 주의하세요.
3. 여름에는 공중습도가 높아서 물을 덜 줘도 괜찮아요.
4. 꽃이 지고 순지르기를 하면 줄기가 많이 생기고, 아담하고 단단하게 키울 수 있습니다.

**밀착!
식물
속으로**

# 순지르기란?

순지르기는 '적심(摘心)'이라고도 하며 식물의 줄기에서 끝부분을 따주거나 곁가지를 제거하는 것을 말합니다. 식물 가지 끝의 생장점을 제거하여 식물이 균형잡힌 모양으로 자랄 수 있도록 해주지요. 순지르기를 하면 그 줄기에서 2개의 줄기가 생기므로 잔가지에 꽃과 열매를 골고루 맺히도록 할 수 있습니다.

### 순지르기를 해야 하는 이유

**1** 식물이 웃자라는 것을 막아 주고, 아랫부분의 줄기부터 튼튼하게 만들 수 있습니다.
**2** 화초의 크기나 모양을 아담하고 균형있게 키울 수 있지요.
**3** 순지르기를 하면 잔가지가 많이 생겨서 많은 꽃이 맺히게 할 수 있습니다.

생장점이 있는 새순 고르기

다른 잎 부위가 손상되지 않게 따기

## 번식시키고 싶어요!

칼랑코에 부자가 되어 볼까요? 하나의 칼랑코에로 개체수를 많이 늘릴 수 있답니다. 칼랑코에의 번식은 주로 꺾꽂이로 하는데 성공률이 높은 편입니다. 대부분 늦은 봄(5~6월)에 하며 어떤 흙에서도 꺾꽂이가 잘되므로 크게 신경 쓰지 않아도 돼요.

**1** 칼랑코에의 잎을 잘라서 준비합니다.

**2** 잘린 부분이 세균에 감염되지 않도록 자른 잎을 그늘에서 이틀 정도 말립니다.

**3** 화분에 난석을 깔아 줍니다.

**4** 난석이 담긴 화분에 영양분이 거의 없는 흙을 넣습니다.

**5** 나무젓가락을 이용하여 화분에 구멍을 뚫습니다.

**6** 잘라서 그늘에 말린 칼랑코에 잎을 구멍에 심습니다.

**Tip** 꺾꽂이 후 뿌리가 내렸는지 확인하려고 계속 잎을 뽑으면 뿌리가 잘 내리지 못하니 한 달 정도 기다려 주세요. 가지치기 후 나온 가지를 사용하여 꺾꽂이를 해도 좋습니다.

꽃이 피는 선인장
# 꽃기린

Crown of Thorns
대극과 *Euphorbia milii* var. *splendens*

# 식 물 이 야 기

꽃기린은 선인장 종류로 물관리가 쉬우면서 일 년 내내 꽃을 피우는 기특한 식물이지요. 꽃이 솟아오른 모양이 기린을 닮아서 지어진 이름이기도 합니다. 영문명인 'Crown of Thorns'는 꽃기린의 가시 때문에 붙여진 이름으로 '예수님의 가시면류관'을 의미하지요. 이러한 이유로 '고난의 깊이를 간직하다'라는 꽃말을 가지고 있습니다.

꽃기린의 고향은 남아프리카 남동쪽 마다가스카르 섬입니다. 인도양의 에메랄드빛 바다를 바라보는 호사로움과 그곳의 척박한 바위틈에서 목마름을 동시에 느끼지 않았을까요? 아니, 오히려 그런 척박함은 꽃기린에게는 호사였을 거예요. 그만큼 물보다는 햇빛과 건조한 환경을 좋아하는 식물이라 배수가 잘되는 흙에 심어 햇빛이 잘 드는 곳에 두는 것이 좋습니다.

꽃기린은 일 년 내내 꽃이 피지만 빛이 부족하거나 온도가 낮거나 너무 건조하면 잎이 지고, 꽃이 피지 않을 수도 있어요. 건조한 환경을 좋아하는 식물이라고 해도 물주기를 게을리해서는 안 됩니다.

풍성한 꽃기린을 보고 싶다면 가지치기를 해주세요. 가지치기를 하면 가지가 위로 올라가지 않고 옆으로 풍성하게 자랄 수 있습니다. 이렇게 하면 원줄기가 더 굵고 튼튼하게 자라지요. 가지치기 과정에서 잘려 나온 가지들을 흙에 꽂으면 새로운 꽃기린 화분을 여러 개 만들 수 있어요. 이렇게 새로

| 식물정보 | 난이도 | 식물분류 | 빛 | 물주기 | 비료 | 개화시기 | 최적온도 | 최저온도 |
|---|---|---|---|---|---|---|---|---|
| | 하 중 상 | 꽃 | 양지 반양지 | 가끔 | 봄·가을 | 연중 | 18~25℃ | 5~7℃ |

생긴 화분을 주변 사람들에게 선물하는 것도 식물을 기르는 보람입니다.

꽃기린에서 우리가 꽃이라고 하는 부분은 꽃이 아닌 '포苞'입니다. 포 안의 노란 알갱이 같은 것이 꽃기린의 진짜 꽃이지요. 꽃기린의 포는 붉은색, 분홍색, 흰색을 띱니다. 꽃보다 포가 아름다운 식물 중에는 안스리움, 포인세티아, 스파티필룸 등이 있습니다.

+ 꽃기린 가시에 주의하세요

어린아이가 있는 집에서는 꽃기린 가시에 찔리지 않도록 조심해야 합니다. 또한 줄기를 잘랐을 때 유액이 나오는데, 이 액은 몸에 해로울 수 있으니 먹거나 만지지 않는 것이 좋습니다. 아기들의 민감한 피부에는 특히 더 해로울 수 있으니 주의하세요.

꽃기린 가시

**Planterior** (Plant + Interior)

꽃기린은 밤에 산소를 내뿜기 때문에 침실에 두면 좋은 식물입니다. 낮에는 햇빛이 잘 드는 창가에 두고, 밤에는 침실로 옮겨 두면 잠자는 동안 상쾌한 산소를 들이마실 수 있지요. 꽃기린에는 가시가 있으니 침대 바닥이나 머리맡에는 두지 않는 것이 좋아요. 자칫하면 찔릴 수도 있으니까요.

꽃기린의 고향을 생각나게 하는 돌과 모래를 이용하여 사막의 분위기를 연출하는 것도 좋은 방법입니다.

 재·배·포·인·트
## 이렇게 키워 보세요!

1. 물은 속흙이 마르면 흠뻑 주는 것이 좋습니다. 여름에는 습도가 높으므로 물을 적게 주어야 합니다. 휴면기인 겨울에도 물주기를 줄입니다.
2. 반음지에서도 잘 자라기는 하지만 햇빛이 잘 드는 곳에 두면 꽃 색깔이 더 선명해집니다.
3. 꽃기린은 추위에도 강해 5~7℃에서 겨울나기가 가능하나 겨울에도 계속 꽃을 보고 싶다면 10℃ 이상 유지시켜 주세요.

**Tip**

꽃기린은 갑자기 환경이 바뀌면 꽃과 잎이 떨어질 수 있습니다.
어두운 곳에서 베란다로 옮기거나 베란다에 있던 꽃기린을 실내로 들일 때는 갑자기 환경을 바꾸기보다 서서히 원하는 자리로 옮기는 것이 좋습니다.

무관심 속에서도 잘 자라는
# 박쥐란

Common Staghorn Fern
고란초과 *Platycerium bifurcatum*

# 식 물 이 야 기

박쥐란은 독특한 생김새로 호기심을 자극하는 식물입니다. 생김새가 이상하다며 싫어하는 사람들도 있지만 멋스럽게 늘어지는 박쥐란의 잎은 다른 식물에서 느낄 수 없는 남다른 분위기를 풍깁니다. 조형적인 잎 모양을 하고 있기 때문에 박쥐란 하나만으로도 색다른 연출이 가능합니다.

박쥐란의 영문명은 잎의 생김새가 사슴뿔을 닮았다고 하여 'Common Staghorn Fern'이라고 합니다. 오스트레일리아 열대가 박쥐란의 고향으로, 열대우림에서뿐만 아니라 공원의 나무나 가로수에도 박쥐란이 주렁주렁 달려 있는 모습을 볼 수 있지요.

박쥐란은 나무나 바위에서 기생하여 사는 착생 식물입니다. 공중에 있는 습기를 먹고살기 때문에 많은 물을 필요로 하지 않아요. 그래서 물을 많이 주는 것보다 공중습도를 높이는 것이 더 좋습니다. 물주기에 큰 어려움이 없는, 무관심 속에서도 잘 자라는 꿋꿋한 식물이지요.

박쥐란은 생김새가 다른 두 종류의 잎을 가지고 있습니다. 하나는 '영양엽'이라고 불리는 원형으로 양배추 잎이나 콩팥 모양처럼 생겼지요. 이 잎은 뿌리 주변을 에워싸고 있는데, 나무나 바위 같은 곳에 붙어 있을 수 있으며 흙을 감싸고 수분을 유지하

큰 나무에서 기생하고 있는 박쥐란

| 식물정보 | 난이도 | 식물분류 | 빛 | 물주기 | 비료 | 개화시기 | 최적온도 | 최저온도 |
|---|---|---|---|---|---|---|---|---|
| | 하 중 상 | 잎 | 반음지 | 분무 가끔 | 봄·여름·가을 | - | 15~18℃ | 5~10℃ |

영양엽

외투엽

박쥐란의 잔털

는 역할을 합니다. 다른 종류의 잎은 '외투엽'이라고 하는데 사슴뿔 모양과 비슷하게 생겼어요. 이 사슴뿔 모양 같은 여러 개의 잎이 아래로 늘어져 최대 90cm까지 자랍니다. 잎 뒷면에는 연회색을 띤 솜 같은 잔털이 있습니다.

어린 잎에는 흰 가루 같은 먼지가 묻어 있는 것을 볼 수 있는데, 이건 먼지나 가루가 아니라 잔털이 난 것이므로 닦아 내면 안 됩니다. 이 잔털은 박쥐란 나름의 외부로부터 자신의 몸을 보호하기 위한 면역체계라고 할 수 있지요.

• • •

박쥐란은 잎 끝에 달린 포자로 번식을 합니다. 생명력이 강해 다양한 기후대에 걸쳐 자생하며 어디서든 잘 자라고 추위와 바람에도 잘 견디지요. 겨울에 영하 10℃까지 견디는 경우도 있으나 보통 5~10℃까지가 생육하기에 안전합니다.

**Planterior** (Plant + Interior)

조형적인 아름다움을 연출하고 싶은 공간에 사용하면 좋습니다.

박쥐란은 어디에서도 잘 자라므로 관리가 까다로운 상업공간, 백화점, 호텔 등의 실내에 두는 것도 좋은 방법이지요. 독특한 분위기 연출과 쉬운 관리라는 두 가지 장점을 두루 갖춘 식물입니다.

### 재·배·포·인·트
## 이렇게 키워 보세요!

1 물은 속흙이 마르면 화분 구멍으로 흘러나올 때까지 흠뻑 주세요.
2 공중습도를 높게 유지하세요.
3 흙에 심지 않고 착생으로 키우는 경우는 뿌리 부분에 물을 자주 분무하여 건조하지 않게 해줍니다.
4 그늘에서 잘 자라므로 직사광선은 피하는 것이 좋습니다.
5 온도가 너무 높으면 잎의 발육이 나빠질 수 있습니다.
6 통풍이 잘되는 장소를 좋아하므로 답답한 공간은 피하세요.

# 2

## 돈과 행운을 부르는 식물

행운목 • 금전수(자미오쿨카스) • 자주만년초(부자란) • 백량금

식물 중에는 돈과 행운을 의미하는 것들이 있습니다.
식물을 기르거나 선물할 때, 이왕이면 돈과 행운을
의미하는 화초를 선택하는 건 어떨까요?
행운목, 금전수, 백량금……. 화초의 이름을 부르다 보면
어느새 돈과 행운이 따를지도 몰라요.

행운을 부르는 식물
# 행운목

Corn Plant, Dracaena Fragrans
용설란과 *Dracaena fragrans*

## 식물 이야기

드라세나 맛상게아나는 '행운목'이라는 이름으로 더 잘 알려져 있습니다. 행운목이라는 이름의 의미를 담아 선물로 많이 주고받는 식물이지요. 잎이 옥수수 잎과 비슷하게 생겼다고 하여 'Corn Plant'라는 이름도 가지고 있습니다. 꽃은 보통 12월경에 피는데 매년 피지는 않아요. 꽃 피우기가 힘든 만큼 꽃이 피면 행운이 온다고 합니다. 꽃이 예쁘지는 않지만 향이 진해서 집 안 가득 향기가 퍼지지요.

행운목은 10cm 정도 높이의 작은 크기에서 3m 이상인 것까지 판매되고 있습니다. 자생지에서는 6m 이상까지 자란다고 합니다.

행운목의 생김새를 보면 나무토막에서 잎이 난 것 같은 모양입니다. 수경 재배로도 잘 자라기 때문에 물이 담긴 접시나 그릇에 행운목을 담가 놓기만 해도 간단하게 키울 수 있습니다. 수경 재배로 키울 때에 물이 계속 고여 있으면 썩을 수 있으므로 가끔씩 물을 갈아 주는 것이 좋습니다. 물에서 키우다 보면 이따금 잎이 누렇게 되거나 힘이 없어지는데, 이는 물에 영양분이 부족하기 때문이에요. 이럴 때는 액체 비료를 물 속에 한두 방울씩 떨어뜨려 주면 잘 자랍니다.

• • •

큰 행운목은 보기보다 무게가 아주 무겁습니다. 옮길 때를 생각하여 이동하기 쉬운 바퀴 달린 물받이를 사용하는 것이 좋지요. 행운목은 덥고 습한 곳을 좋아하지만 건조한 환경에서도 강합니다. 또한

| 식물정보 | 난이도 | 식물분류 | 빛 | 물주기 | 비료 | 개화시기 | 최적온도 | 최저온도 |
|---|---|---|---|---|---|---|---|---|
| | 하 중 상 | 잎 | 반음지 음지 | 분무 보통 | 봄·가을 | - | 21~25℃ | 13℃ |

빛이 있는 장소를 선호하지만 반음지나 음지에서도 잘 자라는 착한 식물입니다. 그래도 빛이 너무 부족하면 행운목의 줄무늬가 없어질 수 있으니 주의하세요.

드라세나 종류의 식물은 다양한 잎 크기와 무늬를 가지고 있습니다. 그중 드라세나 맛상게아나가 행운목이라 불리며 대표적이고 가장 흔한 종이지요. 행운목 외에도 드라세나 빅토리아, 드라세나 콤팩타, 드라세나 자네트 크라이크, 드라세나 와네키, 드라세나 산데리아나, 드라세나 마지나타 등 다양한 드라세나 종류의 식물이 있습니다.

+ 드라세나 종류

**드라세나 콤팩타** *D. deremensis* 'Virens Compacta'

짙은 녹색의 잎이 매력적인 화초입니다. 열대 아프리카가 원산지로 추위에 매우 약합니다. 드라세나 콤팩타는 햇빛이 부족한 곳에서도 생육이 가능하고 공중습도가 높은 것을 좋아합니다. 강한 햇빛에 두면 잎이 마를 수 있으므로 피하는 것이 좋습니다.

**드라세나 마지나타** *D. marginata*

잎의 옆선을 따라 붉은 선이 나 있고 늘어지는 모양이 매우 예쁜 화초입니다. 특히 잎이 가늘고 곁가지가 잘 뻗어서 실내 인테리어 식물로 인기가 있지요. 내음력(음지에서 견디는 힘)도 매우 강해서 오랫동안 실내에서 잘 견디며 실내 어느 곳에 놓아도 조화를 잘 이룹니다.

**드라세나 송오브인디아** *D. reflexa* 'Song of India'

노란색 바탕의 잎에 짙은 초록 무늬를 가진 드라세나 송오브인디아는 보통 중소형의 화분에 기릅니다. 줄기가 가늘고 마디가 비교적 길며 반음지(반양지) 식물입니다. 실내에서는 밝은 장소에서 잘 자라는 편입니다. 봄과 가을에는 오전에 부드러운 햇빛이 비치는 밝은 곳이 좋고, 여름철에는 잎이 마르지 않도록 가려 주는 것이 좋습니다.

**개운죽** *D. sanderiana* 'Virens'

드라세나 산데리아나는 흔히 '개운죽'이라고 부르며 수경 재배용으로 많이 사용하는 이 식물도 드라세나 종류랍니다. '행운의 대나무(Lucky Bamboo)'라고도 하지요.
유리병에 간단하게 꽂아서 키우거나 자갈, 돌과 함께 장식하기도 하며 여름철에 시원하게 연출하기에도 좋습니다.

**금천죽** *D. sanderiana* cv. 'Lotus'

금천죽도 드라세나 종류의 식물입니다. '하늘에서 돈이 내려온다' 하여 붙여진 이름입니다. 그 의미를 담아 선물하는 식물이기도 하지요. 위에서 내려다보면 연꽃을 닮아 '연화죽'이라고도 부릅니다. 흙에서도 잘 자라지만 수경 재배로 키우면 시원한 분위기를 연출할 수 있습니다.

## Planterior (Plant + Interior)

행운목은 어디에 두어도 잘 자라는 식물이지만 음지에서도 잘 자라고 암모니아 제거능력도 있기 때문에 화장실에 두고 키우기에도 좋습니다. 수경 재배로 키우면 물만 부으면 되니 이렇게 손쉽게 기를 수 있는 식물도 없지요. 여름에 실내를 시원하게 연출하고 싶다면 유리 수반에 여러 개의 행운목을 가득 담아 두는 것도 좋은 방법입니다. 큰 행운목은 공기정화 능력이 뛰어나고, 시원한 분위기를 연출할 수 있으므로 사무실이나 가정의 어느 곳에 두어도 좋습니다.

### ■ 공기정화에 좋아요

행운목은 미국항공우주국(NASA)에서 선정한 에코플랜트로 종합평가 11위를 차지한 식물입니다. 드라세나 종류 중에서도 공기정화 능력이 가장 뛰어난 품종이지요. 포름알데히드나 휘발성 유기물 제거능력은 다른 관엽 식물에 비해 낮은 편이지만 음이온 발생량이 아주 우수한 식물입니다. 증산량이 아주 풍부하여 상대습도 증가에 도움이 되는 천연 가습기 역할을 합니다.

### 재·배·포·인·트
이렇게 키워 보세요!

1. 물은 겉흙이 마르면 화분 구멍으로 흘러나올 때까지 흠뻑 주는 것이 좋습니다.
2. 햇빛을 좋아하지만 반음지나 실내의 그늘에서도 잘 자랍니다. 단, 직사광선은 피하세요.
3. 습도가 너무 낮으면 잎끝이 마를 수 있으니 자주 분무하는 것이 좋습니다.

밀착!
식물
속으로

## 행운목 번식시키기

행운목을 키우다 보면 잎이 너무 무성해져서 보기 흉할 때가 있지요. 이럴 때에는 잎을 잘라서 따로 심고 새로운 잎을 키우도록 하세요. 아래 과정을 참고하여 행운목의 개체수를 늘려 볼까요?

**1** 행운목에서 줄기를 깔끔하게 잘라 냅니다.

**2** 자른 행운목 줄기를 물에 꽂아서 물올리기를 해 줍니다.

**3** 화분에 담긴 흙에 구멍을 뚫어 행운목 줄기를 넣을 자리를 만듭니다.

**4** 행운목 줄기를 살포시 넣고 흙을 덮어 마무리합니다.

---

**TIP**
2번 과정에서 행운목 줄기를 물에 꽂은 뒤 그대로 물에 뿌리를 내리게 하여 수경 재배로 키워도 좋습니다.

돈을 부르는 나무
# 금전수 <small>(자미오쿨카스)</small>

Money Tree
천남성과 *Zamioculcas zamiifolia*

## 식물 이야기

금전수는 이름에서부터 생김새까지 '돈벼락 맞으세요!'라고 외치는 것 같습니다. 한자명이 '금전수金錢樹', 영문명도 'Money Tree'라니, 키우면 돈이 저절로 굴러 들어올 것 같은 느낌이 듭니다. 금전수의 잎은 동전이 주렁주렁 달려 금방이라도 쏟아지는 것같이 생겨서 붙여진 이름입니다. 이런 생김새와 이름 덕분에 '돈나무'라 불리며 집들이나 개업식의 단골 선물로 인기가 많지요.

금전수의 잎은 멕시코소철의 잎과도 아주 닮았습니다. 학명도 이런 특징으로 인해 지어졌다고 합니다. Zamioculcas는 멕시코소철의 속명인 Zamia와 천남성과 식물의 속명 Culcas가 합쳐진 이름으로 '멕시코 소철을 닮은 천남성과 식물'이라는 뜻이지요. zamiifolia는 '멕시코소철과 유사한 잎'이라는 뜻입니다. 그러고 보니 멕시코소철의 잎 모양과 아주 많이 닮았습니다.

금전수의 고향은 아프리카의 탄자니아입니다. 지평선이 한없이 펼쳐지는 초원과 야생동물의 천국인 세렝게티가 있는 곳입니다. 플라밍고가 분홍빛 물결을 이루고 레오파드가 나무 위에서 낮잠을 즐기는 평화로운 초원의 세계지요.

금전수는 열대식물로 많은 물을 요구하지 않습니다. 탱탱한 줄기와 감자같이 생긴 땅속줄기에 수분을 저장하는 물탱크를 가지고 있기 때문이지요. 관리하기 편하고 생명력도 아주 강해 손쉽게 기를 수 있는 식물입니다. 금전수 줄기에는 자갈색을 띠는 무늬가 있습니다. 무늬만 보면 자칫 병에 걸린 것처럼 보일 수 있으나 금전수 자체의 무늬이니 걱정하지 마세요.

멕시코소철

| 식물 정보 | 난이도 | 식물분류 | 빛 | 물주기 | 비료 | 개화시기 | 최적온도 | 최저온도 |
|---|---|---|---|---|---|---|---|---|
| | 하 중 상 | 잎 | 반음지 | 가끔 | 봄·가을 | - | 18~24℃ | 15℃ |

### Planterior (Plant + Interior)

금전수는 모양이 세련되거나 멋있지는 않습니다. 하지만 광택이 나는 짙은 암녹색의 줄기에서 푸름을 느낄 수 있고, 조형적인 모양의 잎은 실내에 두면 색다른 분위기를 연출할 수 있지요. 공기정화 능력이 좋고 키우기가 비교적 쉬워 사무실, 가정 어느 곳에 두어도 좋습니다. 밤에 산소를 내뿜는 다육질 식물로 침실이나 아이 방에 두는 것도 좋아요.

#### 재·배·포·인·트
### 이렇게 키워 보세요!

1 물은 속흙이 마르면 화분 구멍으로 흘러나올 때까지 흠뻑 주거나 잎이 쪼글쪼글하면 그때 바로 주세요. 건조한 환경에 강해 한 달에 한두 번만 줘도 됩니다. 물주기에 욕심만 내지 않는다면 잘 자라는 식물입니다.
2 음지에서도 잘 자라지만 빛이 들어오는 반음지에서 더 잘 자랍니다. 직사광선은 잎이 타들어갈 수 있으니 피하세요.
3 온도에 민감하므로 겨울철 찬바람을 맞기 전에 실내로 들여와야 합니다.
4 통풍이 잘되는 곳에 두는 것이 좋습니다.

**Tip**

**물을 많이 주지 마세요!**

잎이 누렇게 변하면 줄기 아래쪽이 무르면서 주저앉을 수 있어요. 통풍이 잘 안 되거나 물빠짐이 좋지 않을 경우, 찬 공기에 노출됐을 때에도 이런 현상이 발생합니다. 해결책은 물주기를 끊고 물러 버린 줄기를 잘라 낸 뒤, 통풍이 잘되는 곳에 두어 흙을 바짝 말리는 것입니다.

**관련상식 + 더하기**

### 포기나누기란?

식물을 번식시키는 방법에는 크게 두 가지가 있습니다. 열매의 종자로 번식하는 방법과 식물의 일부분을 떼어 내어 번식시키는 방법입니다. 포기나누기는 후자에 속하는 번식 방법 중 하나로, 뿌리줄기나 뿌리가 있는 대부분의 식물에게 가능한 방법입니다. 원줄기 근처의 뿌리가 달린 순이나 가지를 뿌리와 함께 잘라 옮겨 심으면 되는 것이지요.

식물을 키워 보면 한 포기가 너무 크게 자라 뿌리를 잘 뻗지 못하는 경우가 생깁니다. 이럴 때는 포기를 둘 또는 셋으로 나누어 심는 것이 좋습니다. 포기나누기를 하면 빽빽하게 있던 뿌리와 줄기에 여유 공간이 생겨 더 잘 자랍니다. 이때 뿌리가 상하지 않도록 조심해서 나누는 것이 중요합니다. 포기나누기는 3월 중순~5월 중순 사이에 하는 것이 가장 좋습니다.

밀착!
식물
속으로

## 금전수 포기나누기

**번식시키고 싶어요!**

1 금전수를 조심스럽게 화분에서 빼냅니다.

2 손가락으로 포기를 살살 나눕니다. 이때 뿌리가 상하지 않게 긴 뿌리나 상한 부분은 제거합니다.

3 나눈 포기는 그늘에서 1~2일 정도 말린 뒤 심습니다. 만약 나눈 포기에 상처가 없으면 말리지 않고 그냥 심어도 됩니다.

4 화분에 망을 넣어 흙이 빠져나가지 않도록 합니다.

5 난석이나 마사토를 화분 바닥에 깔아 물이 잘 빠질 수 있도록 배수층을 만듭니다.

6 나눈 포기를 화분에 심습니다. 이때 흙은 배수가 잘되는 마사토가 많이 섞인 흙이 좋습니다.

7 나머지 한 포기도 화분에 심어 두 개의 화분으로 만듭니다.

8 뿌리가 자리를 잡을 때까지 10일 정도 기다렸다가 물을 줍니다.

### 금전수의 꺾꽂이

금전수는 포기나누기 외에 줄기꽂이, 잎꽂이, 물꽂이가 잘되는 식물입니다.
꺾꽂이를 한 후, 한 달 정도 지나면 동그란 알갈이 생긴 덩이뿌리가 생깁니다. 새로운 싹이 나오는 데에는 시간이 조금 걸리니 기다려야 합니다. 키우던 금전수가 한순간에 내려앉아 버렸거나 새로운 개체를 만들고 싶다면 튼튼한 금전수 잎 한 장으로 시작해 보세요.

새로 나온 금전수 뿌리

**TIP**
- 3번 과정에서 포기를 말렸다가 사용하는 것은 세균의 감염을 막기 위해서입니다.
- 긴 뿌리나 상한 뿌리를 제거할 때에는 깨끗한 가위를 이용하세요.

부자 되세요~
# 자주만년초 (부자란)

Boat Lily, Moses-in-a-Boat, Oyster Plant
닭의장풀과 *Rhoeo discolor*

# 식물 이야기

흔히 '부자란'이라고 불리는 화초의 원래 이름은 자주만년초입니다. 이름의 유래에 대해서는 확실히 알 수 없지만 자주만년초의 무한한 번식력 때문이 아닌가 싶습니다. 자주만년초는 원줄기에서 새로운 포기를 자꾸 만들어 나갑니다. 이것을 떼어 내어 심으면 새로운 개체가 되는 것이지요. 자주만년초는 부자란이라는 이름 외에도 자금란, 자주만년청, 만년청아재비 등으로도 불립니다. Moses-in-a-Boat, Boat Lily, Oyster Plant와 같이 영어로도 여러 개의 이름을 가진 식물입니다.

꽃이 필 때 잎과 잎 사이의 자주색 포 안에서 하얀 꽃이 피는데, 이 모습이 요람 안의 모세와 닮았다고 하여 'Moses-in-a-Boat', 'Boat Lily'라고 불립니다. 또한 꽃 피는 모습이 굴 껍데기 안의 굴이 보이는 모습과 닮아서 'Oyster Plant'라고도 하지요.

자주만년초는 빛이 잘 드는 장소에 두는 것이 좋으나 직사광선은 피하는 것이 좋습니다. 빛이 직접 닿게 되면 잎이 타버릴 수 있으니 밝은 창가에 두는 것이 좋아요. 자주만년초는 잎의 앞면이 회색빛을 띤 녹색이고 뒷면은 짙은 자줏빛인데, 잎 뒷면의 자줏빛이 햇빛을 얼마나 받느냐에 따라 색이 달라집니다. 빛을 많이 받으면 뒷면의 자줏빛이 더욱 짙어지지요. 따뜻함을 좋아하는 식물이라 여름동안에는 야외에 두는 것도 좋은 방법입니다. 이때에도 직사광선은 피하고, 비를 직접 맞지 않도록 주의하세요.

자주만년초는 물을 좋아하지만 그렇다고 물을 너무 많이 주면 줄기와 뿌리가 썩어 버릴 수 있으니 주의해야 합니다. 줄기가 썩었을 때는 물주기를 끊고 흙이 완전히 마를 때까지 기다리세요.

| 식물정보 | 난이도 | 식물분류 | 빛 | 물주기 | 비료 | 개화시기 | 최적온도 | 최저온도 |
|---|---|---|---|---|---|---|---|---|
| | 하 중 상 | 잎 | 반양지 반음지 | 분무 보통 | 봄·여름·가을 | - | 21~25℃ | 0℃ |

# Planterior (Plant + Interior)

자주만년초는 잎의 앞면이 녹색과 회색입니다. 뒷면은 자줏빛으로 보색의 느낌을 주지만 원색 대비가 아닌 고풍스러운 색감의 대비이므로 밋밋한 실내에 멋스러움을 더해줍니다.

## 이렇게 키워 보세요!

1 물은 겉흙이 마르면 화분 구멍으로 흘러나올 때까지 흠뻑 주는 것이 좋습니다. 단, 과습한 상태가 되면 뿌리와 줄기가 썩을 수 있으니 주의하세요.
2 빛을 좋아하지만 직사광선에서는 잎이 탈 수 있으니 창가의 반음지에 두면 좋습니다.
3 분무를 자주 하면 잎이 마르는 현상을 방지할 수 있지요.

**Tip**

자주만년초의 즙액은 독이 있어 피부에 닿으면 통증과 가려움증을 유발하며 먹으면 입, 혀, 목구멍, 복부에 염증을 유발할 수 있으므로 주의해야 합니다.

**꺾꽂이는 아래 줄기부터!**

꺾꽂이를 할 때에는 아래 줄기부터 떼어 내어 심으면 통풍이 잘되고 원줄기에 더 많은 영양분이 공급되어 튼튼하게 키울 수 있습니다. 기존 화분을 잘 키우기 위해 필요한 작업이지요. 자주만년초는 자라는 속도가 빠르므로 금방 예쁜 모양으로 자랍니다. 언제든지 꺾꽂이가 가능하지만 만물이 소생하는 봄이 가장 좋은 시기입니다.

밀착! 식물 속으로

## 자주만년초 부자가 되어 보아요!

### 자주만년초 번식시키기

**1** 화분에서 자주만년초를 조심스럽게 빼냅니다.

**2** 줄기와 뿌리 부분의 흙을 털어 냅니다.

**3** 뿌리가 나와 있는 줄기는 뿌리와 함께 떼어 내세요.

**4** 잘라 낸 줄기를 물에 1~2시간 정도 꽂아 물을 흠뻑 올립니다.

**5** 준비한 흙에 구멍을 뚫고, 꺾꽂이할 줄기를 심은 후 흙으로 덮어 주세요.

**TIP**
자주만년초는 물꽂이로도 번식이 잘된답니다. 주변에서 쉽게 구할 수 있는 병을 이용하여 물꽂이를 해보세요. 자른 줄기를 그대로 물에 꽂아 놓기만 해도 뿌리가 생겨나요.

부를 상징하는 식물
# 백량금

Coral Berry, Spear Flower, Spice Berry
자금우과 *Ardisia crenata*

## 식 물 이 야 기

백량금은 '덕 있는 사람', '부', '재산'이라는 꽃말을 가지고 있습니다. 붉은 열매가 오랫동안 맺혀 있어 백만 냥의 가치만큼이나 아름답다고 하여 붙여진 이름이기도 하지요. 백량금은 6~8월에 작은 흰색 꽃이 피고, 꽃이 지고 나면 그 자리에 열매가 맺혀 9월이 되면 붉은색으로 익어갑니다.

백량금 열매는 마치 앵두가 대롱대롱 달린 모양입니다. 다음 해 꽃이 필 때까지 이 열매가 그대로 달려 있어 일 년 내내 꽃과 열매를 감상할 수 있지요. 백량금은 쉽게 기를 수 있는 식물이지만 빛이 부족하면 꽃이 피지 않고 열매도 맺기 힘듭니다.

식물은 종류에 따라서 쉽게 싹을 틔우는 식물이 있는가 하면 그렇지 못한 식물도 있는데, 백량금은 쉽게 싹을 틔울 수 있어 번식에 용이합니다. 씨앗도 잘 틔우고 꺾꽂이도 잘되어 다산의 의미도 담고

백량금 꽃

백량금 열매

열매가 떨어져 새로 싹이 난 모습

| 식물정보 | 난이도 | 식물분류 | 빛 | 물주기 | 비료 | 개화시기 | 최적온도 | 최저온도 |
|---|---|---|---|---|---|---|---|---|
| | 하 중 상 | 꽃·잎·열매·관목 | 반음지 음지 | 보통 | 봄·여름·가을 | 6~8월 | 10~25℃ | -5℃ |

백량금 *Ardisia crenata*   자금우 *Ardisia japonica*   산호수 *Ardisia pusilla*

있지요. 이따금 열매가 달린 채로 싹을 틔우기도 합니다. 씨앗 발아가 잘되는 만큼 열매를 따서 심어 보는 것도 백량금을 키우는 하나의 재미가 될 거예요. 씨를 뿌려 생긴 싹에서 꽃이 피고 열매가 맺기까지 5~6년이 걸리지요.

## 자금우과 식물

백량금은 한국 남해안, 일본에서 인도 북부까지 분포하며 자라는 자생식물입니다. 자생식물 중에는 백량금과 비슷하게 생겨 헷갈리는 두 개의 식물이 더 있습니다. 첫 번째는 자금우라고 하는데 천냥금이라는 별명을 가지고 있지요. 자금우는 백량금과 같은 자금우과의 식물입니다. 그래서 생김새도 이름도 비슷하지요. 두 번째는 산호수입니다. 실내에서 잘 자라고 늘어지는 덩굴성이라 실내화단에서는 지피 식물로도 많이 사용하고, 공중걸이분에 넣어 장식하기도 하지요. 백량금을 포함한 이 두 식물은 모두 자금우과의 식물로 '열매보기 식물 삼총사'로 불리기도 한답니다.

**Planterior** (Plant + Interior)

백량금은 위로 쭉 뻗은 큰 키에 식물의 윗부분에서 가지가 계속해서 나오므로 마치 한 그루의 나무를 보는 듯합니다. 집 안에 나무 한 그루를 키우고 싶다면 백량금을 선택해 보세요. 잎 아래로 주렁주렁 달리는 빨간 열매들이 가을, 겨울에 좋은 장식이 될 거예요.

 재·배·포·인·트
### 이렇게 키워 보세요!

1  물은 겉흙이 마르면 화분 구멍으로 흘러나올 때까지 흠뻑 주세요.
2  남부지방에서는 노지(露地)에서도 겨울을 날 수 있습니다.
3  백량금은 큰 나무 아래에서 자라는 식물로 반음지에서 잘 자랍니다. 직사광선은 피하되, 밝은 빛은 꽃과 열매를 맺는 데 꼭 필요합니다.

**밀착! 식물 속으로**

# 백량금의 개체수를 늘려 보아요!

**번식시키고 싶어요!**

백량금은 열매를 따서 흙에 심으면 싹이 납니다. 가끔씩 열매가 맺힌 채 싹이 나오기도 하는데, 이것을 흙에 심으면 또 하나의 개체가 생기지요. 백량금은 쉽게 싹을 틔울 수 있어 번식력이 좋은 화초입니다. 하나뿐인 백량금 줄기가 외로워 보인다면 백량금의 수를 늘려 보는 건 어떨까요?

**1** 가을과 겨울 즈음에 백량금의 열매가 익으면 땁니다. 열매는 그대로 심거나 빨간 과육을 벗겨서 심어도 됩니다.

**2** 화분에 흙이 빠지지 않도록 망을 깔고 흙을 넣어 준비합니다.

**3** 막대기를 이용해 화분 흙에 열매 크기의 구멍을 뚫습니다. 구멍에 열매를 심은 후 흙을 덮습니다. 이때 흙을 너무 많이 덮지 않도록 하세요.

**4** 화분에 물을 주고 싹이 나오는 것을 기다립니다. 이때 물을 너무 많이 주면 싹이 나오기 힘들므로 적당히 줍니다.

**5** 한 달 정도 지나면 뿌리가 나오기 시작하고, 싹이 나오기까지는 2~3개월 정도 기다려야 합니다.

# 3

## 선물하기 좋은 의미 있는 식물

호야 케리 • 칼라데아 인시그니스(붓초) • 행복나무 • 접란 • 다육 식물

식물과 함께 메시지를 전해 보세요.
직접 쓴 글도 좋고,
식물에 의미를 담아도 좋아요.
번식력이 아주 왕성한 식물을 선물하여
받는 사람의 일이 번창하고 가족들이 행복해지기를
바라는 마음을 식물과 함께 전하세요.

사랑의 메시지를 전해요
# 호야 케리

Wax Hearts, Sweetheart Hoya, Valentine Hoya
박주가리과 *Hoya kerrii*

# 식 물 이 야 기

사랑의 메신저 호야 케리, 첫눈에 하트 모양의 생김새가 눈에 띄는 식물이지요. 호야 케리는 사랑의 상징인 하트 모양을 닮았다고 하여 'Sweetheart Hoya', 밸런타인데이에 어울리는 선물이라는 의미에서 'Valentine Hoya'라는 이름이 붙여지게 되었어요. 호야 케리라는 이름 외에도 하트 호야, 하트 선인장, 샴덩굴초, 큐피드 선인장 등으로 불립니다.

호야 케리는 하트 모양으로 인기를 얻었습니다. 특히 연인, 친구, 가족에게 선물용으로 많이 쓰이지요. 연인들의 날인 밸런타인데이에 많이 선물하는 식물이기도 해요. 하트 모양의 잎에 그림을 그리거나 메시지를 전하기도 한답니다. 잎에 이렇게 낙서를 해도 되냐고요? 식물이 자라는 데는 문제가 없으니 걱정 마세요.

호야 케리는 호야의 한 종류로 특이하게 잎이 하트 모양입니다. 흔히 볼 수 있는 호야 케리의 하트 모양은 잎 하나를 따로 떼어 내어 잎꽂이를 하여 상품화한 것입니다. 호야 케리의 실제 모습은 호야의 덩굴

| 식물정보 | 난이도 | 식물분류 | 빛 | 물주기 | 비료 | 개화시기 | 최적온도 | 최저온도 |
|---|---|---|---|---|---|---|---|---|
| | 하 중 상 | 잎 덩굴성 | 반음지 음지 | 가끔 | 봄·가을 | - | 16~25℃ | 5℃ |

을 그대로 닮았고, 잎 모양만 하트지요. 하지만 이렇게 잎꽂이를 한 호야 케리는 줄기꽂이를 한 것이 아니라서 덩굴성으로 자라지 않고, 하트 모양만 그대로 유지됩니다.

호야 케리는 중국 남부, 베트남, 라오스, 캄보디아, 태국, 인도네시아의 열대 및 아열대 지방에서 자생하는 열대성 덩굴 식물입니다. 전 세계적으로 200~300종의 호야가 있는데, 그중 한 종류지요. 'Hoya'는 식물학자 토마스 호이Thomas Hoy를 기리기 위해 붙여진 이름입니다. 'Kerrii'는 아일랜드의 의사이자 식물 수집가, 식물학 작가인 아서 프랜시스 조지 케르Arthur Francis George Kerr의 이름을 딴 것이에요. 그의 식물학 서적은 식물 연구에 아주 중요한 자료가 되고 있습니다. 호야 케리 외에도 Dipterocarpus kerrii, Loranthus kerrii , Platanus kerrii, Rafflesia kerri 등이 그의 이름을 따서 지어졌지요.

**호야** *Hoya carnosa*
사진 속 호야는 일반적으로 흔히 볼 수 있는 종입니다. 하트 호야는 호야 케리의 한 부분을 잘라 내어 뿌리를 내린 것이지요. 호야와 호야 케리는 잎의 생김새만 다를 뿐 키우는 방법은 같습니다.

# Planterior (Plant + Interior)

하트 모양의 앙증맞은 호야 케리는 귀엽고 상큼한 느낌을 주어 기분을 좋게 합니다. 거기에 사랑하는 사람의 메시지가 함께 담겨 있다면 볼수록 더 사랑스러운 식물이 되겠지요? 가장 가까이서 볼 수 있는 곳에 두고 키운다면 정서적으로도 좋을 거예요. 다육질의 식물이라 밤에 산소를 방출하므로 침실에 두고 키우기에 적당하지요.

## 재·배·포·인·트
### 이렇게 키워 보세요!

1. 물은 속흙이 마르면 화분 구멍으로 흘러나올 때까지 흠뻑 주는 것이 좋습니다. 다육질의 잎과 줄기를 가지고 있어 물을 많이 필요로 하지 않지요. 물을 너무 자주 주면 줄기와 잎이 물러서 죽을지도 몰라요. 흙은 습하지 않게 관리해야 합니다.
2. 물 주는 시기를 맞추기 힘들다면 다육 식물과 같은 방법으로 잎이 얇아지고 쪼글쪼글해지려고 하면 그때 물을 흠뻑 주세요.
3. 여름에는 공중습도가 높아서 물을 덜 주어도 괜찮아요.
4. 반음지와 음지에서도 잘 자라지만 꽃을 피우기 위해서는 충분한 햇빛을 받아야 합니다. 단, 직사광선은 피하세요.
5. 하루에 12시간 이상 한 달 정도 빛을 쪼이면 꽃봉오리가 생깁니다.

### Tip

호야는 주로 잎을 감상하는 식물이지만 꽃이 피면 그 기쁨도 더 커지겠지요? 잎을 잘 가꾸어 호야 꽃 피우기에도 도전해 보세요. 꽃이 핀 자리에는 다음에 또다시 꽃눈이 생깁니다. 다시 꽃을 감상하고 싶다면 꽃이 진 후에 가지를 자르지 않는 게 좋겠지요?

## 금실이 좋아지는
# 칼라데아 인시그니스 (부부초)

Rattle Snake Plant
마란타과 *Calathea insignis*

# 식 물 이 야 기

밤이 되면 잎들이 안으로 모여들어 서로를 감싸는 모습을 하고 있는 칼라데아 인시그니스. 낮에는 잎을 활짝 펼치고 있지만 밤에는 서로 겹쳐지는 모습이 마치 부부가 다정하게 껴안고 사랑을 나누는 모습과 닮아 있어 '부부초'라고도 부릅니다. 가족들이 낮에는 각자의 일을 하다 저녁이 되면 집으로 모여드는 모습에서 그렇게 말하기도 하지요.

나무 중에도 칼라데아 인시그니스와 같은 의미를 가진 나무가 있습니다. 바로 자귀나무랍니다. 예로부터 자귀나무를 마당에 심으면 금실이 좋아진다고 하여 부부 간의 사랑을 기원하며 집 마당에 자귀나무를 심었습니다. 지금은 대부분의 주거 환경이 마당이 없는 아파트라서 자귀나무를 심기 어렵지만 부부초 화분으로 그 빈자리를 대신해 보는 것은 어떨까요? 부부의 금실을 기원하며 주변의 지인들에게 선물해 보세요.

칼라데아와 자귀나무는 낮에는 잎을 활짝 펼쳐서 빛을 한 몸에 받으며 열심히 광합성 작용을 합니다. 밤이 되면 물을 끌어올리는 힘이 약해져 호흡에 집중하게 되는데, 식물 체내의 습도를 유지하기 위해 수면운동을 합니다. 이러한 특성은 주로 칼라데아 종류의 식물에게서 볼 수 있습니다. 그중에서도 그 차이가 확실히 구분되는 칼라데아 인시그니스가 대표적인 부부초지요. 길쭉하고 뾰족한 잎이 안으로 모여들어 잎이 위로 향하고 있으면 꼭 기도하는 사람의 모습과 닮았습니다.

| 식물정보 | 난이도 | 식물분류 | 빛 | 물주기 | 비료 | 개화시기 | 최적온도 | 최저온도 |
|---|---|---|---|---|---|---|---|---|
| | 하 중 상 | 잎 | 반음지 | 분무 보통 | 봄·가을 | - | 16~25℃ | 13℃ |

## **Planterior** (Plant + Interior)

칼라데아에는 약 100여 가지의 품종이 있습니다. 잎의 무늬나 생김새, 색깔 등이 조금씩 다릅니다. 고급스럽고 독특한 무늬와 색을 지녀서 다양한 실내연출이 가능한 식물이지요. 특히 칼라데아 인시그니스는 앞면에 무늬가 있고 뒷면은 짙은 자줏빛을 띤 벨벳과 같은 질감이 있어 모던한 느낌을 줍니다. 어린이 방에 두면 잎이 펴지고 접히는 모습을 통해 식물에 대한 흥미를 이끌 수 있습니다.

### 재·배·포·인·트
### 이렇게 키워 보세요!

1. 물은 겉흙이 마르면 화분 구멍으로 흘러나올 때까지 흠뻑 주는 것이 좋습니다.
2. 반음지에서 잘 자라며 음지에서도 잘 견딥니다. 잎이 타들어갈 수 있으므로 직사광선을 피하세요.
3. 공중습도가 건조한 경우에는 잎이 말려들거나 잎끝이 마르게 됩니다. 이때는 분무를 자주 해주는 것이 좋습니다.
4. 온도가 낮을 경우, 잎이 말리면서 쪼그라들게 됩니다. 특히 겨울철 베란다에서 주의하세요.

밀착! 식물 속으로

## 식물의 증산과 증발이란?

### 증산 vs. 증발

증산작용은 식물 표면의 기공을 통해 수증기 형태로 수분이 날아가는 것을 말합니다. 주로 잎을 통해 이루어지지요. 증발은 토양 표면에서 수분이 공기 중으로 빠져나가는 현상입니다. 증산작용에 의한 수분은 100% 순수 깨끗한 물로, 식물의 증산작용을 이용하여 실내의 상대습도를 조절할 수 있습니다.

농촌진흥청에서 연구한 식물의 천연 가습효과를 살펴보면, 실내습도 증가에 효과적인 솔방울과 가습식물을 비교한 적이 있습니다. 이 연구에서 식물이 솔방울보다 약 2배 이상의 상대습도를 증가시켜 더 높은 가습효과가 나타난 사실이 밝혀졌지요. 그냥 물을 받아 놓은 것과는 약 3배 정도의 차이가 났다고 하니 식물의 가습효과가 얼마나 대단한지 짐작할 수 있지요? 실내 면적의 5~10% 정도 되는 공간에 식물을 두면 식물의 증산작용을 통해 20~30%의 습도와 1~3℃의 온도를 올릴 수 있습니다.

이제 집 안에 가습기 대신 천연으로 가습이 되는 식물을 들여놓는 것은 어떨까요? 몸 건강은 물론 정신 건강에도 좋은 일석이조의 효과를 볼 수 있을 거예요.

### 증산작용이 활발해지는 환경이란?

빛이 강하고 온도가 높을수록 공중습도가 낮아집니다. 이러한 조건에 통풍까지 잘되면 기공이 크게 열려 증산작용이 활발해집니다.

얇고 아름다운 잎들이 즐거움을 전하는

# 행복나무 (해피트리)

Root or Bark of Fragrant Hateranax
두릅나무과 *Heteropanax fragrans*

## 식 물 이 야 기

'서로 다른hetero 모든 것pan을 치유하며axo 향기를 뿜는다fragrance'는 의미를 가진 행복나무의 학명은 Heteropanax fragrans입니다. 식물은 하나만 심어 놓았을 때보다 두 종류를 한꺼번에 심어 놓았을 때 자라는 속도가 더욱 빨라집니다. 키가 높이 자라는 나무들도 함께 있을 때 더 높게 자라지요. 사람뿐 아니라 모든 자연물이 함께 경쟁할 때 한층 더 발전하는 모습을 보이는 것 같습니다. 경쟁은 사람을 힘들게도 하지만 선의의 경쟁은 발전의 기반이 되어 삶을 풍요롭게도 하지요. '사람들이 서로 사랑하고 치유하며 살아갈 때 이 세상이 아름다운 향기로 가득 차지 않을까?'라고 행복나무의 의미를 해석해 봅니다.

우리 나라에서는 이 식물을 흔히 행복나무 또는 해피트리로 불립니다. 하지만 이것은 유통명일 뿐 한글명이 따로 없습니다. 그래서 학명 그대로를 사용하고 있지요. 중국에서는 '황산풍'이라고 불리며 부귀수로 알려졌는데, 높이가 25~30m로 자라는 조경수입니다. 행복나무는 주로 중국남부나 동남아시아, 인도에 분포하는 식물로 총 8종이 자생합니다.

· · ·

작고 얇은 잎들이 싱싱한 녹색을 띠며 보는 이를 행복하게 만드는 나무, 잎이 웃는 모양 같아 행복나무라고 불리기도 합니다. 직사광선과 완전한 음지를 제외한 어떤 곳에서도 잘 자라는 식물이지요. 햇빛이 잘 드는 창가가 키우기 가장 좋은 장소입니다. 실내에 두어도 간접광을 받을 수 있는 곳이라면 어디든 좋아요. 이름만큼이나 행복한 나무를 다른 사람에게도 선물하는 건 어떨까요?

| 식물정보 | 난이도 | 식물분류 | 빛 | 물주기 | 비료 | 개화시기 | 최적온도 | 최저온도 |
|---|---|---|---|---|---|---|---|---|
| | 하 중 상 | 잎 관목 | 반양지 반음지 | 분무 보통·가끔 | 봄·여름·가을 | - | 21~25℃ | 10℃ |

+ 행복나무 vs. 녹보수

행복나무와 너무나 닮아 헷갈리는 식물이 있어요. 바로 녹보수랍니다. 녹보수는 '녹색의 보석 같은 식물'이라고도 하지요. 두 식물은 비슷하게 생겼지만 엄연히 다른 식물입니다. 두 식물을 한번 비교해 볼까요?

| 행복나무 | 녹보수 |
|---|---|
| **과명** 두릅나무과<br>**학명** *Heteropanax fragrans*<br>**영문명** Root or Bark of Fragrant Hateranax | **과명** 능소화과<br>**학명** *Radermachera sinica*<br>**영문명** Emerald Tree, China Doll |

- 잎이 작고 얇으며 하늘하늘하고 부드러움
- 잎 모양이 길쭉한 삐침형

- 해피트리에 비해 잎이 크고 두꺼운 느낌
- 잎 모양이 둥글넓적함

## Planterior (Plant + Interior)

나무의 목대에 가지와 잎들이 연녹색으로 올라와 공간을 싱그럽고 화사하게 만들어 주는 식물입니다. 광택이 나고 얇은 아름다운 잎들이 풍성하여 시원한 느낌을 연출하기에도 좋지요.

### ■ 공기정화에 좋아요

행복나무는 공기정화식물로 연구되지는 않았지만 그렇다고 공기정화능력이 없는 것은 아닙니다. 미국항공우주국(NASA)의 에코플랜트 50종은 많이 알려진 실내식물 중 실내에서 가장 문제가 되는 포름알데히드 제거능력을 기준으로 정해진 것이니까요. 공기정화 식물을 따로 정해서 찾는 것도 좋지만 본인이 좋아하는 식물을 두고 감상하는 것도 정서적으로도 좋은 방법입니다.

### 재·배·포·인·트
### 이렇게 키워 보세요!

1. 물은 겉흙이 마르면 화분 구멍으로 흘러나올 때까지 흠뻑 주는 것이 좋습니다. 물주기가 과하면 뿌리가 썩으므로 오히려 조금은 건조하게 키우는 것이 좋아요. 만약 잎이 검게 타는 현상이 나타난다면 물을 많이 주었다는 증거입니다.
2. 매일 물을 분무 해주면 잎이 건조해지는 것을 막을 수 있습니다.
3. 햇빛이나 그늘에서 모두 잘 자라지만 밝은 음지에 두는 것이 가장 좋습니다. 음지에서 오래 키우면 웃자라거나 잎이 축 처질 수 있어요. 직사광선에서는 잎이 타버릴 수 있으니 주의하세요.
4. 장소를 갑자기 옮기면 스트레스를 받아 잎이 떨어져 버릴 수 있으니 장소를 옮길 때는 주의해야 합니다. 특히 밝은 햇빛을 보던 자리에서 그늘로 옮길 때 이런 현상이 심할 수 있습니다.
5. 통풍이 잘되는 곳에서 키우면 더 잘 자랍니다.

**Tip**

한쪽 가지만 많이 자라서 수형이 좋지 않으면 과감히 잘라주세요. 행복나무는 잎이 아주 빨리 잘 자라 금세 새순을 올려 주지요. 나무가 시들어 죽어가거나 상태가 좋지 않으면 중심이 되는 나무만 남기고 가지를 다 잘라 버리세요. 새로운 튼튼한 가지가 다시 올라올 거예요.

나비 떼가 춤추는 것 같은
# 접란

Spider Plant, Spider Ivy, Ribbon Plant
백합과 *Chlorophytum comosum*

# 식물 이야기

접란을 가만히 보고 있으면 나비 떼가 춤추는 모습이 떠오릅니다. 접란은 잎 사이사이에서 수시로 아치형의 줄기를 올려 그 끝에 새끼 접란을 만들어 냅니다. 이 새끼 접란을 '런너runner'라고 하는데, 늘어지는 런너에서 아주 작은 꽃이 피기도 하지요. 꽃이 지고 나면 같은 자리에서 새로운 식물체가 또 나옵니다. 달려 있는 모습이 거미줄 모양과 비슷하다고 하여 영문명으로는 거미식물Spider Plant, 거미 아이비Spider Ivy, 리본식물Ribbon Plant 등으로 불리지요.

남아프리카 원산의 접란은 세계적으로 약 50여 품종이 있고, 난 종류는 아니지만 난과 닮아서 접란이라는 이름이 붙었답니다. 뿌리는 굵은 알뿌리가 생겨 옆으로 줄기가 기어가듯 번져 나갑니다. 이 새로운 포기를 잘라 번식시키거나 주렁주렁 달린 새끼들을 떼어 내어 심을 수 있어 번식력이 아주 강한 식물이지요. 키우기에도 까다롭지 않고 잘 자라므로 식물 키우기에 어려움을 느끼는 분들께도 추천할 수 있는 식물입니다. 번식이 쉬워서 어린이들의 교육용으로도 아주 좋습니다.

접란처럼 다복한 가정을 이루기 바라며 집들이용으로 선물하거나 직원들이 한 가족처럼 행복한 회사를 만들어가길 바라는 마음으로 사무실에 두는 것도 좋습니다.

집 안에 새로운 가구를 들여왔거나 공사 후 입주하는 경우라면 접란이 공기정화에 도움이 될 거예요.

접란의 런너 부분

| 식물 정보 | 난이도 | 식물분류 | 빛 | 물주기 | 비료 | 개화시기 | 최적온도 | 최저온도 |
|---|---|---|---|---|---|---|---|---|
| | 하 중 상 | 잎 | 반음지 | 분무 보통 | | 봄·가을 | 18~32℃ | 10℃ |

### Planterior (Plant + Interior)

접란은 잎에 새겨진 줄무늬가 매력적인 식물입니다. 모체에서 새끼들이 주렁주렁 달려 늘어지므로 공중걸이분에 심어서 그 늘어지는 모습을 감상하는 것도 좋은 방법이지요. 잎이 연한 연둣빛과 흰색의 줄무늬를 가지고 있어서 가볍고 싱그러운 느낌을 연출할 수 있습니다.

#### ▣ 공기정화에 좋아요

접란은 미국항공우주국(NASA)에서 선정한 에코플랜트 중 종합평가 38위를 차지하고 있는 식물이에요. 휘발성 화학물질 제거율이 상당히 높으며 특히 포름알데히드와 일산화탄소 제거능력이 탁월합니다.

### 재·배·포·인·트
### 이렇게 키워 보세요!

1. 물은 겉흙이 마르면 화분 구멍으로 흘러 나올 때까지 흠뻑 주는 것이 좋습니다. 뿌리는 알뿌리를 형성하고 있으므로 물을 많이 주는 것보다 덜 주는 것이 더 좋습니다.
2. 공중습도가 낮으면 잎끝이 마를 수 있으므로 자주 분무해 줍니다.
3. 반음지에서 키우는 것이 좋으며 잎이 탈색될 우려가 있으므로 직사광선은 피하세요. 음지에 오래 두면 새로운 잎이 무늬가 없어지거나 웃자라서 튼튼하게 자랄 수 없습니다.

**Tip**

무늬가 있는 종은 겨울에 새끼 접란들이 많이 달리고, 무늬가 없는 종은 여름에 새끼 접란들이 더 많이 달립니다.

밀착! 식물 속으로

## 접란을 주렁주렁 늘려 보아요!

### 접란 번식시키기

**새끼 접란 떼어 내어 심기**

접란은 잎끝에 새끼들을 주렁주렁 달고 있습니다. 이것을 '런너'라고 하는데 이 새끼들은 자세히 보면 이미 뿌리가 많이 나 있지요. 새끼들을 하나씩 떼어 내어 심으면 하나의 완전한 개체로 키울 수 있습니다.

1 새끼 접란의 런너를 떼어 냅니다.

2 떼어 낸 새끼 접란의 모습입니다.

3 뿌리를 내린 새끼 접란의 모습입니다.

4 새끼 런너가 화분 가득 뿌리를 내려 하나의 완전한 개체가 되었습니다.

밤이면 산소를 뿜어내는
# 다육 식물

# 식 물 이 야 기

다육 식물이 자라는 곳은 비가 자주 오지 않는 덥고 건조한 기후 지역입니다. 그렇기 때문에 다육 식물은 비가 올 때 몸속에 수분을 저장하여 건조한 시기를 견디지요. 건조한 환경 속에서 수분 증발을 최소화하기 위해 다육 식물의 표면적은 축소되어 있습니다. 그렇다고 다육 식물에게 물을 주지 않는 것은 위험합니다. 건조함을 잘 견디는 식물이기는 하지만 물을 아예 주지 않아도 되는 것은 아니지요.

사람들이 다육 식물은 물을 안 줘도 되는 식물인 줄 알고 말려 죽이는 경우가 있는데, 모든 식물에게는 적당한 물이 꼭 필요합니다.

다육 식물은 물을 자주 주지 않아도 되기 때문에 다른 식물보다 기르기 쉽다고 느낄지도 모릅니다. 하지만 잎이 얇은 식물은 물을 안 주면 축 처지게 마련인데, 다육 식물은 그런 내색도 하지 않으니 초보자는 오히려 어렵게 느낄 수도 있습니다. 물주기는 흙이 풀풀 날릴 정도로 말랐을 때 주는 것이 좋습니다. 물 줄 때를 모르겠으면 다육 식물을 자세히 관찰해 보세요. 통통하던 다육 식물이 약간 쭈글쭈글해지기 시작하면 바로 그때가 재빠르게 물을 주어야 하는 시기지요. 물을 흠뻑 주거나 화분째 20~30분 정도 물에 담가 놓는 저면 관수로 물을 주는 것도 좋은 방법입니다. 그러고 나면 다시 통통하게 살이 오를 거예요.

다육 식물은 날씨가 너무 덥고 습한 여름과 추운 겨울에는 휴식을 취합니다. 이때 물을 아주 아껴서 주는 것이 좋아요. 더울 것 같다고 물을 많이 주면 금방 다육 식물과 작별인사를 하게 될 거예요. 줄기

| 식물 정보 | 난이도 | 식물분류 | 빛 | 물주기 | 비료 | 개화시기 | 최적온도 | 최저온도 |
|---|---|---|---|---|---|---|---|---|
| | 하 중 상 | 잎 | 양지 반양지 | 저면 관수 가끔 | 봄 | - | 18~30℃ | 7~9℃ |

가 물러 죽을 수 있기 때문이지요. 특히 여름에는 공중습도가 높기 때문에 물을 주지 않아도 견딜 수 있답니다. 겨울에는 한 달에 한 번 정도 줘도 됩니다.

다육 식물은 선인장과, 용설란과, 대극과, 돌나물과 등의 다양한 과가 있으며 약 2만 종이 여기에 속합니다. 시중에서 판매되는 다육 식물의 종류도 아주 많습니다. 다육 식물이 전자파 차단에 효과가 있다고 알려지면서 그 인기가 급속도로 퍼져 나갔지요. 하지만 연구결과에 따르면 실제로는 전자파 차단에 그다지 효과가 없다고 합니다. 그래도 밤에 산소를 내뿜어 잠을 편안히 잘 수 있게 해주니 기특한 녀석임에는 틀림없습니다. 다육 식물은 마니아층이 있어서 다육 식물만 수집하고 키우는 분들이 많습니다. 그만큼 키우기 까다롭지 않고 종류가 다양하여 키우는 재미가 쏠쏠한 식물이지요.

**+ 다육 식물 vs. 선인장**

다육 식물과 선인장은 어떻게 다른가요?
몸속에 물을 저장하고 있는 모든 식물을 다육 식물이라고 합니다. 선인장도 다육 식물의 한 종류지요. 모든 선인장이 다육 식물이지만 모든 다육 식물이 선인장은 아닙니다. 그렇다면 어디까지가 선인장일까요? 선인장은 가시 혹은 가시자리를 가지고 있습니다. 가시자리는 가시의 밑부분에 있는 솜털 방석과 같은 것이지요. 가시가 없는 선인장은 있어도 가시자리가 없는 선인장은 없습니다.

# Planterior (Plant + Interior)

다육 식물에는 독특한 모양이 많습니다. 이국적인 공간을 연출하고 싶다면 다육 식물을 활용해 보세요. 미니 다육 식물을 한데 모아 심거나 다양한 다육 식물을 같은 화분에 심어 줄지어 세워놓아도 좋은 인테리어 소품이 되지요.

다육 식물은 낮에 광합성을 하여 만들어 놓은 산소를 밤에 내뿜어 줍니다. 산세비에리아, 꽃기린, 페페로미아, 호야 등도 다육 식물과 같은 호흡을 합니다. 산소가 풍부한 곳에서 숙면을 취하고 싶다면 침실에 다육 식물을 들여놓으세요.

◼ **공기정화에 좋아요**

다육 식물은 음이온 발생량이 높아 실내 공기정화에 효과가 있습니다. 침실이나 거실에 두거나 사무실에 놓으면 맑은 공기를 얻을 수 있습니다.

 **재·배·포·인·트**
### 이렇게 키워 보세요!

1. 물은 속흙까지 마르면 화분 구멍으로 흘러나올 때까지 흠뻑 주세요. 여름과 겨울에는 물주기를 줄여야 합니다. 직사광선 아래에서 물을 줄 때는 잎에 물이 고이게 되면 돋보기 효과로 잎이 탈 수 있으니 주의해야 합니다.
2. 햇빛에서 키우는 것이 가장 좋습니다. 음지에서도 잘 견디나 웃자라서 모양이 나빠질 수 있어요. 음지에서 햇빛으로, 직사광선으로 옮길 때는 서서히 옮겨야 합니다. 갑자기 환경이 변하면 잎이 타거나 약해질 수 있어요.
3. 다육 식물도 비료가 필요한 식물입니다. 휴식기를 제외한 봄, 가을 생장기에 한 달에 한 번 정도 주세요. 봄에 알갱이로 된 비료를 주면 물을 줄 때마다 서서히 영양분을 흡수할 수 있습니다.

밀착!
식물
속으로

## 다육 식물을 늘리고 싶어요!

### 다육 식물 번식시키기

**다육 식물 꺾꽂이(*식물의 번식 페이지 참고)**

다육 식물은 물이 없고 척박한 곳에서 사는 종류가 많으므로 대를 이으려는 재생력이 아주 강합니다. 잎을 떼어 내어 흙 위에 그냥 놓아 두기만 해도 뿌리를 내려 새로운 개체를 만들어 낼 정도지요. 그만큼 꺾꽂이가 잘되는 식물입니다.

**1** 다육 식물의 잎을 떼어 냅니다. 이때 다른 잎이 손상되지 않도록 주의합니다.

**2** 자른 부위를 2주일 정도 직사광선을 피해 건조한 곳에서 말립니다.

**3** 흙이나 마사토를 준비합니다. 흙에 손가락이나 막대기로 구멍을 뚫고 잎을 꽂아 줍니다.

**4** 직사광선이 닿지 않는 곳에 두고 기다리면 한 달 안에 새로운 뿌리가 생겨납니다. 이때 물은 거의 주지 않아도 됩니다.

**TIP**
2번 과정에서 잘라 낸 개체를 말리는 것은 잘린 부위의 부패를 막기 위해서지요. 자른 부위가 작은 식물은 말리지 않아도 됩니다.

# 4

# 카페에 잘 어울리는 식물

떡갈잎고무나무 • 알로카시아 • 커피나무 • 디펜바키아 마리안느 • 클루시아

멋스러운 카페에 잘 어울리는 식물,
아기자기한 레스토랑에 적당한 식물,
웰컴 플랜트로는 어떤 식물이 좋을까?
재미를 더할 수 있는 흥미로운 식물은 없을까?
이번 장에서 답을 찾아보세요.

## 멋스러운 잎을 자랑하는
# 떡갈잎고무나무

Fiddle Leaf Fig
뽕나무과 *Ficus lyrata*

식　물　　　　　이　야　기

두툼한 가죽 질감의 잎을 가진 멋스러운 떡갈잎고무나무는 우리 나라에서 자생하는 떡갈나무와 잎 모양이 비슷하여 붙여진 이름입니다. 잎 모양이 바이올린과 닮아 'Fiddle Leaf Fig'라는 영문명도 가지고 있지요. Ficus는 라틴어의 고어로, 무화과나무라는 뜻에서 유래된 것이고, lyrata는 '두상이 크고 날개 모양으로 갈라진다'라는 뜻입니다.

떡갈잎고무나무는 아주 더디게 성장하고 자생지에서는 12~15m까지 자라는 큰 나무입니다. 고무나무는 실내식물 중 가장 대표적이라고 할 수 있는데 그 종류도 다양합니다. 세계적으로 800~2,000종이 분포하고 있지요. 열대지방에서 자라는 큰 나무로, 자생지에서는 가로수로도 많이 사용되어 흔하게 볼 수 있는 나무입니다.

실내에서 키우는 고무나무 중 가장 흔하게 볼 수 있는 인도고무나무는 두툼한 둥근 잎에서 광택이 납니다. 최근 많이 알려진 벵갈고무나무는 연두와 녹색 무늬의 잎이 매력적이지요. 벤자민고무나무는 한때 없는 곳이 없을 정도로 인기를 끌었습니다. 폭포처럼 늘어지는 아름다운 잎이 눈길을 끌거든요. 하지만 벤자민고무나무는 환경이 갑자기 바뀌거나 밝은 곳에서 어두운 곳으로 옮겼을 때 몸살을 많이 앓습니다. 온도 조절에 신경

벤자민고무나무

| 식물 정보 | 난이도 | 식물분류 | 빛 | 물주기 | 비료 | 개화시기 | 최적온도 | 최저온도 |
|---|---|---|---|---|---|---|---|---|
| | 하 중 상 | 잎 교목 | 반음지 | 보통 | 봄·여름·가을 | - | 16~24℃ | 5℃ |

인도고무나무  
F. elastica

벵갈고무나무  
F. benghalensis

팬더고무나무  
F. retusa 'Panda'

푸밀라고무나무(모람)  
F. pumila 'Variegata'

쓰지 못해서 잎이 모두 떨어져 난감했던 상황을 경험한 분들도 많을 거예요. 그만큼 벤자민고무나무는 환경변화에 민감한 식물입니다. 하지만 한 번 자리를 잡으면 연둣빛 새순을 내밀며 놀라울 정도로 잘 자라는 나무기도 하지요.

## Planterior (Plant + Interior)

떡갈잎고무나무는 중후한 초록빛의 넓은 잎을 가지고 있어 어떤 식물보다 멋스러운 실내 연출이 가능합니다. 잎의 모양이 아름다워 작은 화분에 심어 관상하는 것도 좋고, 여러 그루를 큰 화분에 한데 모아 심어도 멋스럽게 연출할 수 있습니다.

### ■ 공기정화에 좋아요

고무나무 종류는 실내 유해물질을 제거하는 에코플랜트로도 잘 알려져 있습니다. 대기오염에 아주 강하므로 현관의 입구나 거실에 두고 기르면 좋지요. 포름알데히드나 암모니아 제거에 효과가 있으며 실내 미세먼지를 흡수하여 실내를 쾌적하게 만듭니다. 미국항공우주국(NASA)에서 선정한 에코플랜트 중 인도고무나무가 종합평가 4위, 피쿠스아리가 8위, 벤자민고무나무가 22위를 차지했답니다.

### 재·배·포·인·트 이렇게 키워 보세요!

1. 물은 겉흙이 마르면 화분 구멍으로 흘러나올 때까지 흠뻑 주는 것이 좋습니다.
2. 햇빛이 잘 드는 곳에서 키우면 잎이 단단하고 광택이 납니다. 가지가 단단해지면 반음지에서도 잘 자라지요. 직사광선에서는 잎이 탈 수 있으니 피하세요.
3. 공중습도가 높은 열대지방에서 자라는 나무로, 자주 분무해 주는 것이 좋습니다. 베란다에서 키울 경우, 바닥에 물을 자주 뿌리는 것도 좋지요. 덥고 습한 여름철에 잘 자랍니다.
4. 겨울에는 성장이 멈추고 휴식을 취하므로 물주기를 줄이고 실내의 따뜻한 곳에 두고 키우세요.

### Tip

고무나무액은 독성이 있습니다. 만지면 피부염이나 알레르기 반응이 나타나며 눈에 들어가면 따가울 수 있어요. 고무나무액을 만진 후에는 손을 깨끗하게 씻는 것이 좋습니다. 특히 어린아이가 직접 만지지 않도록 주의하세요.

### 관련상식 + 더하기

**고무나무의 흰색 유액의 정체는?**

고무나무는 이름에서도 알 수 있듯이 고무를 만드는 데 사용합니다. 고무나무의 가지를 자르거나 상처를 내면 흰색의 끈적끈적한 수액이 나오는데 이것이 바로 고무를 만드는 원료입니다. 특히 파라고무나무가 고무액을 채취하는 데에 많이 사용되지요.

콜럼버스가 아메리카 대륙을 발견한 후, 유럽인들은 남아메리카 원주민들이 파라고무나무 수액으로 탄성이 있는 공을 만들고 신발, 옷, 항아리 등에 발라 방수용으로 사용하는 것을 목격하고부터 고무나무에 관심을 갖게 되었습니다. 그 후, 아프리카, 동남아시아 등지에 고무나무를 심어 고무액을 채취했지요.

지금은 전 세계 고무의 90%가 아프리카나 동남아시아 지역에서 생산됩니다. 유럽에서는 고무나무 수액을 이용해 지우개, 열기구, 비옷 등을 만들어 사용했습니다. 하지만 천연고무는 더우면 녹아 끈적끈적해지고 추우면 딱딱해지는 단점이 있었지요. 이후 미국의 발명가 굿이어(Charles Good Year)는 고무에 열을 가하면서 유황을 넣어 탄성도를 높이는 방법을 발견했습니다. 이후 천연 고무의 단점을 극복한 뒤 다양한 분야에서 사용되었고, 지금은 없어서는 안 될 중요한 원자재가 되었습니다.

밀착!
식물
속으로

## 고무나무의 수를 늘려 보아요!

### 고무나무 번식시키기

고무나무는 번식이 아주 잘되는 종류입니다. 어디서든 흙에 꽂아만 두면 새로운 개체로 다시 태어나지요. 가지치기를 하고 남은 줄기를 이용하면 더 좋습니다.

**1** 줄기를 잘라 꺾꽂이할 순을 준비합니다.

**2** 자를 때 고무나무 수액이 손에 닿지 않도록 하고 줄기의 아래쪽을 깨끗이 정리합니다.

**3** 흘러나오는 고무액을 씻어 냅니다.

**4** 물속에 1시간 정도 담가 물올리기를 해 줍니다.

**5** 흙이 빠져나가는 것을 방지하기 위해 화분에 망을 깔아 줍니다.

**6** 망을 깔아 놓은 화분에 난석이나 마사토를 넣어 배수층을 만듭니다.

**7** 흙을 넣고 꺾꽂이할 준비를 합니다.

**8** 흙에 구멍을 내고, 고무나무 줄기를 꽂은 다음 흙을 덮어 줍니다.

**9** 화분 구멍에서 물이 나올 때까지 물을 흠뻑 주세요.

**TIP** 위 꺾꽂이 과정에서 사용된 고무나무는 '데코라인도고무나무'입니다.

심플한 줄기와 잎을 가진 인테리어의 완성
# 알로카시아

Elephant's Ear
천남성과 *Alocasia odora*

# 식 물 이 야 기

알로카시아는 길게 뻗은 줄기와 넓은 잎으로 사람들의 눈길을 사로잡습니다. 현대적이고 심플한 인테리어를 한 장소라면 쉽게 볼 수 있지요. '인테리어의 완성'이라 불릴 만큼 어느 카페를 가더라도 알로카시아를 찾는 건 어렵지 않았던 때도 있었습니다. 그만큼 알로카시아는 자태가 멋스럽고 매력적입니다.

알로카시아는 잎의 수가 많지 않아 몇 장의 잎으로 깔끔한 모습을 보이는 것이 관건입니다. 그럴려면 줄기가 튼튼한 것을 고르는 것이 아름다운 알로카시아의 잎을 볼 수 있는 방법이지요. 알로카시아의 잎은 가장자리가 구불구불한 레이스 같은 모양입니다. 이 큰 잎이 코끼리의 커다란 귀와 닮았다 하여 'Elephant's Ear'라고도 불리지요.

알로카시아는 4~6개의 잎이 시원하게 뻗어나가면서 자라는데, 가장 겉에 있는 잎은 서서히 아래로 처지면서 떨어집니다. 이것은 자연스러운 현상이니 잎이 많이 처지면 깨끗하게 떼어 내세요. 안에서 새로운 순이 나오고, 또르르 말린 잎이 금방 쫙 펼쳐지면서 넓은 잎을 만듭니다. 매끈한 줄기에 도도한 매력을 지닌 이 알로카시아를 보면 감각 있는 분들은 바로 한 표를 던질지도

알로카시아 새순

| 식물정보 | 난 이 도 | 식물분류 | 빛 | 물 주 기 | 비 료 | 개화시기 | 최적온도 | 최저온도 |
|---|---|---|---|---|---|---|---|---|
| | 하 중 상 | 잎 | 반음지 | 보통 가끔 | 봄·가을 | - | 20~25℃ | 12℃ |

모릅니다.

알로카시아의 잎을 보세요. 시골에서 보았던 어떤 식물의 잎과 비슷하게 생겼다는 것을 눈치 채셨나요? 황순원의 '소나기'라는 소설에서 소년과 소녀가 갑자기 내린 소나기에 커다란 잎을 따서 머리에 쓰고 달렸지요. 그 잎이 바로 토란 잎입니다. 우산 대신 쓸 수 있을 만큼 잎이 넓지요. 토란 잎은 그냥 잎만 보면 알로카시아와 구분할 수 없을 정도로 비슷하게 생겼습니다. 같은 천남성과 식물로 열대아시아에서 전해져 우리 나라에서는 식용 채소로 재배하고 있지요. 토란 잎은 약간의 회색빛이 도는 녹색을 띠고, 알로카시아 잎은 토란 잎보다 더 진한 녹색을 띠며 광택이 납니다. 알로카시아 대신 토란을 키워 보는 것은 어떨까요? 단, 토란에는 독성이 있으니 생으로 먹는 것은 피하세요.

알로카시아 잎(위)과 토란 잎(아래)

### **Planterior** (Plant + Interior)

빈티지한 느낌보다는 깔끔하면서 현대적인 공간에 더 잘 어울리는 알로카시아는 뿌리에서 끌어올린 물방울을 잎사귀로부터 떨구기도 합니다. 이러한 현상은 건조한 실내에 가습기와 같은 효과를 내기도 합니다. 알로카시아는 열대 지방의 관엽 식물이므로 실내 인테리어 시, 고온다습한 환경을 조성해 주어야 합니다. 알로카시아 화분 한 그루만 덩그러니 놓아도 멋스럽지만, 심플한 화분과 함께 연출하면 더 세련되고 멋스러운 공간이 될 거예요.

■ **공기정화에 좋아요**

알로카시아는 가습효과와 습도조절 능력이 뛰어난 식물입니다. 잎끝에서 물방울이 똑똑 떨어질 정도로 물을 많이 배출하지요.

#### 재·배·포·인·트
 이렇게 키워 보세요! · · · · · · · · · · · · · · · · · · · · · · · · · · · · · · · · · · · · · · · ·

1. 물은 속흙이 마르면 화분 구멍으로 흘러나올 때까지 흠뻑 주는 것이 좋습니다. 물을 너무 많이 주면 줄기가 물러져서 죽게 됩니다. 물을 적게 주는 것이 알로카시아를 잘 키울 수 있는 방법이지요.
2. 알로카시아는 햇빛을 너무 강하게 쬐거나, 빛이 너무 없는 곳에서 키우면 잎이 엷어지는 현상이 발생합니다. 직사광선이 닿지 않는 밝은 음지에서 키우는 것이 좋아요.
3. 추위에 매우 약하므로 찬바람이 불기 전에 따뜻한 실내로 들여야 합니다.

**Tip**

물을 너무 많이 줘서 줄기가 물렀다면 과감하게 물러진 부위를 잘라 내세요. 새로운 알로카시아 순이 다시 얼굴을 내밀 거예요.

커피의 원료가 되는
# 커피나무

Coffee
꼭두서니과 *Coffea arabica*

식 물 이 야 기

커피는 이제 우리 일상 속에서 없어서는 안 될 기호식품이 되었습니다. 하루를 시작하는 아침에는 아메리카노를 마시고, 날씨가 화창한 날에는 테라스에 앉아 카푸치노를 즐깁니다. 때로는 졸음을 쫓기 위해 진한 에스프레소를 마시거나 식후에는 달달한 인스턴트 커피를 마시기도 하지요. 이렇듯 커피나무는 우리에게 없어서는 안 될 식물로 자리 잡았습니다.

커피나무는 전 세계적으로 약 40종이 있지만, 코페아 아라비카Coffea Arabica와 코페아 카네포라Coffea Canephora를 커피 2대 원종이라고 합니다. 코페아 아라비카의 원산지는 에티오피아로 세계 커피 생산량의 70%를 차지하고 있습니다. 주로 동아프리카와 중남미에서 재배하고 있지요. 보통 아라비카 커피Arabica Coffee로 부르며 800m 이상의 고지대에서 재배합니다. 평균기온은 15~24℃가 적당하며 유기질이 풍부하고 배수 상태가 좋은 화산재 토양에서 잘 자라지요. 우기와 건기의 구분이 필요하나 집중호우나 강한 바람에 노출되는 것은 좋지 않습니다. 재배조건이 까다롭고 병충해에 취약하지만 맛과 향이 뛰어나며 카페인 함량도 1.4%로 낮은 편입니다.

코페아 카네포라는 로부스타Robusta라고 부르며 아프리카 콩고가 원산지입니다. 아라비카에 비해 잘 자라고 웬만한 기후와 토양에서 재배가 가능하지요. 600m 이하 저지대에서도 24~30℃ 정도의 기온만 유지하면 됩니다. 병충해에는 강하지만 맛과 향이 떨어져 주로 블렌딩 커피나 인스턴트 커

| 식물정보 | 난이도 | 식물분류 | 빛 | 물주기 | 비료 | 개화시기 | 최적온도 | 최저온도 |
|---|---|---|---|---|---|---|---|---|
| | 하 중 상 | 잎 교목 | 반양지 반음지 | 보통 | 봄·가을 | - | 20~25℃ | 16℃ |

피의 재료가 되지요. 카페인 함량은 아라비카보다 2배 정도 높습니다.

국내에 들어오는 커피나무는 대부분 아라비카 품종입니다. 반짝거리는 광택을 지닌 커피나무의 진녹색 잎은 가장자리가 구불구불한 레이스 같은 모양을 하고 있습니다. 커피나무는 키에 비해 가느다란 원줄기를 가지고 있는데, 윗부분에는 곁가지가 생기고 큰 잎이 달리면서 밑으로 처집니다. 원산지에서는 5m까지 자라는 늘푸른나무(상록수)랍니다. 하지만 커피의 재배를 위해 보통 2m 크기로 키운다고 합니다.

커피나무는 씨앗을 심어 열매를 수확하기까지 3년 정도의 시간이 필요하며 그 후로는 30년 동안 계속 열매를 수확할 수 있습니다. 씨앗을 심은 지 40-60일 정도가 지나면 발아하는데, 기후와 환경에 따라서 다르지만 발아 후 20-30일이 지나면 잎이 두 장 나옵니다. 파종 후 5개월이 되면 어느 정도 커피나무의 모습을 보이기 시작합니다. 2-3년이 지나면 하얀 꽃이 피고 자스민 꽃과 비슷한 향이 납니다. 또 꽃이 지면 녹색의 둥근 열매가 맺히고 6-8개월 후부터 점점 붉은색으로 변하지요.

수확은 일반적으로 1년에 1-2회 정도 하며 열매 안에는 씨앗이 1-2개씩 들어 있습니다. 열매Cherry 속의 씨앗Green Bean을 볶으면 원두Coffee Bean가 됩니다. 이 원두를 갈아서 물을 이용해 용해시켜 추출해 낸 용액이 바로 우리가 마시는 커피입니다. 커피를 재배하는 곳의 자연환경과 로스팅, 커피를 내리는 방법에 따라 향과 맛이 달라집니다. 풍성하고 깊은 커피의 맛은 이 모든 것의 복합적인 결과물인 것이지요.

### **Planterior** (Plant + Interior)

카페에서 커피나무를 키우는 것은 무엇보다 의미가 있겠지요. 커피콩을 심어 발아하고 자라는 모습을 카페 한쪽에서 보여주면 더 흥미로울 거예요. 하지만 커피콩을 키우는 일은 생각보다 만만치 않습니다. 그래도 커피나무의 자라는 모습을 보면서 커피를 즐기는 것은 의미 있는 일이지요.

### 재·배·포·인·트
## 이렇게 키워 보세요!

1. 물은 속흙이 마르면 화분 구멍으로 흘러나올 때까지 흠뻑 줍니다. 물을 자주 주면 뿌리가 썩을 수 있고 잔뿌리가 발달하지 못해 튼튼하게 자라지 못합니다.
2. 낮에는 햇빛을 맘껏 받을 수 있도록 해주세요. 저녁 무렵에는 선선하게 관리해 주는 것이 좋지요. 겨울에는 햇빛이 잘 들면서 춥지 않은 실내로 옮겨 주는 것이 좋습니다.
3. 통풍이 잘되는 환경을 좋아하므로 환기를 자주 시키세요.

**Tip**

커피나무는 습도가 낮거나 사람 손이 닿으면 잎이 변색될 수 있으니 주의하세요.

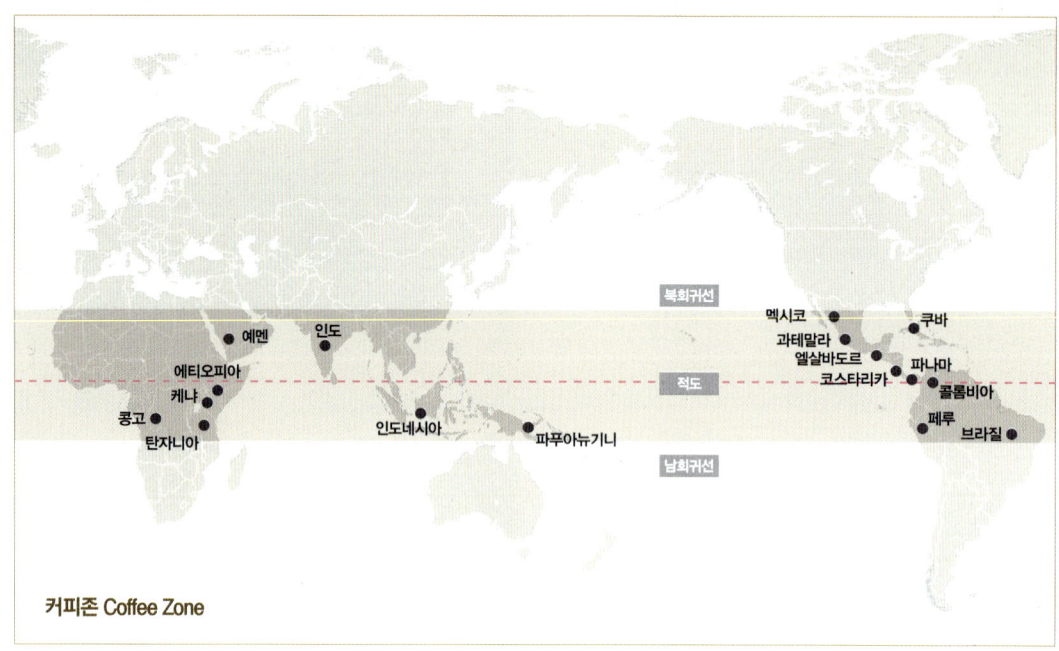

커피존 Coffee Zone

### 커피나무의 분포 지역

커피나무는 적도를 중심으로 북위 25°, 남위 25° 사이의 아열대 지역에서만 재배됩니다. 이 지역은 띠 모양을 이루는데, 커피존(Coffee Zone) 또는 커피벨트(Coffee Belt)라고 부르지요. 모든 커피는 신맛, 단맛, 쓴맛의 세 가지 맛을 가지고 있습니다. 커피나무가 재배되는 곳의 기후, 토양, 커피종자, 가공방법 등에 따라 세 가지 맛이 서로 다르게 어우러져 커피의 맛과 향이 결정됩니다. 커피나무가 재배되는 지역은 아래에 분류한 것처럼 크게 세 곳으로 나뉘지요.

1. **라틴아메리카**
   **지역** 멕시코, 과테말라, 코스타리카, 파나마, 콜롬비아, 엘살바도르, 페루, 브라질, 쿠바 등.
   **특징** 커피에서 코코아 향, 너트 향이 남.

2. **아프리카/아라비아**
   **지역** 케냐, 에티오피아, 예멘, 탄자니아, 콩고 등.
   **특징** 열대 과일 향과 꽃향기가 조화된 이국적인 풍미가 있음.

3. **아시아/태평양**
   **지역** 인도네시아, 파푸아뉴기니, 인도 등 커피 생산국이 약 80여 개국임.
   **특징** 반수세식 공법, 수세식 공법으로 제조하며 다양하고 풍부한 맛과 깊고 중후한 풍미가 있음.

밀착 식물 속으로

## 커피나무의 종자를 늘려 보아요!

### 커피나무 번식시키기

커피나무 열매를 이용해 싹을 틔워 보세요. 커피나무 씨앗은 파치먼트 상태로 구입해서 사용할 수 있습니다. 커피나무는 피트펠렛을 이용하여 심습니다. 그냥 흙을 이용해 심어도 무관하지만 피트펠렛은 미생물, 박테리아가 없어서 발아기간이 긴 커피나무에게 싹 트기 좋은 환경을 만들어 줍니다. 어느 정도 자라면 다른 화분에 옮겨 심을 필요 없이 피트펠렛을 그대로 큰 화분에 심으면 이식으로 인한 스트레스도 덜 수 있지요.

1 커피나무의 씨앗을 준비하고, 씨앗의 겉면인 파치먼트를 벗겨 냅니다.

2 물에 씨앗을 넣어 하루 정도 불립니다.

3 피트펠렛을 물에 불려 주세요. 납작하던 피트펠렛이 3~4배 정도로 부풀어 오릅니다.

4 씨앗이 들어갈 만한 크기의 구멍을 냅니다.

5 씨앗을 피트펠렛 안에 넣어 주세요.

6 씨앗을 넣을 때에는 갈라진 부분이 아래로 향하도록 넣어 줍니다.

7 수반이나 접시에 물을 채우고 피트펠렛을 올린 뒤 다시 물을 채워 주세요.

### TIP

- 2번 과정에서 거즈나 페이퍼타월에 물을 적셔 씨앗을 불려도 됩니다. 이때 통풍이 되는 신문지나 페이퍼타월을 덮어 주면 씨앗 발아에 도움이 되지요.
- 7번 과정에서 너무 오랫동안 물에 담가 놓으면 곰팡이가 피거나 이끼가 낄 수 있으니 물이 다 말랐을 때 다시 채워 주세요.
- 커피나무 씨앗의 발아는 실패율이 아주 높습니다. 실패했다고 너무 실망하지 말고 다시 도전해 보세요.

잎이 아름다운 식물
# 디펜바키아 마리안느

Dumb Cane
천남성과 *Dieffenbachia* x '*Marianne*'

식 물 이 야 기

디펜바키아는 넓은 잎과 무늬로 시원한 분위기를 연출하는 관상 가치가 높은 식물입니다. 잎에는 선명한 무늬와 광택이 있어 이따금 조화처럼 보일 때도 있지요.

코스타리카에서 콜롬비아에 이르기까지 열대 아메리카에서 자생합니다. 디펜바키아 마리안느 외에도 디펜바키아 아모에나, 마큐라타, 엑소티카 콤팩타 등이 있는데, 종류에 따라 잎의 무늬와 모양이 다른 약 30종의 디펜바키아와 100여 종의 재배종이 있습니다.

디펜바키아는 열대지방 나무 아래의 습하고 그늘진 곳에서 자라는 식물입니다. 그렇기 때문에 직사광선에서는 잎이 타버리거나 흐려질 수 있으므로 반음지에서 기르는 것이 좋습니다. 하지만 빛이 너무 없으면 잎이 흐려지고 웃자라게 됩니다. 줄기가 엉망으로 자라 보기 싫다면 줄기를 원하는 모양으로 다듬어 주세요. 또다시 원줄기에서 새로운 줄기를 올려보낼 거예요.

디펜바키아는 생명력이 아주 강해서 크게 신경을 쓰지 않아도 잘 자랍니다. 물주기도 어렵지 않고 병충해의 피해에도 잘 견디지요. 그러나 물기를 너무 바짝 말리면 응애나 진딧물, 깍지벌레와 같은 해충의 피해를 입을 수 있으니 주의해야 합니다. 습한 환경을 좋아하는 식물이니 자주 분무를 해주는 것도 좋아요.

| 식물정보 | 난이도 | 식물분류 | 빛 | 물주기 | 비료 | 개화시기 | 최적온도 | 최저온도 |
|---|---|---|---|---|---|---|---|---|
| | 하 중 상 | 잎 | 반음지 | 보통 | 봄·가을 | - | 16~29℃ | 8℃ |

디펜바키아의 속명 Diffenbachia는 독일의 식물학자이자 빈의 쇤브룬 궁전 정원을 관리했던 디펜바흐Herr J. E. Dieffenbach의 이름에서 유래된 것입니다. 벙어리 지팡이 Dumb Cane라는 영문명도 가지고 있지요.

디펜바키아의 식물체내에는 칼슘 옥살레이트라는 결정과 유독성분이 함유되어 있습니다. 식물의 수액이 입에 닿으면 혀가 팽창되고 일시적으로 말을 하지 못할 정도로 통증이 심하다고 해서 붙여진 이름이지요. 줄기를 자르거나 식물의 액이 묻은 경우에는 손을 깨끗하게 씻어야 합니다. 특히 어린아이가 만지거나 먹지 않도록 주의하세요.

디펜바키아 안나 *D.* x 'Anna'

디펜바키아 트로픽 스노우
*D. amoena* 'Tropic Snow'

디펜바키아 그린매직 *D.* 'Green Magic'

### Planterior (Plant + Interior)

디펜바키아는 잎이 넓고 무늬가 매력적인 식물입니다. 실내에 두면 멋스러운 분위기를 자아내지요. 레스토랑이나 카페의 넓은 로비 공간에 디펜바키아를 풍성하게 심어 두면 웅장한 느낌도 듭니다. 백화점이나 호텔에서도 흔히 디펜바키아를 심어 둔 것을 볼 수 있을 거예요. 작은 디펜바키아를 자그마한 화분에 한 그루씩 심어 두어도 좋은 장식이 됩니다.

■ **공기정화에 좋아요**

미국항공우주국(NASA)에서 선정한 에코플랜트 종합평가에서 디펜바키아 콤팩타가 20위를, 디펜바키아 카밀라가 28위를 차지했습니다. 실험에 사용된 두 종류의 디펜바키아뿐만 아니라 다른 종류의 디펜바키아도 공기정화 능력이 탁월합니다. 공기 중의 포름알데히드 제거에 가장 우수한 관엽 식물로 거실에 두고 기르면 좋습니다. 일산화탄소와 같은 유해물질을 제거하는 능력도 좋고, 상대습도를 높이는 데도 좋은 식물입니다.

### 재·배·포·인·트
## 이렇게 키워 보세요! . . . . . . . . . . . . . . . . . . . . . . . . . . . . . . . .

1. 물은 겉흙이 마르면 화분 구멍으로 흘러나올 때까지 흠뻑 주는 것이 좋습니다. 물이 마르면 오래된 잎부터 노란색으로 변해갑니다.
2. 건조한 시기에는 분무를 자주 하여 공중습도를 높여 줍니다.
3. 직사광선을 피해 반음지에서 키우는 것이 좋습니다.
4. 추위에 약하므로 겨울에는 실내로 들여놓습니다.

**Tip**

겨울철에 15℃의 온도에서 디펜바키아를 2~3개월 정도 두면 꽃이 피는데 꽃이 화려하지는 않아요.

잎에 이름을 새길 수 있는
# 클루시아

Clusia, Autograph Tree, Pitch Apple
클루시아과 *Clusia rosea*

# 식 물 이 야 기

깔끔한 모습에 광택이 나는 잎을 가진 클루시아는 심플한 느낌으로 연출하기에 더할 나위 없이 좋은 식물이지요. 작은 모종으로 심거나 여러 개의 모종을 한 화분에 심어 크게 보아도 좋습니다.

로세아 클루시아는 최근 우리 나라에 소개되어 판매되고 있는 식물로 '클루시아'라는 이름으로 유통됩니다. 클루시아를 흔히 고무나무라고 부르는데 클루시아는 고무나무 종류가 아닙니다. 클루시아도 잎이나 줄기를 자르면 흰 액체가 나오기 때문에 고무나무 종류로 잘못 알려진 것으로 보입니다. 생김새로 보자면 청페페로미아를 닮기도 했지요.

클루시아는 'Autograph Tree'라고 불리며 '사인나무'로 알려졌습니다. 잎 표면에 스크래치를 내어 이름을 새겨 두면 잎이 떨어지기 전까지는 그 자국이 계속 남아 있어 붙여진 이름이지요. 클루시아는 열대, 아열대 기후에서 자라는 카리브 제도 원산의 식물로 원산지에서는 15m 이상 자라는 아주 큰 나무입니다. 척박한 땅에서도 잘 자라며 물이 말라도 잘 견디는 아주 튼튼한 식물이지요. 고급스럽고 정갈한 생김새에 두툼하고 광택이 나는 둥글둥글한 녹색 잎이 매력적이어서 인기를 끌고 있습니다. 우리 나라에 소개된 지 얼마 되지 않았지만, 네덜란드에서는 오래 전부터 인기 있는 공기정화 식물로 잘 알려졌습니다.

| 식물정보 | 난이도 | 식물분류 | 빛 | 물 주기 | 비료 | 개화시기 | 최적온도 | 최저온도 |
|---|---|---|---|---|---|---|---|---|
| | 하 중 상 | 잎 교목 | 반양지 반음지 | 보통·가끔 | 봄·가을 | - | 16~29℃ | 5℃ |

### **Planterior** (Plant + Interior)

클루시아는 생김새와 색감이 고급스러워서 깔끔하고 자연스러운 화분에 심으면 한층 더 고급스러움이 살아날 거예요. 색다른 식물로 실내를 연출하거나 남들과 다른 식물을 선물하고 싶다면 클루시아가 정답입니다.

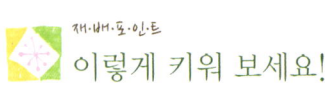
## 이렇게 키워 보세요!

1. 물은 겉흙이 마르면 화분 구멍으로 흘러나올 때까지 흠뻑 주는 것이 좋습니다.
2. 음지에서도 잘 자라나지만 빛이 들어오는 창가나 반음지에서 더 잘 자랍니다.
3. 추위에 약하므로 겨울이 되기 전에 실내로 들여놓으세요.

**Tip**

클루시아의 꽃과 열매, 잎에는 독성이 있으므로 먹거나 몸에 바르면 안 돼요!

**관련상식 + 더하기**

### 독성 있는 식물 베스트 3

식물이 독성을 지니는 이유는 주변 환경으로부터 자신을 보호하기 위해서입니다. 아무리 예쁜 식물이라고 해도 강한 독성을 지니고 있다면 주의가 필요하겠지요? 특히 아이가 있는 가정에서는 독성 식물을 키우는 일을 고려해야 합니다. 그러면 독성이 강한 식물에는 무엇이 있는지 한번 알아볼까요?

#### 1위 – 협죽도

단 한 장의 잎으로도 사망할 수 있는 맹독을 지니고 있습니다. 제주도에서 쉽게 찾아볼 수 있는 나무로, 옛날에는 독화살이나 사약을 만드는 데에 사용했습니다. 높이 1~3m 정도에 잎은 대나무와 비슷한 광택이 나며 한여름에 흰색, 붉은색, 분홍색 등의 예쁘고 화려한 꽃을 피웁니다. 협죽도를 태운 연기를 마시거나 뿌리 부분이 담긴 물을 마실 경우 중독 현상이 나타날 수 있습니다. 협죽도를 만지는 것만으로도 피부염을 유발할 수 있습니다.

#### 2위 – 아이비

가격도 저렴하고 키우기도 쉬워 주변에서 많이 키우는 식물입니다. 그러나 그 안에는 치명적인 독을 품고 있지요. 아이비에는 트리테르펜 사포닌과 팰캐리놀 같은 성분이 들어 있어 다량 섭취 시 호흡곤란, 마비, 경련 등의 증상이 발생하고 심하면 혼수상태에 빠져 사망에 이릅니다.

#### 3위 – 디펜바키아

주변에서 흔히 볼 수 있는 디펜바키아 잎에는 유독성분인 옥살산칼슘이 있습니다. 입술과 혀에 닿을 경우 점막 손상과 함께 후두가 붓게 되어 호흡곤란에 심하면 사망에까지 이릅니다. 어린아이는 기도 넓이가 성인의 절반밖에 안 되므로 디펜바키아를 삼켰을 경우, 호흡곤란에 빠질 수 있습니다.

# 5

# 특별한 나무 이야기

그린볼 • 월계수 • 꽃댕강나무 • 납트리

우리는 작은 식물을 사서 키우지만
크기가 작아도 실제로 자라나면
큰 나무가 되는 경우가 많습니다.
나무의 원산지에서는 더욱 크게 자라기도 하지요.
특별한 재능을 지닌 나무를 통해 식물에 대해
좀 더 알아볼까요?

밤 모양의 씨앗을 가진
# 그린볼

Black Bean Tree, Australian Chestnut,
Moreton Bay Chestnut, Queensland Red Bean
콩과 *Castanospermum australe*

## 식　물　이　야　기

그린볼은 '잭콩'이라고 불리며 동화로도 많이 알려진 영국 잉글랜드 지방의 민화 '잭과 콩나무'에 나오는 나무이기도 합니다. 콩과 식물로 어두운 녹색을 띠며 광택이 나는 잎을 가지고 있지요. 자생지에서는 10-11월 사이에 붉고 노란빛이 나는 완두콩꽃 모양의 꽃이 화려하게 피어납니다. 꽃이 지면 콩과 식물답게 콩깍지가 생기고 깍지 안에는 커피색을 띤 밤 모양의 커다란 씨가 들어 있어요.

그린볼의 영문명인 Black Bean Tree, Australian Chestnut, Moreton Bay Chestnut, Queensland Red Bean은 모두 씨앗 때문에 붙여진 이름이지요. 이 밤 모양의 열매는 독성이 강해서 그냥 먹으면 죽음에 이를 수 있을 만큼 위험하니 절대 생으로 먹으면 안 됩니다. 식용으로 사용하려면 잘라서 흐르는 물에서 독성을 뺀 후 익혀 먹어야 하지요.

그린볼은 원줄기 아래로 둥근 볼 모양의 열매를 가지고 있는데, 이 녹색 볼이 그린볼의 심벌이자 매력 포인트입니다. 녹색 볼은 씨를 파종할 때, 씨가 물에 불어 떡잎이 돋을 때 녹색 공처럼 커집니다. 이 녹색 공처럼 생긴 부분이 우리가 화분에서 보아온 것이지요. 녹색 볼이 자라면서 식물에 영양을 공급하는데, 어느 정도 자라면 점차 작아져 없어집니다. 한글명은 따로 없으며 이 녹색 공처럼 생긴 모양을 보고 그린볼이라는 유통명이 생겼습니다.

그린볼은 야생에서 40m에 육박할 정도로 아주 크게 자라는 나무입니다. 가구를 만드는 데 사용되는 질 좋은 나무 중 하나지요. 오스트레일리아 퀸즐랜드 북부의 열대우림에서 자라는 아름다운 상록수

| 식물정보 | 난이도 | 식물분류 | 빛 | 물주기 | 비료 | 개화시기 | 최적온도 | 최저온도 |
|---|---|---|---|---|---|---|---|---|
| | 하 중 상 | 잎 교목 | 반양지 반음지 | 보통 | 봄·가을 | - | 15~25℃ | 10℃ |

이기도 합니다. 퀸즐랜드의 열대우림은 열대 식물에게는 아주 귀중한 지역으로 엄청난 종류의 나무와 대형 식물이 자라는 곳입니다. 열대우림 지역에는 800종의 나무와 대형식물 1,160종이 자라고 있으며 유대류, 파충류, 조류 등의 동물도 다양하게 서식합니다. 데인트리 열대우림 또한 지구상에서 가장 오래된 지역으로 약 1억 3,500만 년 전에 형성되었습니다. 그 당시 살았던 식물이 아직까지 살아 있다고 하니 엄청난 세월을 견뎌 낸 것이지요. 이러한 열대우림에는 나무가 우거져 햇빛이 깊숙하게 들어오지 못해 주로 난초과 식물, 양치식물, 기생식물, 착생 식물이 자생합니다. 그린볼 또한 다양한 열대 식물과 함께 쑥쑥 자라고 있지요.

### 항암 성분의 그린볼 씨앗

한 연구결과에 따르면, 그린볼의 씨앗은 캐스타노스펄마인Castanospermine과 알칼로이드Alkaloid라는 성분을 함유하고 있는데, 이것은 항암 성분으로 에이즈를 유발하는 HIV의 능력을 감소시킨다고 합니다.

## Planterior (Plant + Interior)

앙증맞은 녹색 볼이 매력적인 그린볼은 어린이의 흥미를 끌기 좋은 식물입니다. 어린이 방에 놓고 키우면 정서발달에 도움을 주지요. 녹색 볼, 깔끔한 줄기와 심플한 잎이 카페에 장식하기에도 멋스러운 식물입니다. 사이즈가 작은 그린볼을 테이블에 하나씩 놓아 두면 좋은 장식품이 될 거예요.

### ▣ 공기정화에 좋아요
최근에 실내식물로 국내에 알려지기 시작한 그린볼은 산소를 내뿜거나 상대습도를 올리는 가습효과가 있습니다.

## 재·배·포·인·트
## 이렇게 키워 보세요!

1. 물은 겉흙이 마르면 화분 구멍으로 흘러 나올 때까지 흠뻑 주는 것이 좋습니다. 흙이 금방 마르고 빨리 자라므로 평소에 세심한 관찰이 필요합니다. 하지만 물을 좀 거르더라도 금방 죽지는 않으니 걱정하지 마세요.
2. 직사광선을 받으면 잎이 탈 수 있으니 간접광이 비치는 곳에서 키우세요.
3. 겨울에는 찬바람이 불기 전에 실내로 들이는 것이 좋습니다. 온도가 10℃ 이상이면 베란다에서 겨울을 나는 것도 가능하지요.
4. 화분의 크기에 따라 자라는 속도가 다릅니다. 화분이 조금만 커져도 자라는 속도가 빨라지지요. 식물이 크게 자라는 게 싫다면 작은 화분에서 아담하게 키우는 것이 좋습니다.

승리자를 위한 월계관이 되는
# 월계수

Sweet Bay, Nobel Laurel, Victor's Laurel
녹나무과 *Laurus nobilis*

# 식물 이야기

고대 그리스에서는 우승자에게 나뭇가지와 잎으로 관을 만들어 씌워 주었습니다. 올림픽의 우승자, 학자, 시인 그리고 율리우스 카이사르Juilus Caesar도 월계관을 사용하였지요. 월계수는 이 월계관을 만든 나무라는 의미로 붙여진 이름입니다. 월계수의 속명인 Laurus에는 '칭찬'과 '찬양'이라는 뜻이 있으며 종명인 nobilis는 '유명한', '고귀한'이라는 그리스어에서 유래되었습니다. 태양신인 아폴로의 신수神樹로 승리와 영광을 상징하기도 합니다.

월계수는 유럽 남부의 지중해 연안이 고향으로 오래전부터 유럽인들은 월계수잎을 이용하였습니다. B.C. 342년에 만든 동전에는 월계수가 새겨졌으며, 중세 이후에는 음식에 쓰이면서 오일을 추출하기도 했습니다.

월계수는 전 세계적으로 요리에 많이 사용되는 허브 가운데 하나입니다. 말린 잎을 스튜나 스파게티, 육수와 소스를 만들 때에 사용하지요. 고기의 누린내를 없애기 위해 월계수 잎을 이용하기도 합니다. 허브 오일이나 허브 비니거를 만드는 데 사용해도 좋습니다.

월계수는 토피어리topiary 정원을 꾸미는 용도로도 이용되어 타원형이나 구형으로 모양을 내어 키울 수 있습니다. 햇빛이 잘 드는 곳에 두면 잘 자라지만 음지에서도 잘 견딥니다. 하지만 음지에만 두면 아무런 변화가 없지요. 적당한 빛을 쬐면 연두색 새순이 올라와 왕성하게 성장합니다. 햇빛을 쬐었을 때 더 튼튼해지고 눈앞에서 새순이 자라는 것이 보이기 때문에 키우는 재미가 쏠쏠할 거예요.

| 식물정보 | 난이도 | 식물분류 | 빛 | 물주기 | 비료 | 개화시기 | 최적온도 | 최저온도 |
|---|---|---|---|---|---|---|---|---|
| | 하 중 상 | 잎 교목 | 반양지 반음지 | 보통 | | 봄·가을 | – | 15~25℃ | 5℃ |

### Planterior (Plant + Interior)

월계수는 잎의 색깔이 중후하고 고급스러운 짙은 녹색을 띠고 있습니다. 광택이 많이 나지 않아 자연스러우면서도 세련된 느낌을 주는 식물이지요. 카페나 집안에 두면 멋스러운 장식이 됩니다. 흰 화기나 색상이 다양한 화기는 월계수의 멋스러움을 떨어뜨리니 자연스러운 돌 질감이나 색상이 있는 화분을 선택하세요. 세련된 회색 톤의 화분에 심으면 더 잘 어울립니다.

▣ **공기정화에 좋아요**

천연 방충제 역할을 하여 벌레를 없애는 데 좋고, 음식냄새가 많이 나는 부엌에 두면 냄새 제거에도 효과적입니다.

### 재·배·포·인·트
### 이렇게 키워 보세요!

1. 물은 겉흙이 마르면 화분 구멍으로 흘러나올 때까지 흠뻑 주는 것이 좋아요. 건조한 환경에도 잘 견디므로 물을 자주 줄 필요는 없답니다.
2. 햇빛이 잘 비치는 곳에서 잘 자라지만 음지에서도 잘 견뎌요. 적당한 빛을 보여주면 연둣빛 새순이 올라오며 더 튼튼하게 자랄 수 있어요.
3. 우리 나라 남부지방에서는 월동이 가능하지만 다른 지역에서는 베란다나 실내에서 겨울을 나는 것이 좋아요.

**Tip**

잎은 언제든지 수확이 가능하며 잎을 사용할 때에는 어린 잎을 따는 것이 더 좋지요.

**관련상식 + 더하기**

**월계수 잎 활용하기**

월계수를 다양하게 이용해 보세요. 월계수도 허브의 한 종류로 관상용 외에 다양하게 이용할 수 있답니다.

1. 말린 잎을 이용해 월계수 티를 즐길 수 있습니다.
2. 월계수 오일 또는 비니거를 만듭니다.
3. 스튜, 스파게티, 끓임 요리 등에 사용합니다.
4. 고기류나 생선요리에 올려 비린내를 제거합니다.
5. 주방이나 냉장고에 두어 음식 냄새를 제거합니다.
6. 옷장에 넣어 벌레 퇴치에 사용합니다.
7. 페이셜스팀에 사용하거나 입욕제로 사용합니다.

향기 좋은 꽃을 가진
# 꽃댕강나무

Glossy Abelia
인동과 *Abelia grandiflora*

# 식물 이야기

작은 종 모양의 꽃에서 그윽하게 퍼지는 향기에 취하게 하는 꽃댕강나무. 작은 꽃들은 7월부터 피기 시작하여 찬바람이 불기 전까지 계속해서 피어나요. 12월까지도 꽃댕강나무의 꽃을 볼 수 있답니다. 계속해서 피고 지는 꽃을 6개월 이상 감상할 수 있는 것이지요. 꽃댕강나무는 하늘하늘해 보이는 잎과 꽃을 가지고 있지만 아주 튼튼하게 잘 자랍니다.

댕강나무는 평안남도의 석회암 지대에서 자생하는 우리 나라 고유의 인동과 나무예요. 가지를 꺾으면 '댕강' 하는 소리가 나서 댕강나무라고 이름이 붙여졌습니다. 이 댕강나무를 원예종으로 개발한 것이 꽃댕강나무입니다. 꽃의 관상 가치가 높아서 붙여진 이름이지요. 속명 Abelia는 식물학자 아벨Clarke Abel 박사의 이름에서 유래된 것입니다. 종명인 grandiflora는 '큰 꽃'이라는 뜻이지만 꽃댕강나무의 꽃은 그리 크지 않습니다. 꽃댕강나무는 학명인 '아벨리아'라고 불리기도 합니다. 꽃꽂이를 할 때 사용하는 절화는 꽃댕강나무라는 이름보다는 '아벨리아'로 더 잘 알려져 있지요.

꽃댕강나무는 본래 남부지방에서 자라는 수종으로 남부지방에서는 화단 장식용, 조경용으로도 많이 사용합니다. 지금은 수도권 지역에서도 키울 수 있는데, 화분 상태로는 겨울을 나기가 힘듭니다. 뿌리는 살아 있지만 가지는 추운 날씨를 견디지 못하거든요. 그래도 키워야 한다면 짚으로 가지를 덮어 주면 겨울을 안정적으로 날 수 있습니다. 만약 가지가 얼었더라도 뿌리는 살아 있으니 뿌리에서 다시 새순을 만들어 낼 거예요. 꽃댕강나무는 그대로 두면 폭포수처럼 늘어지

| 식물정보 | 난이도 | 식물분류 | 빛 | 물주기 | 비료 | 개화시기 | 최적온도 | 최저온도 |
|---|---|---|---|---|---|---|---|---|
| | 하 중 상 | 꽃 관목 | 양지 반양지 | 보통 | 봄·가을 | 7~10월 | 15~25℃ | 0℃ |

며 자연스럽게 퍼져 나갑니다. 이런 자연스러운 모습 그대로를 감상하거나 모양을 다듬어 수형을 아름답게 만드는 것도 좋아요.

꽃댕강나무는 건조한 환경에 강하고 공해도 잘 견뎌 도심지의 도로변에서도 잘 자랍니다. 이렇게 노지에서 자라는 식물이기 때문에 집이나 실내에서 키울 때에는 바깥 환경을 만들어 주는 것이 중요하지요. 햇빛이 잘 들고 통풍이 잘되는 곳에서 키우면 큰 문제는 없습니다.

## Planterior (Plant + Interior)

카페 입구에 꽃댕강나무를 한 그루 멋스럽게 세워 두면 향기와 함께 매력을 발산합니다. 꽃댕강나무의 절화가 풍성하게 나오는 시기에는 꽃시장에서 한 아름 사다가 꽃병에 꽂아 두면 다른 장식이 필요 없지요. 카페나 레스토랑에 연출하면 실내가 향기로 가득 차 멋스러운 공간으로 다시 태어나게 됩니다. 작은 꽃댕강나무를 미니 화분에 심어도 사랑스러운 모습을 보여줄 거예요.

 재·배·포·인·트
### 이렇게 키워 보세요!

1. 물은 겉흙이 마르고 2~3일 후에 화분 구멍으로 흘러나올 때까지 흠뻑 주는 것이 좋습니다.
2. 햇빛을 잘 받는 곳에 두면 꽃을 풍성하게 피워 냅니다.
3. 남부지방에서는 노지에서 겨울을 날 수 있으나 서울 근교에서는 베란다에서 겨울을 나는 것이 좋습니다.

관련상식
+
더하기

### 꽃시장에서 사온 절화, 어떻게 관리하면 좋을까?

절화 관리에서 가장 중요한 것은 수분공급입니다. 사오자마자 빨리 수분을 공급하는 것이 좋습니다. 그럼 어떻게 다듬고 꽂아 두어야 하는지 알아볼까요?

1 꽃시장에서 사온 절화를 손질합니다.

2 물 속에 닿는 잎은 세균 증식의 원인이 되므로 모두 제거합니다.

3 꽃줄기를 사선으로 자릅니다. 일자로 자를 때보다 사선으로 자를 때 단면적이 더 넓으므로 꽃에 수분을 더 많이 공급할 수 있습니다.

4 물 속에서 자르면 공기가 들어가지 않아 물오름이 더 잘됩니다.

5 꽃을 다발로 만들어 끈으로 묶어 줍니다.

6 꽃병에 꽂아 간단하게 장식용으로 이용합니다.

**TIP**
수명 연장제를 이용하면 꽃을 더 오래 볼 수 있습니다. 주변에서 쉽게 구할 수 있는 살균소독표백제를 조금 부어 주면 세균증식을 줄여 꽃의 수명을 길게 합니다.

21세기 구원의 나무
# 님트리

Nim Tree, Neem Tree
멀구슬나무과 *Azadirachta indica*

# 식 물 이 야 기

인도에 가면 이따금 나뭇가지를 질겅질겅 씹는 사람들이 눈에 띕니다. 칫솔 대신 님트리 나뭇가지로 이를 닦는 것이지요. 인도의 시장이나 길에서는 님트리 나뭇가지를 파는 모습을 볼 수 있습니다. 인도에서뿐만 아니라 다른 나라에서도 님트리의 추출물을 치약과 구강청결제를 만드는 데 사용한다고 합니다.

님트리는 우리 나라에서 자생하는 멀구슬나무와 같은 과의 식물입니다. 인도가 고향이며 파키스탄, 스리랑카, 방글라데시의 열대, 아열대 지역에서 자생하는데 60%가 인도에서 자라납니다. 님트리는 2~3월에 잔잔한 흰 꽃이 피어납니다. 꽃이 지고 나면 올리브같이 생긴 녹색 열매가 달리기 시작하여 7~8월이 되면 노랗게 익어갑니다. 성장 속도가 빠른 편으로 보통 15~20m까지 자라며, 드물게 35~40m까지 자라는 아주 큰 나무지요. 21~32℃에서 잘 자라지만 적응할 수 있는 온도의 범위가 넓어 49℃까지 견디며, 1,500m 고지대의 0℃에서도 자랄 수 있습니다.

님트리는 인도의 전통의학체계인 아유르베다에서 4,000여 년에 걸쳐 중요한 약재로 쓰여왔습니다. 인도에서는 님트리를 예로부터 '마을의 약방' 혹은 '축복받은 나무', '모든 병을 치료하는 나무'라 부를 정도로 치료제나 살충제로 많이 사용했지요. 이 밖에도 독을 없애고 피를 맑게 하는 아주 기특한 나무입

| 식물정보 | 난이도 | 식물분류 | 빛 | 물주기 | 비료 | 개화시기 | 최적온도 | 최저온도 |
|---|---|---|---|---|---|---|---|---|
| | 하 중 상 | 잎 교목 | 양지 반양지 | 보통 | 봄·가을 | - | 21~32℃ | 4℃ |

니다. 님트리의 속명인 Azadirachta에는 '살균', '해독'이라는 뜻이 있습니다. 그 뜻처럼 말라리아, 회충, 뇌염 등을 예방하고 옴, 천연두, 외부 기생충, 머리에 생기는 이, 비듬 치료에 이용되었지요. 님트리 잎을 물에 끓여 상처부위를 씻기도 하고 곡물 창고에 잎을 넣어 방충제로 사용했습니다.

### 님트리의 쓰임

님트리는 미국식품의약국(FDA)이 '버릴 데가 없는 나무'라고 밝힐 정도로 여러 분야에 사용됩니다. 씨앗, 잎, 꽃, 열매, 가지, 나무껍질, 뿌리 할 것 없이 나무의 모든 부분이 이용되지요. 님트리의 열매는 쓴맛이 나는데 하제, 치질약, 구충제로 사용되며 해독작용을 합니다. 씨앗으로는 45%의 오일을 추출할 수 있으며 마늘과 유황 비슷한 냄새가 납니다. 님트리오일에는 지방산이 풍부하고 비타민 E, 필수아미노산 등이 들어 있습니다. 비누, 샴푸, 크림 등 화장품의 재료로 사용되는데 마른버짐(건선), 습진, 여드름 등의 피부 트러블을 해결해 줍니다. 구강건강 제품으로도 이용되며 님트리 잎 추출액은 살균제, 살충제, 항세균제, 항바이러스제의 효과가 있습니다. 추출해 낸 후의 잔여물은 환경에 해를 끼치지 않는 유기농 비료가 되니 '버릴 데가 없는 나무'라는 말이 무색하지 않습니다.

#### 에코플랜트 님트리

유엔에서 '21세기 구원의 나무'라고 할 정도로 님트리는 지구의 환경과 인류의 건강문제를 해결할 수 있는 발전 가능성이 높은 친환경 식물입니다. 최근 가장 중요하게 연구되는 나무 중 하나이며 100가지 이상의 질병을 치료할 수 있는 것으로 알려졌습니다.

님트리는 빠르게 성장하는 속성수이며 척박한 땅에서도 잘 자랍니다. 황무지에서 물이 거의 없이도 자랄 수 있어 사막의 녹화사업에 적당한 나무이기도 하지요. 또한 가난한 제3세계의 농민들을 먹여 살리는 가장 좋은 경제수이기도 합니다.

**Planterior** (Plant + Interior)

님트리는 얇고 길쭉한 잎을 가지고 있는데, 작은 모종일 때는 대나무를 연상시키기도 하지요. 심플한 화분에 깔끔하게 심어 장식하거나 여러 개의 모종을 모아 심어 풍성한 모습을 감상해도 좋아요.

### 재·배·포·인·트 이렇게 키워 보세요!

1. 물은 겉흙이 마르면 화분 구멍으로 흘러나올 때까지 흠뻑 주는 것이 좋습니다.
2. 햇빛이 풍부한 곳에 두는 것이 좋습니다. 햇빛을 잘 받지 못하면 튼튼하게 자라지 못할 수 있어요.
3. 열대, 아열대 지역 식물로 따뜻한 곳에 두고 기르는 것이 좋아요. 겨울에는 실내로 들여놓는 것이 좋으나, 다른 실내식물보다는 추위에 강한 편이에요.
4. 척박한 땅에서도 잘 자라고 자라는 속도가 아주 빠릅니다. 화분의 크기에 따라 자라는 속도가 달라지므로 나무의 크기를 살피면서 적절한 시기에 분갈이를 해주는 것이 좋습니다.

**Tip**

님트리 오일은 아토피 피부염에도 효과가 있는 것으로 알려졌습니다. 강한 살균력으로 피부를 진정시키고 염증을 완화시켜 주지요. 님오일, 님샴푸, 님비누 등이 있습니다. 님잎차를 꾸준히 마시는 것도 도움이 됩니다.

**관련상식 + 더하기**

### 님트리, 어떻게 이용할까?

1 **상처 부위** 님오일을 바세린과 1:5의 비율로 섞어 벌레 물린 데, 화상, 피부 트러블, 찰과상 상처 등에 사용합니다.
2 **축농증** 님오일을 아침 저녁으로 코에 두 방울씩 떨어뜨려 줍니다.
3 **발 질환** 무좀과 다양한 발 질환에 진한 님잎차를 우려내어 족욕에 사용합니다.
4 **탕목욕** 피부 보호를 위해 진하게 우려낸 님잎을 약간의 장미액과 섞어 탕목욕에 사용해도 좋지요.
5 **목이 아플 때** 2~3개의 님잎을 넣은 300㎖의 시원한 물에 꿀을 넣어 가글하면 항생제를 쓰지 않아도 아픈 목을 치료할 수 있지요.
6 **여드름, 뾰루지, 피부감염** 피부 트러블이 난 부위에 신선한 님잎 가루를 물에 섞어 사용합니다.
7 **건강** 님잎을 2~3장 정도 씹으면 혈액을 정화시켜 주며 당뇨와 위산과다증에 도움이 됩니다.
8 **화장수** 250㎖의 물에 40~50장의 님잎을 넣고 20분간 끓입니다. 식힌 뒤 걸러내어 화장수로 사용합니다. 냉장보관하는 것이 좋습니다.
9 **곡물저장** 마른 님잎을 쌀, 밀, 콩과 같은 곡물에 넣어 두면 방충, 방부 효과를 볼 수 있어요.
10 **모기퇴치** 오일에 5~10%의 님오일을 첨가해 램프처럼 불을 켜면 모기를 퇴치할 수 있습니다.

# 6

## 공기정화에 좋은 친환경 식물

아레카야자(황야자) • 산세비에리아 스투키 • 안스리움 • 구근베고니아

식물을 키우는 가장 큰 이유 중의 하나는
바로 공기정화입니다.
이 장에서는 단순한 장식효과를 넘어
우리의 몸과 마음을 건강하게 만들어 주는
친환경 식물을 소개합니다.

에코플랜트의 최강자
# 아레카야자 (황야자)

Areca Palm, Butterfly Palm, Golden Feather Palm
야자과 *Chrysalidocarpus lutescens*

식 물 이 야 기

야자류는 에코플랜트로 최고의 자리를 차지하는 식물입니다. 아레카야자는 그중에서도 가장 으뜸으로 꼽히지요. 미국항공우주국(NASA)에서 선정한 에코플랜트 가운데 종합평가 1위를 차지한 식물이기도 합니다. 실내에 존재하는 모든 종류의 휘발성 유해물질을 제거하는 탁월한 능력을 지니고 있습니다.

실내에 약 1.8m의 아레카야자를 놓아 두고 실험한 결과, 24시간 동안 증산작용을 통해 약 1ℓ의 수분을 공기 중으로 방출했다고 하니 이보다 더 좋은 천연 가습기는 어디에도 없을 거예요. 건조한 실내에 습도를 높이는 최고의 식물이지요. 키우기도 편하고 병해충에도 아주 강해서 초보자도 쉽게 관리할 수 있습니다. 아레카야자는 체내에 염분이 생기면 특정 가지로 보내 그곳에 모두 축적하도록 하는 독특한 특성이 있는데, 그 부분이 포화상태가 되면 가지가 말라죽게 되지요. 그렇기 때문에 마른 잎이 생기면 빨리 제거해 주는 것이 좋아요.

아레카야자의 속명 Chrysalidocarpus는 '황금색 열매'라는 뜻으로 아레카야자의 꽃이 노란 열매처럼 보이는 데서 붙여진 이름입니다. 종명 lutescens는 '노랗게 되는'이라는 뜻이에요. 줄기가 노란색을 띠고 있어 '황야자'라고도 불립니다. 위로 부드럽게 뻗어가는 잎이 나비의 모습을 닮아 'Butterfly Palm'이라고도 하며, 깃털 같은 잎을 가졌다 하여 'Golden Feather Palm'이라는 이름으로도 불립니다.

| 식물 정보 | 난이도 | 식물분류 | 빛 | 물주기 | 비료 | 개화시기 | 최적온도 | 최저온도 |
|---|---|---|---|---|---|---|---|---|
| | 하 중 상 | 잎 | 반음지 음지 | 보통 | 봄·가을 | - | 18~24℃ | 10℃ |

관음죽
*Rhapis excelsa*

테이블야자
*Chamaedorea elegans*

대나무야자(세이프리지)
*Chamaedorea seifrizii*

아레카야자는 마다가스카르가 고향인 열대 식물입니다. 습하고 그늘진 열대우림 지역에서 자라는 식물로 햇빛이 적게 드는 그늘에서도 잘 자라지요. 잎이 부드러운 곡선으로 자라는 모습이 아름답고, 바람에 흔들리는 모습도 매력적입니다. 또 한 뿌리에서 여러 포기의 줄기가 나와 풍성하게 자랍니다. 줄기에서는 까만 점을 볼 수 있는데, 이것은 벌레도 아니고 병에 걸린 것도 아닌 원래의 모습이니 오해하지 마세요.

## Planterior (Plant + Interior)

실내의 넓은 공간에 대형 야자를 심으면 열대우림 지대의 분위기를 만끽할 수 있습니다. 마치 울창한 밀림 속으로 들어간 듯한 느낌도 들지요. 자연스럽고 시원한 분위기를 연출하는 데 좋은 식물입니다. 사무실이나 가정에서도 실내에 두고 키우면 자연의 향기도 맡을 수 있고 눈의 피로도 한결 풀릴 거예요. 아레카야자의 작은 포기나 테이블 야자는 작은 화분에 심어 미니 정원처럼 꾸밀 수도 있습니다.

### ▣ 공기정화에 좋아요

미국항공우주국(NASA)에서 선정한 에코플랜트 중 아레카야자가 1위, 동양적인 분위기를 풍기는 관음죽은 2위, 대나무 줄기를 닮은 대나무야자는 3위, 피닉스야자는 7위, 테이블야자는 21위로 다양한 야자류가 에코플랜트로 선정되었습니다. 모든 종류의 휘발성 유해물질 제거, 증산작용으로 인한 가습효과, 병충해에 강하고 관리하기에도 편한 에코플랜트입니다.

### 재·배·포·인·트
## 이렇게 키워 보세요!

1. 물은 겉흙이 마르면 화분 구멍으로 흘러나올 때까지 흠뻑 주는 것이 좋습니다. 물을 주고 난 후에는 물받이에 고인 물이 뿌리를 상하게 할 수도 있으니 모두 따라 내세요.
2. 반음지나 음지에서 키우는 것이 좋습니다. 강한 햇빛을 받으면 잎이 탈 수 있으니 주의하세요. 노란빛을 띤 잎도 음지에서 키우면 다시 녹색으로 돌아올 거예요.
3. 아레카야자는 추운 겨울 날씨에는 견디기 힘들어요. 따뜻한 실내에서 키우는 것이 좋습니다.

**Tip**

갈색의 줄기 끝을 자르면 생장점이 사라져 더 이상 자라지 못합니다. 길게 갈라진 잎 전체가 마르거나 노랗게 변했을 때는 잎 전체를 떼어 내세요.

음이온이 나오는
## 산세비에리아 스투키

Snake Plant, Mother-in-law Tongue
용설란과 *Sansevieria stuckyi*

식 물 이 야 기

한때 공기정화식물로 우리 나라를 휩쓸었던 그 식물, 산세비에리아입니다. 음이온이 나오는 식물이라고 해서 산세비에리아가 없는 곳을 찾기가 힘들 정도로 흔한 식물이 되었지요. 스투키는 이 산세비에리아의 한 종류로 스투키 또는 스터키라고 불립니다. 산세비에리아가 기능적인 능력 때문에 폭발적인 인기를 끌기는 했지만 생김새는 좀 못생긴 편이지요. 스투키는 기존의 산세비에리아와는 달리 깔끔한 외모로 호텔이나 백화점 등의 디스플레이 장식으로도 많이 쓰입니다.

산세비에리아 스투키는 기존에 보던 것과 비교하면 매우 고급스러운 분위기를 풍깁니다. 때문에 산세비에리아 종류 가운데에서도 기능성과 외모까지 출중한 스투키가 요즘 대세지요.

산세비에리아는 번식력이 좋아서 화분이 금세 꽉 찹니다. 또한 다육질의 잎에 물을 저장하기 때문에 물을 많이 주지 않아도 생명력이 아주 강한 식물이지요. 하지만 물을 좋아하지 않는다고 해서 아예 안 줘도 되는 것은 아니랍니다. 모든 식물은 물을 필요로 한다는 사실 잊지 않으셨죠? 산세비에리아 스투키는 물을 많이 주게 될 경우 줄기가 물러져서 죽는 것 외에는 해충이나 병해에도 아주 강해서 탈없이 자라는 식물입니다.

산세비에리아는 길고 뾰족하게 생긴 잎에 뱀가죽 같은 무늬를 가지고 있어 'Snake Plant'라는 이름으로

| 식물정보 | 난이도 | 식물분류 | 빛 | 물주기 | 비료 | 개화시기 | 최적온도 | 최저온도 |
|---|---|---|---|---|---|---|---|---|
| | 하 중 상 | 잎 | 반음지 음지 | 가끔 | 봄·가을 | - | 18~25℃ | 15℃ |

불리기도 합니다. 잔소리를 많이 하는 장모의 혓바닥 같다는 의미에서 'Mother-in-law Tongue'라는 조금은 무서운 이름으로도 불리지요.

산세비에리아는 종류가 다양한데 그중에서도 길쭉한 잎에 노란색 테두리가 있는 산세비에리아를 가장 많이 봤을 거예요. 그것이 산세비에리아 라우렌티 종류입니다. 노란 무늬가 없이 녹색잎만 가진 산세비에리아 트리화시아타의 세부 종류지요. 작은 크기의 하니 종류도 테이블에 놓아 두면 보기 좋습니다. 산세비에리아는 주로 잎을 감상하지만 아주 가끔씩 꽃을 피웁니다. 꽃을 피우는 경우가 드물기 때문에 산세비에리아의 꽃이 피면 행운이 온다고 하지요. 연둣빛 봉오리에 흰색의 작은 꽃들이 총총 달리는데, 향이 아주 좋고 강해서 향기에 취해 버릴 정도랍니다.

산세비에리아 트리화시아타
*Sansevieria trifasciata*

산세비에리아 라우렌티
*Sansevieria trifasciata 'Laurentii Compacta'*

산세비에리아 슈퍼바
*Sansevieria trifasciata 'Futura Superba'*

## Planterior (Plant + Interior)

산세비에리아는 정갈하게 심어 심플하게 연출하는 것이 가장 좋습니다. 작은 산세비에리아 허니를 귀엽게 장식하는 것도 좋은 방법이지요. 출중한 외모의 스투키는 세련되고 도시적인 분위기를 느낄 수 있어 디스플레이 용도로 사용하기 좋습니다. 미니 스투키를 모래와 함께 심어 놓으면 수초를 연상시키기도 합니다.

### ■ 공기정화에 좋아요

산세비에리아는 알려진 대로 음이온을 많이 발생하는 식물입니다. 다른 식물에 비해 30배 이상의 음이온이 발생한다고 하지요. 다육 식물 종류로, 일반적인 식물과는 반대로 밤에 산소를 배출해 침실에 두면 음이온과 산소가 풍부한 곳에서 잠을 이룰 수 있을 거예요.

### 재·배·포·인·트
### 이렇게 키워 보세요!

1. 물은 속흙까지 마르면 화분 구멍으로 흘러나올 때까지 흠뻑 주세요. 여름과 겨울에는 물주기를 줄이는 것이 좋습니다. 건조한 것을 좋아하므로 물을 자주 주지 마세요.
2. 햇빛을 좋아하지만 음지나 반음지에서도 잘 자랍니다. 음지에서는 웃자라거나 무늬가 흐려질 수 있으니 햇빛을 조금씩 쬐어 주는 것이 산세비에리아를 더 튼튼하고 보기 좋게 키우는 방법입니다.
3. 우리 나라의 겨울 날씨는 산세비에리아가 살기 힘든 환경이므로 실내로 옮겨서 키워야 합니다.

**Tip**

산세비에리아의 화분이 꽉 찼을 경우 포기나누기를 해서 분갈이를 하면 더욱 잘 자랍니다.

밀착!
식물
속으로

## 산세비에리아 꺾꽂이는 어떻게 할까?

### 산세비에리아 번식시키기

산세비에리아는 다육 식물 종류로 꺾꽂이를 이용해 번식시키기에 아주 좋은 식물입니다.
단, 꺾꽂이를 한 산세비에리아는 무늬가 없어지니 놀라지 마세요.

1 산세비에리아 잎을 잘라 냅니다.

2 자른 부위를 2주일 정도 직사광선을 피해 건조한 곳에서 말립니다.

3 화분에 망을 깔아 흙이 빠져나가지 않도록 합니다.

4. 망을 깐 화분에 난석을 넣어 배수층을 만들어 주세요.

5 배수와 통풍이 잘되게 하기 위해 마사토가 많이 들어간 흙을 화분에 넣어 줍니다.

6 흙에 손가락이나 막대기로 구멍을 뚫고 잎을 꽂아 줍니다.

7 물은 거의 주지 않아도 됩니다. 직사광선이 들지 않는 곳에서 한 달 이상 기다려야 뿌리가 나옵니다.

8 한 달 후 뿌리가 나오고, 새순이 나려면 3개월 정도 기다려야 합니다.

\* 위 꺾꽂이에는 산세비에리아 중 가장 흔하게 접할 수 있는 종류인 산세비에리아 라우렌티를 사용하였습니다.

# 다양한 색의 불염포가 아름다운
# 안스리움

Flamingo Flower
천남성과 *Anthurium andraeanum*

# 식　물　　　　　　　이　야　기

'어쩜 이렇게 플라스틱 느낌이 나는 꽃이 있을까?' 이것이 안스리움(안수리움)에 대한 첫 느낌이었습니다. 인위적으로 생겨서 호감이 가지 않는 꽃이었지요. 매끈하고 광택이 나는 잎과 꽃이 부자연스럽게만 여겨졌어요. 하지만 다양한 꽃들을 계속 보면서 신기하게도 생각이 바뀌게 되었습니다. 이제는 생화가 조화 같은 느낌을 낼 수 있는 것이 신기할 따름입니다.

식물은 보면 볼수록 신기하고 대단한 것 같습니다. 안스리움은 자연스러운 매력은 없지만 광택이 나는 깔끔한 줄기와 잎이 아름다운 식물입니다. 빨간색, 분홍색, 흰색, 연두색 등 안스리움의 다양한 꽃도 감상할 수 있지요. 우리가 꽃으로 알고 보는 부분은 사실 안스리움의 꽃이 아닌 불염포입니다. 포 안의 흰색 막대기같이 생긴 부분이 안스리움의 진짜 꽃이지요. 포가 아름다운 식물 중에는 스파티필룸, 포인세티아, 꽃기린, 칼라 등이 있습니다.

안스리움의 불염포는 한 번 꽃대가 올라오면 한 달 넘게 꽃을 감상할 수 있습니다. 꽃대가 지고 나면 안에서 또 새로운 꽃대가 나오니 일 년 내내 꽃을 감상할 수 있지요. 꽃대가 올라오지 않더라도 안스리움의 잎은 광택이 나고 아름다워 잎을 보는 것만으로도 큰 즐거움을 안겨 줍니다.

안스리움의 꽃은 꽃만 잘라서 꽃꽂이용 절화로도 많이 이용합니다. 꽃 하나가 손바닥만 하게 큰 종류도 있지요. 안스리움의 꽃은 다닥다닥 붙여 놓는 것보다는 얼굴이 잘 보이도록 공간을 두어 꽂는 것이 더 예쁘게 볼 수 있는 방법입니다. 절화로도 수명이 길어서 꽤 오랫동안 볼 수 있습니다.

| 식물 정보 | 난이도 | 식물분류 | 빛 | 물주기 | 비료 | 개화시기 | 최적온도 | 최저온도 |
|---|---|---|---|---|---|---|---|---|
| | 하 중 상 | 꽃 잎 | 반음지 | 보통 | 봄·가을 | 연중 | 18~24℃ | 10℃ |

### Planterior (Plant + Interior)

안스리움은 자연스러운 분위기를 추구하는 공간보다 심플하고 깔끔한 공간에서 더 빛을 발하는 식물입니다. 곧은 줄기와 넓고 광택이 나는 하트 모양의 잎이 잘 보이는 곳에 두는 것이 좋겠지요. 도자기나 스틸처럼 차가운 느낌의 화분에 심어 두면 더 세련된 느낌을 연출할 수 있어요. 암모니아를 제거하는 능력이 뛰어나므로 화장실에 두고 기르는 것도 좋은 방법입니다.

#### ■ 공기정화에 좋아요

미국항공우주국(NASA)에서 선정한 에코플랜트 가운데 종합평가 40위를 차지한 식물입니다. 실내 공기 중 휘발성 유해물질을 포함한 일산화탄소와 톨루엔 제거에 특히 더 효과적입니다. 일산화탄소와 암모니아 제거능력이 우수하므로 밝은 주방이나 화장실에서 키워도 좋습니다. 증산율이 높아 실내습도를 조절하고 가습효과도 뛰어납니다.

### 재·배·포·인·트
### 이렇게 키워 보세요!

1. 물은 겉흙이 마르고 2~3일 후에 화분 구멍으로 흘러나올 때까지 흠뻑 주는 것이 좋습니다. 안스리움은 물주기가 조금 까다로운 식물입니다. 물을 너무 많이 주면 과습한 상태가 될 수 있으므로 덜 주는 편이 낫습니다. 특히 장마철에는 과습하지 않도록 주의하세요.
2. 잎이 탈 수 있으니 강한 직사광선은 피하고 밝은 음지에 두는 것이 가장 좋습니다.
3. 추위에 약하므로 찬바람이 불기 시작하면 실내로 들여놓는 것이 좋습니다.

## 불염포란?

### 안스리움의 꽃은 꽃이 아니라고요?

네, 바로 꽃이 아닌 '불염포'지요. 실제로 다양한 색상으로 이루어져 꽃으로 알고 있는 부분이 불염포이고, 안에 있는 오돌토돌한 도깨비방망이같이 생긴 부분이 바로 꽃이랍니다. 곤봉 모양이나 회초리 모양의 꽃을 감싸고 있는 포가 변형되어 꽃처럼 화려한 모습을 하고 있는 것이지요. 이렇게 포가 발달한 식물을 여럿 볼 수 있는데 포의 생김새와 색상, 크기 또한 다양합니다.

대표적인 것으로는 청초한 아름다움을 지닌 꽃, 칼라를 들 수 있습니다. 어떤 식물보다 아름다워 꽃꽂이용으로도 많이 사용되지요. 이 밖에도 안스리움, 스파티필룸 등의 천남성과, 포인세티아, 부겐빌레아, 헬리코니아의 경우는 포엽이 크게 발달하여 꽃처럼 관상하는 식물입니다. 이렇게 포가 대형으로 변형된 경우를 불염포라고 부릅니다.

안스리움의 불염포

칼라

스파티필룸

꽃기린

화려한 꽃을 자랑하는
# 구근베고니아

Tuberous Begonia
베고니아과 *Begonia tuberhybrida*

# 식 물 이 야 기

베고니아의 꽃말은 '짝사랑'입니다. 베고니아의 꽃잎이 좌우 대칭으로 마주보고 있으나 바깥을 향한 데서 생긴 꽃말이지요. 마주보고 있어도 만날 수는 없기에 지어진 이름인가 봅니다. 일 년 내내 꽃을 아낌없이 피우기에 짝사랑이란 꽃말이 더 와 닿습니다.

베고니아는 실내화단뿐 아니라 야외의 화단 조경에도 많이 사용되는 식물입니다. 실내에서는 일 년 내내 꽃을 볼 수 있기 때문에 화사한 분위기를 꾸미기에 적합한 식물이지요.

베고니아는 안데스 산맥의 고산지대에서 자생하는 식물로 우리가 흔히 아는 꽃잎이 홑겹으로 된 베고니아 *Begonia Semperflorens* 입니다. 지금은 여러 품종을 서로 교배하여 다양한 색상과 화려한 겹꽃을 가진 원예종을 많이 만들어 냈습니다. 약 2,500여 종이 알려져 있는데 이를 꽃베고니아, 구근베고니아라고 부릅니다.

아름다운 구근베고니아는 일 년 내내 피는 베고니아와는 달리 6-9월에 꽃이 핍니다. 구근베고니아는 벨기에를 비롯한 유럽 여러 나라에서 많이 재배됩니다. 화려하고 아름다운 구근베고니아의 매력 때문인지 재배량이 계속 늘어가는 추세지요. 또한 강하고 오래가는 품종을 만들기 위한 노력도 계속되고 있

| 식물정보 | 난이도 | 식물분류 | 빛 | 물주기 | 비료 | 개화시기 | 최적온도 | 최저온도 |
|---|---|---|---|---|---|---|---|---|
| | 하 중 상 | 꽃 | 반양지 반음지 | 보통 | 봄·가을 | 6~9월 | 16~24℃ | 5℃ |

답니다.

우리 나라에서도 구근베고니아의 인기가 날로 높아지고 있습니다. 그만큼 수요가 늘어 재배하는 농가도 많아졌지요. 구근베고니아는 얼굴이 크고 빨강, 노랑, 분홍, 주황 등의 원색을 띠고 있어 화려한 분위기를 연출하기에 아주 좋은 식물입니다. 이러한 베고니아를 더 아름답게 볼 수 있는 방법은 빛을 적당히 쬐어 주는 것입니다. 빛을 많이 볼수록 꽃의 양도 늘어나지요. 반면, 빛이 없는 장소에 오래 두면 잎과 줄기가 부실해지고 꽃의 색이 선명하지 못합니다. 빛이 많이 부족하면 아예 꽃이 피지 않기도 하지요. 베고니아의 잎과 줄기는 다육질이기 때문에 물을 너무 많이 주는 것은 좋지 않습니다. 해충에 대한 저항성이 커서 웬만해선 벌레가 생기지 않지만 물이 너무 많거나 통풍이 잘되지 않으면 뿌리가 썩을 수 있으니 주의해야 합니다.

### Planterior (Plant + Interior)

원색의 화려한 베고니아 꽃은 녹색의 관엽 식물 사이에서 더욱 빛을 발하고, 지루한 공간에 활기를 불어넣어 줍니다. 알록달록 화려한 색은 어린이의 방이나 유치원에도 아주 잘 어울리지요. 경쾌하고 밝은 분위기 연출을 위해 베고니아를 이용해 보세요.

### ▣ 공기정화에 좋아요

미국항공우주국(NASA)에서 선정한 에코플랜트 중 종합평가 24위를 차지한 식물입니다.
포름알데히드 제거능력이 탁월하여 새집증후군에 효과적이지요. 증산작용도 활발하여 가습효과와 실내습도 조절에도 좋은 식물입니다.

### 재·배·포·인·트
## 이렇게 키워 보세요!

1 물은 속흙이 마르면 화분 구멍으로 흘러나올 때까지 흠뻑 주는 것이 좋습니다. 물이 과하면 뿌리와 줄기가 물러질 수 있어요.
2 구근베고니아는 반음지나 음지에서도 잘 자라지만 햇빛을 많이 쪼일수록 더 풍성한 꽃과 잎을 피워 냅니다.
3 추위에 매우 약하므로 찬바람이 불기 전에 따뜻한 실내로 들여놔야 합니다.

# 7

## 향기 나는 허브 식물

로즈메리 ● 애플민트 ● 장미허브 ● 율마

바람결에 솔솔 묻어나는 허브 향기를
맡을 때마다 행복을 느낍니다.
허브는 관상용뿐만 아니라 식용이나 약용으로도 사용하지요.
단순히 허브를 키우는 것을 넘어 허브를 이용해
음료, 음식, 장식품 등을 만들면 또 다른 즐거움을 맛볼 거예요.

달콤한 향기를 지닌 천연 방향제
# 로즈메리

Rosemary
꿀풀과 *Rosmarinus officinalis*

# 식 물 이 야 기

허브는 오래전부터 약으로 많이 이용되었습니다. 지금으로부터 5,000년 전 중국에서 허브에 대해 연구한 기록이 남아 있습니다. 인도의 유명한 의학서에도 500여 종의 허브약제가 체계적으로 기록되어 있으며 이집트에서는 정원에 허브를 심어 다양하게 이용한 기록이 벽화와 파피루스에 남아 있지요. 주로 허브를 이용하여 목욕을 하거나 신앙적인 모임을 위한 향료로 이용했습니다. 또한 시신을 방부하기 위해 썼다고 하니 허브의 용도는 참 다양했던 것 같습니다.

이집트와 인도에서 수천 년 동안 발달했던 허브는 그리스, 아시아, 아프리카, 유럽 등지에 알려지게 되었습니다. 지중해 연안에서 구하기 쉬워 유럽에서도 다양하게 사용되었지요.

향기 나는 허브 종류 가운데 가장 흔하게 알려진 것이 바로 로즈메리일 것입니다. 로즈메리의 속명 Rosmarinus는 라틴어의 이슬$_{ros}$과 바다$_{marinus}$의 합성어이며, '바다의 이슬'이라는 뜻으로 자생지의 해변에서 독특한 향기를 발한다는 의미에서 붙여진 이름입니다. 이름처럼 식물 전체에서 아주 강한 향기를 뿜어내 손으로 살짝만 스쳐도 진한 허브 향기가 전해지지요.

로즈메리의 고향은 강렬한 태양과 푸른 바다가 아름다운 지중해 연안입니다. 아름다운 남프랑스 해안의 바위틈에

| 식물정보 | 난이도 | 식물분류 | 빛 | 물주기 | 비료 | 개화시기 | 최적온도 | 최저온도 |
|---|---|---|---|---|---|---|---|---|
| | 하 중 상 | 꽃 잎 | 양지 반양지 | 보통 | 봄·가을 | 5~7월 | 15~25℃ | 0~10℃ |

다양한 로즈메리의 꽃

서 자생하고 있지요. 자생지에서는 2m가 넘는 크기까지 자라는 나무입니다. 로즈메리는 지중해와 잘 어울리는 연하늘색, 연보라색, 연분홍색, 흰색의 꽃을 피우기도 합니다. 지금은 전 세계에 널리 분포되어 어디서라도 로즈메리를 볼 수 있습니다.

우리 나라에서는 산나물을 뜯어 쌈도 싸먹고 말려서 요리에 이용하며 데쳐먹기도 합니다. 로즈메리가 자생하는 지역에서는 로즈메리뿐만 아니라 다양한 허브들이 자라므로 마치 우리가 산나물을 뜯어먹듯 허브를 뜯어 요리를 하고 차로 우려 마시기도 하며 치료용으로도 이용합니다.

로즈메리는 예전부터 유대인, 그리스인, 이집트인, 로마인들에게 성스러운 식물로 여겨졌습니다. 중세 사람들도 로즈메리의 산뜻하고 강한 향이 악귀를 물리친다고 하여 신성한 힘을 가진 허브로 생각했지요. 이 밖에도 로즈메리는 진정·소화·수렴·항균작용을 하며 두통 해소에도 큰 효과가 있습니다.

## Planterior (Plant + Interior)

직립으로 자라는 로즈메리는 형태를 그대로 살리거나 토피어리로 만들어 사용할 수 있습니다. 늘어지면서 자라나는 포복성이 있는 로즈메리는 풍성하게 흘러내리며 자라는 모습을 자연스럽게 연출하는 것이 좋지요. 여러 종류의 허브를 각각의 화분에 심으면 자연스러운 정원을 만들 수 있어요. 허브 자체는 화려하지 않지만 작고 하늘하늘한 꽃을 피워 은은한 아름다움이 있습니다. 로즈메리는 기억력 향상에 좋다고 하니 공부방이나 서재에 놓아 보세요.

### ▣ 공기정화에 좋아요

로즈메리는 톨루엔, 포름알데히드 등의 휘발성 유해물질을 제거하는 능력이 아주 탁월한 식물입니다. 증산량이 많아 실내의 습도유지에 큰 효과가 있으며 음이온의 발생량이 아주 풍부합니다. 에코플랜트 중 가장 탁월한 식물이지요. 악취제거에도 효과적이므로 말린 로즈메리를 신발장이나 장롱, 냉장고에 넣어 사용해도 좋습니다. 집의 입구나 베란다 창문에 말려서 걸어 두면 방충효과를 볼 수 있습니다.

### 재·배·포·인·트
##  이렇게 키워 보세요!

1. 물은 겉흙이 마르고 2~3일 정도 후 화분 구멍으로 흘러나올 때까지 흠뻑 주는 것이 좋습니다. 여름 이후에는 건조하게 관리해야 향을 풍성하게 만들어 줍니다.
2. 허브 종류는 통풍이 아주 중요합니다. 찬바람이 불기 전까지는 실외에 두면 더 튼튼하게 잘 자랍니다. 실내에서 길러야 하는 상황이면 자주 환기를 시켜 주는 것이 좋지요. 통풍이 되지 않으면 곰팡이가 생기거나 약해져서 시들어 버릴 수도 있어요.
3. 허브는 햇빛이 풍부한 곳에 두는 것이 좋습니다. 햇빛을 잘 받으면 튼튼하게 잘 자라나지만 그렇지 못하면 약해지거나 웃자람이 심할 수 있어요.
4. 로즈메리는 다른 허브에 비해 추위에 강한 편이므로 짚으로 덮어 주면 실외에서 겨울을 날 수 있지만 되도록이면 실내로 옮기는 것이 좋습니다.

**Tip**

로즈메리를 과용하는 것은 좋지 않으며 특히 임산부는 피하는 것이 좋습니다.

### 로즈메리 활용하기

로즈메리를 키우면 정서적인 효과뿐만 아니라 차와 음료 등 식생활에 다양하게 이용할 수 있습니다. 로즈메리 중에서도 향이 좋은 토스카나 블루 종은 요리에 많이 사용됩니다.

1. 로즈메리의 잎을 말려 뜨거운 물로 우리면 향기 좋은 차를 마실 수 있어요.
2. 로즈메리 오일 또는 비니거로 만들어 요리에 이용해 보세요.
3. 고기류나 생선요리에 올려 비린내를 제거할 수 있어요.
4. 냉장고에 넣어 음식냄새를 제거할 수 있어요.
5. 장롱 속에 넣어 벌레 퇴치에 사용합니다.
6. 포푸리를 만들어 집 안 곳곳에서 허브향을 맡아 보세요.

**밀착! 식물 속으로**

## 로즈메리의 개체수를 늘리고 싶어요!

### 로즈메리 번식시키기

**1** 꺾꽂이할 줄기를 자릅니다. 가지치기를 하여 나온 줄기들을 이용해도 좋습니다.

**2** 가지 밑부분의 잎을 정리해 주세요.

**3** 물 속에 1시간 정도 담가 물올리기를 합니다. 뿌리가 나올 때까지 물에 꽂아 두었다가 뿌리가 나오면 옮겨 심어도 됩니다.

**4** 흙이 빠져나가지 않게 화분에 망을 깔아 줍니다.

**5** 난석이나 마사토를 넣어 배수층을 만듭니다.

**6** 배수층 위에 흙을 넣어 줍니다.

**7** 흙에 줄기를 꽂을 수 있는 구멍을 만듭니다.

**8** 구멍 속에 줄기를 꽂아 흙을 덮어 주면 새로운 화분이 완성됩니다. 화분 구멍에서 물이 나올 때까지 물을 흠뻑 줍니다.

상큼한 사과향을 품은
# 애플민트

Apple Mint, Woolly Mint
꿀풀과 *Mentha suaveolens*

식 물 이 야 기

사과향이 솔솔 나는 애플민트는 민트의 한 종류입니다. 민트는 종류가 매우 다양해 전 세계적으로 40여 종이 있습니다. 박하라고도 하며, 약 2,000년 전부터 민트를 가꾸어 온 것으로 알려져 있고, 대부분이 온대 지역에서 자생하거나 재배되고 있지요. 유럽에서는 민트 잎이나 새순을 많이 사용합니다.

민트에는 멘톨Mentol이라는 성분이 들어 있어 상쾌하고 독특한 향과 맛을 냅니다. 껌이나 사탕, 아이스크림에도 이 향을 첨가한 것을 많이 볼 수 있지요. 민트는 향이 좋아 소스에 첨가하거나 말려서 조미료로 사용하며 양, 간, 치즈요리에 넣어 비린내를 제거합니다. 디저트나 음료에 첨가하여 맛을 돋우거나 요리에 잎을 올려 장식적인 효과도 얻을 수 있지요. 이 밖에도 살균능력이 탁월하여 치약, 비누, 클렌저의 원료가 되기도 합니다. 말린 민트는 포푸리로 만들어 살균, 방충효과를 가진 방향제로도 사용할 수 있어요.

민트는 기본적으로 개운한 향을 가지고 있지만 그 종류에 따라 맛과 향이 조금씩 달라요. 페퍼민트는 개운하고 강한 향이 나며, 스피아민트는 달콤하고 상큼한 향을 냅니다. 파인애플민트는 어릴 때는 파인애플 향이 나지만 커가면서 민트향이 납니다. 고혹적인 향이 나는 오데코롱민트는 향수나 화장품 등에 이용됩니다.

| 식물 정보 | 난이도 | 식물분류 | 빛 | 물주기 | 비료 | 개화시기 | 최적온도 | 최저온도 |
|---|---|---|---|---|---|---|---|---|
| | 하 중 상 | 꽃 잎 | 양지 · 반양지 · 반음지 | 자주 | 봄 · 가을 | 7~9월 | 15~25℃ | 0℃ |

민트는 배수 상태가 좋은 땅이라면 어디서든 잘 자랍니다. 또한 생육이 아주 빠르고 성장력이 좋아 땅에 심으면 주변의 다른 식물이 잘 자라지 못할 정도로 그 기세가 강하여 단독으로 심는 것이 좋습니다. 잘 자랄 수 있도록 넓은 화분에 심거나 포기 간격을 넓게 심어야 합니다. 민트는 포복성으로 늘어지며 자라는 종류와 직립으로 자라는 종류로 나뉘는데, 애플민트의 경우는 직립으로 자라다 어느 정도 자라면 포복성으로 늘어집니다. 늦여름에서 초가을 사이에는 흰색이나 분홍색의 꽃이 피어나기도 합니다.

● ● ● ●

민트의 주성분인 멘톨은 꽃이 피기 전에 함량이 가장 높기 때문에 이 시기에 줄기와 잎을 수확하여 사용하는 것이 좋습니다. 꽃을 이용할 때는 꽃이 피기 시작하면 바로 수확하여 사용하는 것이 좋지요. 애플민트는 신선한 상태에서 건조시켰을 때 더 향기롭습니다. 건조시켜 사용하는 것도 좋지만 냉동시켜서 저장하는 것이 민트의 향을 더 풍성하게 즐길 수 있는 방법입니다.

## Planterior (Plant + Interior)

다양한 허브를 여러 개의 화분을 이용해 심으면 하나의 허브 정원처럼 꾸밀 수도 있고, 채소밭처럼 재배할 수도 있어 키우는 재미가 배가 될 거예요. 민트 종류는 아주 빠르게 성장하므로 금방 풍성한 정원을 이룰 것입니다. 자연스럽고 소박한 허브 정원을 만들어 보세요. 해가 잘 드는 부엌의 창가에 두고 요리할 때 한 줄기씩 사용해 보는 것도 좋아요.

### ■ 공기정화에 좋아요

농촌진흥청에서 92종의 식물을 이용해 식물의 가습효과에 대해 연구를 했는데, 그중 애플민트는 실내습도를 높이는 식물로 평균 이상의 성적을 거두었습니다. 이뿐만 아니라 포름알데히드 제거에도 효과적이며 말려서 창문에 걸어 두면 벌레의 접근을 막을 수 있습니다.

### 재·배·포·인·트 이렇게 키워 보세요!

1. 물은 겉흙이 마르면 화분 구멍으로 흘러나올 때까지 흠뻑 주는 것이 좋습니다. 습한 여름에는 건조하게 관리하는 것이 좋지요.
2. 허브 종류는 통풍이 아주 중요합니다. 찬바람이 불기 전까지는 실외에 두면 더 튼튼하게 잘 자랍니다. 실내에서 기를 때는 자주 환기를 시키는 것이 좋습니다. 통풍이 되지 않으면 곰팡이가 생기거나 약해져서 시들어 버릴 수 있어요.
3. 햇빛이 풍부한 곳에 두는 것이 좋습니다. 햇빛을 잘 받으면 튼튼하게 잘 자라지만 그렇지 못하면 약해지거나 웃자람이 심해질 수 있어요.
4. 민트 종류는 빠른 성장 속도를 보이므로 넉넉한 크기의 화분에 심는 것이 좋습니다. 땅에 심을 경우에는 포기와 포기 사이를 넓게 심는 것이 좋아요.
5. 낮은 온도에도 잘 견뎌 노지에서 겨울을 나고 봄이 되면 다시 새순이 올라옵니다.

**Tip**

다른 종류를 가까이에 심으면 교잡하기 쉬우니 따로 심는 것이 좋아요.

**관련상식 + 더하기**

**애플민트를 이용한 무알코올 모히토 만들기!**

민트를 이용하여 시원한 음료를 만들 수 있어요. 바로 상쾌한 청량감이 느껴지는 모히토랍니다. 모히토는 럼, 레몬즙, 물 및 설탕으로 만들어 민트로 장식한 음료지요. 여기에 신선한 라임을 넣으면 여름철 더위도 말끔히 물리칠 수 있습니다.

**재료** 민트(애플민트, 스피아민트 중 선택), 라임(라임 또는 라임 원액), 탄산수(일반 토닉워터 또는 페리에 라임), 레몬, 설탕, 얼음

**TIP**
민트를 마트에서 구입했을 시 물에 오래 담가 두면 향이 다 빠져나가 버립니다. 사용하기 전 10분 정도 담갔다가 냅킨으로 덮어 냉장고에 보관하여 사용하세요.

## HOW TO

1 화분에서 민트 잎을 잘라 깨끗하게 씻습니다.

2 민트 잎을 10개 정도 절구에 넣고 향이 날 정도로 즙을 낸 후, 컵에 담습니다.

3 직접 즙을 낸 라임 2조각 또는 라임 주스 2스푼을 넣습니다.

4 설탕 1스푼을 넣습니다.

5 소주잔 크기의 컵으로 탄산수 2잔을 넣고 잘 섞어 줍니다.

6 얼음을 갈아 넣습니다.

7 민트 잎과 라임 조각을 띄웁니다.

8 탄산수를 부어 취향에 맞게 농도를 조절합니다.

9 마지막으로 유리잔에 레몬, 라임 슬라이스를 꽂아 장식하면 완성!

장미가 피어나는 모양의 다육질 향기 식물
# 장미허브

Vicks Plant, Succulent Coleus
꿀풀과 *Plectranthus tomentosa*

## 식물 이야기

장미허브는 장미가 피어나는 모양의 도톰하고 보송보송한 잎을 가진 허브입니다. 살짝 스쳐도 달콤하고 상큼한 향이 나지요. 한글명은 따로 없지만 일반적으로 유통명인 장미허브로 잘 알려져 있습니다. 장미허브의 영문명인 Vicks Plant는 Vicks Viporub이라는 크림 향기와 비슷해서 붙여진 이름이에요. 허브로 불리기는 하지만 다육 식물과 같은 성질을 가진 허브 중 하나지요.

로즈메리, 라벤더, 세이지 등 허브는 우리 일상에서 쉽게 접할 수 있는 식물이지만 실내에서 허브를 기르는 일은 생각보다 쉽지 않습니다. 햇빛을 받지 못하거나 통풍이 잘되지 않으면 바로 잎이 처지고 병충해의 피해도 생기기 때문이지요. 하지만 이 장미허브는 도톰한 다육질의 잎을 가지고 있어 여느 허브와는 달리 튼튼하게 잘 자랍니다.

일반 식물처럼 물을 주면 아래부터 잎이 누렇게 변해 떨어지고, 과하면 잎과 줄기가 물러져 죽게 되지요. 장미허브는 다육 식물을 키우듯이 물을 적게 주면 더 잘 자랍니다. 향기 나는 허브를 키우고 싶은데 자신이 없다면 바로 이 장미허브가 최고입니다. 번식력도 좋아서 잎이나 잘린 줄기를 흙속에 꽂아 놓기만 해도 뿌리를 내려 새순을 바글바글 올려 주지요. 하지만 장미허브는 여느 허브와는 다르게 식용으로 잘 사용하지 않습니다.

| 식물 정보 | 난이도 | 식물분류 | 빛 | 물주기 | 비료 | 개화시기 | 최적온도 | 최저온도 |
|---|---|---|---|---|---|---|---|---|
| | 하 중 상 | 잎 | 양지 · 반양지 · 반음지 | 보통 가끔 | 봄 · 가을 | - | 19~29℃ | 10℃ |

## Planterior (Plant + Interior)

장미허브는 싱그러운 연둣빛에 잔잔한 솜털을 가지고 있어 튀지 않으면서 포근한 느낌을 줍니다. 자연스러운 느낌의 토분에 심어도 좋고 깔끔하고 세련된 느낌의 심플한 화분에 심어도 잘 어울리지요. 어떤 장소에도 잘 어울리는 식물로서 기르는 사람의 개성과 취향에 따라 다양하게 연출할 수 있습니다.

### ▪ 공기정화에 좋아요

농촌진흥청에서 92종의 식물을 이용해 식물의 가습효과에 대해 연구한 결과, 그중 장미허브가 증산작용을 통해 실내습도를 올리는 데 가장 큰 효과가 있는 것으로 나타났습니다. 집 안에서 천연 가습기 역할을 하는 것이지요. 집 안의 환경이나 식물을 배치하는 정도에 따라 그 효과가 달라지지만 실내에 식물을 많이 배치하는 것이 실내습도 유지에 더 효과적입니다.

## 재·배·포·인·트
### 이렇게 키워 보세요!

1. 물은 속흙이 마르면 화분 구멍으로 흘러나올 때까지 흠뻑 주는 것이 좋습니다. 물을 많이 주면 잎이 노랗게 변해서 떨어지고, 심하면 뿌리와 줄기가 물러 버려요.
2. 건조함에 강하고 과습에는 약하니 물빠짐이 좋은 흙에 심는 것이 좋습니다.
3. 장미허브는 반음지에서도 잘 자라지만 햇빛을 많이 쪼일수록 더 단단하고 통통하게 자라요. 햇빛을 충분히 받지 못하면 웃자라거나 모양이 흐트러져 버려요.
4. 추위에 약하므로 찬바람이 불기 전에 따뜻한 실내로 들여놔야 합니다.

밀착!
식물
속으로

## 장미허브의 개체수를 늘려 보아요!

### 장미허브 번식시키기

**장미허브 꺾꽂이**

장미허브는 번식이 아주 잘되는 종류입니다. 어디서든 흙에 꽂아만 두면 새로운 개체로 다시 태어나지요. 가지치기를 하고 남은 줄기나 실수로 건드려 꺾인 줄기, 떨어진 잎을 이용해서도 쉽게 꺾꽂이를 할 수 있습니다.

1 꺾꽂이할 줄기를 잘라 냅니다.

2 자른 장미허브 줄기 밑부분의 잎을 정리합니다.

3 화분에 망을 깔고 마사토를 이용한 배수층을 만듭니다.

4 흙을 넣고 줄기를 꽂을 수 있는 구멍을 뚫어 줍니다.

5 구멍 속에 장미허브 줄기를 꽂고 흙을 덮어 주세요.

6 새로 완성된 장미허브 화분입니다. 물은 거의 주지 않아도 됩니다. 물을 많이 주면 오히려 줄기가 물러 버릴 수 있어요.

줄기꽂이에 뿌리가 난 모습

잎꽂이에 뿌리가 난 모습

**TIP**
꺾꽂이를 할 때 자른 줄기를 물속에 1시간 정도 담가 물올리기를 해도 좋지만, 장미허브의 경우 물올리기를 생략해도 뿌리를 잘 내립니다.

레몬향의 작은 나무
# 율마

Goldcrest Monterey Cypress
측백나무과 *Cupressus macrocarpa* 'Goldcrest'

### 식 물 이 야 기

율마는 한 그루의 나무를 화분에 들여놓은 것 같은 느낌을 줍니다. 잎을 손으로 훑어 주면 레몬향이 퍼져 기분을 좋게 만들지요. 율마의 밝은 연둣빛 작은 잎은 이른 봄에는 싱그럽고 여름에는 시원하며 겨울에는 크리스마스 트리로도 이용할 수 있습니다. 사계절을 즐겁게 하는 고마운 나무지요. 또한 원하는 모양으로 토피어리를 만들 수도 있습니다.

율마는 피톤치드를 많이 내뿜는 식물로도 유명합니다. 삼림욕을 하면 마음이 편안해지고 몸도 건강해지지요. 삼림욕을 통해 우리 몸속에 피톤치드가 들어오기 때문입니다. 몸에 좋은 피톤치드를 풍성하게 뿜어내는 화초가 바로 율마랍니다.

율마는 다양한 매력을 지니고 있지만 성격이 조금 까칠합니다. 율마도 허브의 한 종류로 햇빛이 잘 들고 통풍이 잘되는 곳을 좋아합니다. 햇빛이 부족하거나 물이 마르면 잎은 싱그러운 연둣빛을 금세 잃고 말지요. 곧바로 녹색이나 갈색으로 변하면서 말라가 모양도 엉성해집니다. 율마는 많이 자라면 속까지 햇빛이 잘 들어가지 못하기 때문에 안쪽 잎들이 마르는 현상이 나타날 수 있습니다. 그럴 때는 마른 잎을 제거해 주는 것이 좋습니다. 율마는 잎이 따갑기도 하고 손으로 잎을 제거하다 보면 줄기까지 함께 잘릴

| 식물정보 | 난이도 | 식물분류 | 빛 | 물주기 | 비료 | 개화시기 | 최적온도 | 최저온도 |
|---|---|---|---|---|---|---|---|---|
| | 하 중 상 | 잎 | 양지 반양지 | 보통 | 봄·가을 | - | 10~25℃ | 3~8℃ |

수 있으니 가위를 사용하는 게 좋습니다. 물도 잘 주고 햇빛을 잘 쪼였는데도 불구하고 잎이 누렇게 지기도 하지만 몇 번 겪어 보면 율마가 무엇을 원하는지 알 수 있게 됩니다. 실패하더라도 율마 기르기에 도전해 보세요. 조금만 관심을 가지면 율마가 한 그루의 나무로 예쁘게 커서 뿌듯함과 즐거움을 가져다 줄 거예요.

### 피톤치드란?

숲 속에서 삼림욕을 하면 기분이 상쾌해지고 스트레스가 풀리는 것을 느낄 수 있지요. 그것은 바로 삼림욕을 통해서 나무가 뿜어내는 피톤치드를 마셨기 때문입니다. 피톤치드란 식물이 병원균, 곰팡이, 해충에 저항하려고 뿜어내는 물질입니다. 피톤치드를 마시면 마음이 편안해지고 살균작용을 통해 몸이 건강해진다고 하니 식물을 자주, 많이 접하세요.

## Planterior (Plant + Interior)

율마는 싱그럽고 사랑스러운 연둣빛으로 삭막한 실내에 생명력을 불어넣습니다. 카페나 정원의 입구 양쪽에 두면 주변을 환하게 만드는 훌륭한 웰컴 플랜트가 되기도 하지요. 유럽의 정갈한 토피어리 정원을 연상시키기도 합니다. 실내공간에 여러 개의 율마 화분을 줄줄이 세워 놓으면 율마의 매력이 한층 더 부각될 수 있어요. 율마를 이용해 지루한 실내공간을 싱그럽고 세련된 공간으로 만들어 보세요.

###  재·배·포·인·트 이렇게 키워 보세요!

1. 물은 겉흙이 마르면 바로 화분 구멍으로 흘러나올 때까지 흠뻑 주는 것이 좋습니다. 물이 마르면 금방 잎 색깔이 변하고 말라가지요.
2. 잎 사이사이로 통풍이 잘되지 않으면 잎이 누렇게 변할 수 있어요. 잎이 무성해지면 잎 안쪽에 마른 잎이 없는지 수시로 확인하고, 있을 경우에는 바로 제거해 주는 것이 좋습니다.
3. 율마는 햇빛을 아주 좋아하므로 햇빛이 잘 드는 곳에 두는 것이 좋습니다. 햇빛이 부족하면 잎 색깔이 변해 버리지요.

**Tip**

율마 잎은 피부가 민감한 사람에게는 트러블을 일으킬 수 있으며 꽃가루 또한 알레르기를 유발한다고 하니 주의하세요.

## part 3 계절별로 보는 화초 이야기

계절이 바뀌면 옷이 변하고 좋아하는 색이 변하듯
각 계절의 분위기에 맞는 식물이 있습니다.
봄, 여름, 가을, 겨울 각 계절별로 어울리는 식물에는
무엇이 있는지 알아볼까요?

# 1

## 봄을 부르는 식물

히아신스 • 무스카리 • 수선화 • 튤립 • 양골담초(애니시다) • 캄파눌라

식물도 봄이 되면 새로운 모습으로 태어납니다.
봄을 전해 주는 식물 중에는 양파처럼 동그랗게 생긴
알뿌리 식물이 대표적입니다. 알뿌리 식물은 생장에 필요한 양분을
저장하는 것이 특징이지요. 특히 초봄에 피는 수선화는
절화뿐만 아니라 화분으로 구입할 수 있는 대표적인 봄 식물입니다.
이 밖에도 히아신스, 무스카리, 튤립, 양골담초, 캄파눌라도
봄 분위기를 물씬 풍기는 식물입니다.

달콤한 향기를 지닌 천연 방향제
# 히아신스

Hyacinth
백합과 *Hyacinthus orientalis*

식 물 이 야 기

꽃을 늘 가까이에서 보지만 제가 해마다 집으로 데리고 가는 꽃들이 있다면 바로 봄의 알뿌리 식물입니다. 수선화, 히아신스, 무스카리, 크로커스, 튤립이 대표적이지요. 긴 겨울을 지내면서 꽃을 그리워한 때문인지 알뿌리 식물은 어떤 꽃들보다도 반갑고 애착이 갑니다.

수선화, 히아신스, 무스카리는 향기도 좋아서 천연 방향제가 따로 없지요. 그중에서도 히아신스는 달콤하고 그윽한 향이 그 어떤 꽃보다 진합니다. 히아신스 화분 하나면 방 안을 향기로 가득 채울 수 있지요. 이렇게 향이 진하고 풍부한 히아신스는 향료나 오일의 원료가 되기도 합니다.

최근에는 히아신스가 화분에서 꽃을 키우는 용도뿐 아니라 꽃꽂이용 절화로도 많이 유통됩니다. 특히 히아신스로 만든 부케를 선호하는 신부들이 늘어나면서 고급스러운 부케로도 많이 사용하지요. 히아신스는 꽃송이가 두툼하고 물을 머금고 있기 때문에 부케뿐만 아니라 물 공급이 어려운 화관 장식으로도 사용하기에 좋은 꽃입니다.

이렇게 향기롭고 사랑스러운 히아신스는 슬픈 전설을 간직하고 있습니다.

| 식물 정보 | 난이도 | 식물분류 | 빛 | | 물 주기 | 비 료 | 개화시기 | 최적온도 | 최저온도 |
|---|---|---|---|---|---|---|---|---|---|
| | | | 개화 전 | 개화 후 | | | | | |
| | 하 중 상 | 꽃 | 양지 | 반양지 반음지 | 보통 | 봄 | 3~4월 | 10~23℃ | 5℃ |

태양신 아폴로는 히아킨토스라는 소년을 매우 사랑하였습니다. 그래서 아폴로는 운동할 때 늘 이 소년을 데리고 다녔지요. 다른 젊은이들이 히아킨토스를 질투할 정도였어요.

어느 날, 아폴로는 들판에서 원반던지기 놀이를 하다가 머리 위로 힘껏 원반을 던졌습니다. 이를 본 히아킨토스는 원반을 던져 보고 싶은 생각이 들어 아폴로가 던진 원반을 잡으려 급히 뛰었지요. 이때 평소 아폴로를 미워하던 서풍의 신 제피로스는 이 광경을 보고 좋은 기회라 여기고 히아킨토스가 있는 곳으로 역풍을 불어 보냈습니다. 그러자 원반이 히아킨토스의 머리에 부딪쳤고 그는 숨을 거두고 말았어요. 이를 본 아폴로는 히아킨토스를 안은 채 슬퍼했지요. 그때 히아킨토스의 피로 붉게 물들었던 풀들 속에서 한 송이 꽃이 피어났습니다. 아폴로는 피어난 꽃을 보며 슬픔을 삭였는데, 이 꽃이 바로 히아신스입니다.

### Planterior (Plant + Interior)

히아신스는 흰색, 분홍, 자주색, 보라색 꽃이 흔합니다. 흰색과 분홍은 은은한 분위기를 내고 진한 보라, 자주색의 히아신스는 화려하고 경쾌한 분위기를 자아내지요. 다양한 색의 히아신스를 한데 모아 심거나 여러 개의 화분을 같이 놓아 두고 보는 것도 좋은 방법입니다. 히아신스 꽃이 시들어 버렸거나 머리가 무거워서 쓰러진다면 꽃대를 잘라 꽃병에 꽂아 두어도 오랫동안 꽃을 감상할 수 있습니다.

### 재·배·포·인·트
### 이렇게 키워 보세요!

1. 꽃이 피기 전에는 햇빛이 잘 드는 창가에 두는 것이 좋아요.
2. 꽃이 피어 있는 동안에는 통풍이 잘되고 서늘한 그늘에서 키우세요. 지나치게 더운 실내에 있게 되면 꽃이 너무 금방 피고 질 수 있기 때문이지요.
3. 물은 겉흙이 마르면 화분 구멍으로 흘러나올 때까지 흠뻑 줍니다. 꽃이 피어 있는 동안에는 물을 더 많이 필요로 하니 물 관리에 주의해야 합니다.
4. 물이 너무 많은 경우에는 알뿌리가 물러질 수 있으니 늘 확인하세요. 알뿌리가 물러졌다면 건조해질 때까지 물을 주지 않는 것이 좋습니다.

밀착!
식물
속으로

## 알뿌리 식물, 내년에 또 만나자!

**알뿌리 색으로 꽃 색깔 맞추기**

꽃이 아직 피지 않았는데 어떤 색깔의 꽃이 필지 궁금하다고요? 알뿌리에 그 정답이 숨어 있습니다. 흰색 알뿌리에서 흰꽃이 피는 것처럼 알뿌리의 색이 짙을수록 피는 꽃의 색깔이 진해지지요. 분홍, 자주색 등은 구근에 따라 구별이 힘든 경우도 있으나 흰색은 쉽게 알아볼 수 있습니다.

알뿌리 식물은 한 달 정도 꽃을 예쁘게 피우고 나면 점차 시들어갑니다. 하지만 잘못 키워서 죽이는 것이 아니니 슬퍼하지 마세요. 지극히 자연스러운 현상입니다. 그래도 아쉽다면 다음 해에 또 꽃을 볼 수 있는 방법이 있으니 다음 페이지를 살펴보세요.

## 알뿌리 식물 구근 보관 및 관리

**1** 꽃이 시들고 나면 꽃대를 잘라 주세요. 잎은 계속해서 광합성을 하여 영양분을 공급할 수 있도록 그대로 둡니다.

**2** 개화 후 40일 동안은 알뿌리가 가장 비대해지는 시기이므로 꽃이 졌다 하더라도 햇빛이 잘 드는 곳에서 물과 비료를 충분히 주어 알뿌리를 튼튼하게 만듭니다.

**3** 6월 : 잎이 누렇게 말라가기 시작하면 잎을 모두 자릅니다. 알뿌리가 상하지 않게 파내어 통풍이 잘되는 어두운 그늘에서 말립니다.

**4** 9~10월 : 알뿌리를 신문지에 말아서 냉장고 채소칸에 넣어 40~60일 동안 저온 처리합니다.

**5** 10~12월 : 알뿌리의 2~3배 정도 되는 깊이의 흙에 다시 심습니다. 화분에 심을 경우에는 뿌리가 뻗을 자리를 충분히 마련해 주기 위해 얕게 심는 것이 좋지요. 싹이 난 알뿌리는 싹과 알뿌리가 살짝 보이도록 심습니다.

　1~3월 : 화분의 겉흙이 말랐을 때 물을 흠뻑 주며 관리합니다. 2월경에 물이 부족하면 꽃이 잘 피지 않으므로 건조하지 않게 합니다.

**6** 3~5월 : 이 시기가 되면 예쁜 꽃을 다시 볼 수 있습니다.

+ 봄에 피는 알뿌리 식물은 더운 여름이 되면 휴면기에 접어듭니다. 원산지에서는 이 시기가 대체로 건조하므로 땅속에 두어도 무방하지만 우리 나라는 고온다습한 여름 기후 때문에 구근이 썩을 수 있으므로 위에서 설명한 방법을 사용합니다.

포도송이를 닮은 사랑스러운 보랏빛
# 무스카리

Blue Grape Hyacinth
백합과 *Muscari armeniacum*

# 식 물 이 야 기

저에게 가장 좋아하는 꽃을 고르라고 한다면 망설이지 않고 이름을 대는 식물이 있습니다. 바로 사랑스러운 보랏빛 꽃을 가진 무스카리입니다. 포도송이를 거꾸로 달아 놓은 듯 보랏빛을 자랑하는 무스카리는 첫눈에 반하기에 충분한 매력적인 꽃입니다. 포도송이를 닮은 꽃 모양 때문에 Grape Hyacinth라는 이름으로도 불립니다. 히아신스와는 친척 정도 되는 사이지요. 처음에는 꽃 모양으로, 다음에는 은은한 향기에 반하게 되는 것이 무스카리입니다. 하지만 수선화나 히아신스 같은 다른 알뿌리 식물에 밀려 빛을 발하지 못하고 있는 것도 사실입니다. 무스카리의 매력을 아는 사람으로서 매우 아쉬운 일이지요.

꽃집 주인들이 도매 농장에서 무스카리를 구입할 때, 판매보다는 자신들의 무스카리를 향한 사랑 때문에 사가는 경우도 많다고 해요. 가까이서 보고 있을수록 더 사랑하게 되는 블랙홀 같은 꽃이거든요. 한 알뿌리에서 꽃대가 여러 개 올라오기 때문에 다른 알뿌리 식물에 비해 더 오랫동안 감상할 수도 있습니다. 연보라색보다는 덜 알려졌지만 흰색의 무스카리 또한 청초한 매력을 지녔지요. 돌아오는 봄에는 무스카리의 매력에 한번 빠져 보세요.

| 식물 정보 | 난이도 (하 중 상) | 식물분류 (꽃) | 빛 | | 물주기 (보통) | 비료 (봄) | 개화시기 (4~5월) | 최적온도 (13~16℃) | 최저온도 (5℃) |
|---|---|---|---|---|---|---|---|---|---|
| | | | 개화 전 (양지 반양지) | 개화 후 (반음지) | | | | | |

## Planterior (Plant + Interior)

무스카리는 보랏빛의 알알이 박힌 꽃이 무리지어 피어나 아주 사랑스럽습니다. 보라색은 꽃에서 흔하게 볼 수 있는 색상이 아니므로 신비로움과 고상한 느낌을 더해 줍니다. 세련된 색상으로 봄에 실내 꽃장식을 하고 싶다면 무스카리가 제격입니다.

### 재·배·포·인·트
### 이렇게 키워 보세요!

1. 꽃이 피기 전에는 햇빛이 잘 드는 창가에 두는 것이 좋아요.
2. 꽃이 피어 있는 동안에는 통풍이 잘되고 서늘한 그늘에서 기르세요. 지나치게 더운 실내에 있게 되면 꽃이 너무 금방 피고 질 수 있기 때문이지요.
3. 물은 겉흙이 마르면 화분 구멍으로 흘러나올 때까지 흠뻑 줍니다. 꽃이 피어 있는 동안에는 물을 더 많이 필요로 하니 물 관리에 신경을 쓰세요.
4. 물이 너무 많은 경우는 알뿌리가 물러질 수 있으니 늘 주의하세요.
5. 간혹 알뿌리가 물러졌다면 건조해질 때까지 물을 주지 않아도 좋습니다.

**Tip**

무스카리는 앞서 나온 '알뿌리 식물 구근 보관 및 관리'(237p)대로 하지 않아도 됩니다. 꽃잎이 지더라도 잎이 다 마를 때까지 물을 주고, 그 이후에는 베란다 한쪽에 잊은 듯이 두고 봄이 가까워지면 물을 다시 주기 시작합니다. 그러면 새로운 잎을 내기 시작하여 꽃까지 피워 냅니다.

생동감 있고 발랄한 봄의 대표 주자
# 수선화

Narcissus
수선화과 *Narcissus* spp.

## 식 물 이 야 기

동화작가이자 원예가인 타샤 튜더는 '수선화 없는 생활이란 생각할 수 없다'고 했습니다. 수많은 꽃을 기르고 정원을 가꾼 그녀는 수선화에 대한 사랑을 이렇게 표현하였지요. 매년 가을 엄청난 양의 구근을 심었다고 하니 달콤한 향기를 내뿜는 수선화의 매력에 푹 빠진 것이겠지요? 고대 그리스의 시인 호메로스도 수선화를 찬양하는 시를 지었을 정도로 수선화는 예부터 많은 사랑을 받아온 꽃임에 틀림없습니다.

수선화는 어떤 꽃보다도 먼저 봄을 알리는 알뿌리 식물 중 하나입니다. 밝은 노란빛은 주위를 화사하게 하고 마음까지 밝게 만드는 봄을 대표하는 꽃이지요.

수선화를 부르는 유통명으로는 일반적으로 많이 보는 '떼떼'와 얼굴이 조금 더 큰 '제타', 얼굴이 가장 큰 왕수선화가 있습니다. 흰색과 주황색이 다양하게 섞인 종류도 있지요. 꽃잎이 겹꽃으로 되어 있는 수선화도 있고요. 그래도 일반적으로 수선화 하면 떠오르는 이미지는 뭐니뭐니해도 생동감 있고 발랄한 노란색 수선화겠지요?

· · ·

수선화의 속명인 Narcissus는 그리스 신화에 나오는 미소년인 나르키소스에게서 유래되었다고 합니

| 식물 정보 | 난이도 | 식물분류 | 빛 개화 전 | 빛 개화 후 | 물주기 | 비료 | 개화시기 | 최적온도 | 최저온도 |
|---|---|---|---|---|---|---|---|---|---|
| | 하 중 상 | 꽃 | 양지 | 반양지 / 반음지 | 보통 | 봄 | 3~4월 | 10~20℃ | 5℃ |

다. 나르키소스는 빼어나게 아름다운 소년으로 남녀 모두 그를 사랑했으나 그는 모두를 싫어했지요. 나르키소스에게 거부당한 어느 요정이 자신이 겪은 것과 똑같이 이루지 못한 사랑의 괴로움을 나르키소스도 겪게 해달라고 소원을 빌었답니다. 이때 요정의 소원을 듣게 된 아프로디테가 요정의 소원을 들어주었어요. 이렇게 하여 나르키소스는 맑은 호수에 비친 자신의 모습을 보고 사랑에 빠지는 벌을 받게 되지요. 물에 비친 자신의 모습에 가까이 다가가면 그 모습이 흐트러져 버리고, 너무 멀리 물러나면 자신의 모습은 이내 사라져 버렸답니다. 자신의 모습이 비친 물가에서 떠나지 못한 나르키소스는 결국 물에 빠져 숨을 거두고 말았습니다.

여러 요정과 신들은 그의 죽음을 슬퍼하며 나르키소스가 오랫동안 기억되길 바라는 마음에서 그를 아름다운 수선화로 만들었습니다. 고개를 숙인 모양을 하고 있는 수선화를 보면 나르키소스가 호수를 들여다보는 모습이 연상되지 않나요? '자기애', '자기주의', '자만', '자아도취'라고 하는 수선화의 꽃말 또한 이 신화 속 이야기에서 비롯되었습니다.

## Planterior (Plant + Interior)

흰색 화기에 깔끔하게 심은 수선화는 알에서 갓 깨어난 병아리 같은 느낌을 줍니다. 생기 있고 발랄한 실내를 만들고 싶다면 수선화의 노란 봄기운을 집 안으로 들여놓아 보세요. 어떤 장소에 두어도 수선화가 집 안을 환하게 만들어 줄 거예요.
타샤 튜더 할머니처럼 수선화를 한 화분에 가득 심어 보는 것도 좋아요. 이때는 자연스러운 소재의 바구니를 사용하면 친근하고 편안한 분위기를 연출할 수 있습니다.

### 재·배·포·인·트
### 이렇게 키워 보세요!

1. 꽃이 피기 전에는 햇빛이 잘 드는 창가에 두는 것이 좋아요.
2. 꽃이 피어 있는 동안에는 통풍이 잘되고 서늘한 그늘에서 기르세요. 지나치게 더운 실내에 있게 되면 꽃이 너무 금방 피고 질 수 있기 때문이지요.
3. 물은 겉흙이 마르면 화분 구멍으로 흘러나올 때까지 흠뻑 줍니다. 꽃이 피어 있는 동안에는 물을 더 많이 필요로 하니 물 관리에 주의해야 합니다.
4. 물이 너무 많은 경우는 알뿌리가 물러질 수 있으니 늘 확인해 주세요.
5. 알뿌리가 물러졌다면 건조해질 때까지 물주기를 하지 않는 것이 좋습니다.

밀착! 식물 속으로

## 알뿌리 식물로 수경 재배하기

수선화뿐만 아니라 알뿌리 식물류는 수경 재배가 가능해 흙을 털어 내고 물에서 키워도 됩니다. 다양한 유리 화기, 장식 화기를 이용해 집 안 분위기와 어울리도록 연출할 수 있고 깨끗하고 시원한 분위기를 낼 수도 있지요.

물주기에 어려움을 느끼는 분들은 물만 채워 주면 되니 꽃기르기의 어려움을 덜 수 있습니다. 화기에 물을 채워 놓고 집 안의 습도를 조절하여 실내를 촉촉하게 유지시켜 보세요.

### 수선화 수경 재배 방법

1 수선화 뿌리가 상하지 않도록 화분에서 주의해서 빼낸 뒤, 흙을 털어 주세요.

2 수선화 뿌리와 알뿌리를 물에 담가 흙을 씻어 냅니다. 이때 뿌리에 흙이 남지 않도록 깨끗하게 헹굽니다.

3 유리 화기에 물을 채우고 수선화를 꽂습니다.

4 알뿌리가 물에 닿으면 썩을 수 있으므로 뿌리만 물에 잠기게 해주세요.

 관련상식 더하기

**중동의 수선화**

'두 조각의 빵이 있는 자는 그 한 조각을 수선화와 맞바꿔라. 빵은 몸에 필요하나 수선화는 마음에 필요하다.' 이슬람교의 무함마드(마호메트)의 가르침 중에 수선화가 등장합니다. 수선화의 꽃말에서도 알 수 있듯이 자만하지 말 것을 가르치고 있는 것이지요.

수선화는 교회와 성당에서 부활을 상징하는 꽃으로도 사용합니다. 이스라엘의 귀향과 행복을 전할 때 수선화를 언급할 정도로 이스라엘 사람들에게 사랑받는 꽃이었다고 합니다.

우아한 한 송이의 꽃
# 툴립

Tulip
백합과 *Tulipa gesneriana*

### 식물 이야기

튤립의 나라 네덜란드에서는 1년에 무려 90억 송이 이상의 튤립을 재배합니다. 전 세계 사람들에게 한 송이씩 나누어 주고도 남는 양이지요. 튤립이 만개하는 봄, 튤립 꽃밭을 바라보면 끝없이 펼쳐지는 오색찬란한 물결에 그냥 지나칠 수 없는 황홀함 속으로 빠져듭니다. 이렇게 많은 튤립을 재배하고, 튤립의 나라로 불리지만 사실 튤립의 원산지는 네덜란드가 아닌 터키입니다. 튤립은 1593년에 '튤립의 아버지'라 불리는 네덜란드의 식물학자 클루시우스에 의해 네덜란드 전역으로 퍼져 나갔지요.

네덜란드의 대표적인 화가 빈센트 반 고흐는 정신적으로 불안정할 때 마음의 위로를 얻고, 예술적인 영감과 그림의 소재를 얻는 장소가 정원이었다고 해요. 고흐뿐만 아니라 네덜란드 사람들에게 정원은 가장 가까이에 있는 자연으로, 정원을 가꾸고 꽃을 기르는 일은 일상적이고 즐거운 활동입니다. 이런 네덜란드인들에게 튤립은 길게 뻗은 줄기의 아름다운 자태와 우아한 꽃 모양이 말할 수 없이 아름답고 매력적인 꽃이지요.

튤립은 그 당시 세계에서 가장 부유한 나라이며, 꽃을 좋아하던 네덜란드인들에게 사랑을 한 몸에 받았답니다. 튤립은 부유한 사람들 사이에서 가장 비싼 사치품이 되어 마치 귀족과 부유층의 전유물로 인식되었지요. 그러던 중 튤립의 알뿌리를 공격하는 바이러스에 감염된 변종 튤립을 꽃 수집가가 비싼 값에 사들인 것을 계기로 튤립 투기 열풍이 불기 시작했답니다. 당시 구근 1개의 가격이 집 한 채 값에 달했다고 하니 '튤립공황'이라는 말이 실감이 나지요? 당시 많은 농부들이 튤립을 재배했고, 튤립의 가격이 폭락하기 시작하자 튤립에 투자한 많은 사람들이 줄줄이 파산을 하고 맙니다. 이러한 네덜란드의 튤립공황은 투기 심리에 의해 거품이 만들어진 최초의 사례라고 합니다. 아

| 식물 정보 | 난이도 | 식물분류 | 빛 | | 물 주기 | 비료 | 개화시기 | 최적온도 | 최저온도 |
|---|---|---|---|---|---|---|---|---|---|
| | | | 개화 전 | 개화 후 | | | | | |
| | 하 중 상 | 꽃 | 양지 반양지 | 반음지 | 보통 | 봄 | 3~5월 | 10~25℃ | 5℃ |

름다운 튤립을 소유하려는 욕망이 이렇게 한 나라를 공황상태에 빠뜨릴 수 있다니 놀라울 따름이지요.

네덜란드에서는 이런 웃지 못할 튤립에 대한 역사를 지닌 채 네덜란드의 대표적인 산업으로 발전시켜 지금은 튤립 하면 바로 네덜란드를 떠올릴 정도입니다. 한 번쯤 끝없이 피어 있는 튤립 꽃밭의 아름다움을 경험해 보고 싶지 않으세요? 먼저 한 송이 튤립을 피우며 조금씩 튤립의 매력에 빠져 보는 건 어떨까요?

• • •

튤립은 이른 봄 어떤 꽃보다도 먼저 흙속에서 연둣빛의 사랑스러운 잎을 쏘옥 내밀며 올라와 꽃을 피우지요. 그 아름다움은 오래가지 못하고 꽃잎을 떨어뜨리지만 피어 있는 동안 우리에게 주는 행복과 감동은 무한합니다.

튤립은 서늘한 곳에 있으면 꽃봉오리를 우아하게 다물고 단아한 모양새로 있지만 온도가 오르면 입을 쩍 벌리듯 펼칩니다. 그렇기 때문에 튤립은 서늘한 곳에서 키우는 것이 긴 시간동안 예쁘게 볼 수 있는 방법입니다. 실내에서 개화할 경우 꽃대가 약해서 고개를 숙일 수 있으니 베란다의 서늘한 곳에서 개화를 시키고 꽃을 감상하면 더 오랫동안 볼 수 있습니다.

튤립은 색상과 모양이 아주 다양한데, 그 색과 모양에 따라 분위기도 아주 다르지요. 이런 튤립의 특징을 이용해 부케도 많이 만들어 사용합니다. 흰색으로는 깨끗하고 청초한 부케를 만들 수 있고, 주황색으로는 화사하고 독특한 느낌의 부케, 보랏빛으로는 신비로운 느낌의 부케를 만들 수 있지요.

## Planterior (Plant + Interior)

튤립은 빨강, 주홍, 노랑의 원색뿐 아니라 고풍스러운 느낌의 색상과 흑자색, 보라색, 흰색 등 다양한 색과 형태로 사용할 수 있습니다. 같은 색의 튤립을 무리지어 심으면 깔끔하고 정갈한 느낌을 주며, 다양한 색상의 튤립을 섞어서 심으면 더욱 화려한 모습을 감상할 수 있습니다. 튤립이 피면 꽃을 잘라 유리병에 살짝 꽂아 식탁에 놓아 보세요. 튤립의 매끈한 줄기와 고상한 얼굴을 더 가까이서 감상할 수 있을 거예요.

### 재·배·포·인·트
### 이렇게 키워 보세요!

1. 꽃이 피기 전에는 햇빛이 잘 드는 창가에 두는 것이 좋아요.
2. 꽃이 피어 있는 동안에는 통풍이 잘되고 서늘한 그늘에서 기르세요. 지나치게 더운 실내에 있게 되면 꽃이 너무 금방 피고 질 수 있기 때문이지요.
3. 물은 겉흙이 마르면 화분 구멍으로 흘러나올 때까지 흠뻑 줍니다. 꽃이 피어 있는 동안에는 물을 더 많이 필요로 하니 관리에 신경을 쓰세요.
4. 물이 너무 많은 경우에는 알뿌리가 물러질 수 있으니 늘 확인하세요. 알뿌리가 물러졌다면 건조해질 때까지 물을 주지 않아도 좋습니다.

### Tip

**튤립 꽃이 지고 나면?**

알뿌리를 버리지 말고 잘 관리해 보세요.

알뿌리 식물 관리법을 잘 따르면 내년에 또 예쁜 꽃을 볼 수 있습니다. 그러나 튤립의 경우 3~5년 정도가 지나면 더 이상 꽃을 피우지 않는 소모성 구근이므로 아쉽지만 새로운 알뿌리를 구입해야 해요.

**관련상식 더하기** **튤립이 나무인가요? 튤립나무는 뭐죠?**

실제로 튤립나무라는 이름을 가진 나무가 있습니다. 꽃 모양이 튤립과 닮아서 지어진 이름입니다.

**화분에서 자라던 튤립 줄기를 잘라 물에 꽂아 보세요.**

다음날 튤립이 쑤욱 자라난 것을 보고 너무 놀라지는 마세요. 튤립은 물에서도 키가 크거든요. 빛을 향하는 습성이 있어서 빛이 있는 방향으로 고개를 내밀기도 하지요. 물을 좋아해서 금세 물을 다 먹어 버리기도 하니 잘 살펴야 합니다.

봄을 부르는 노란빛
# 양골담초(애니시다)

Scotch Broom
콩과 *Cytisus scoparius*

# 식 물 이 야 기

흔히 '애니시다'라고 불리는 양골담초는 향기싸리, 노랑싸리 등 다양한 이름을 가진 콩과 식물입니다. 양골담초는 은은한 레몬 향과 함께 봄을 부르는 싱그러운 노란빛으로 개나리처럼 환하고 발랄한 기운을 주는 꽃이지요. 가늘고 하늘하늘한 줄기에 노란색 나비 모양의 꽃이 어긋나게 달려 있지요.

양골담초는 유럽의 전설에 나오는 마녀가 이 나무로 만든 빗자루를 타고 밤하늘을 날아다녔다고 합니다. 원산지인 유럽 남부에서 이것을 이용해 실제로 빗자루를 만들었기 때문에 스카치브룸Scotch broom이라는 이름이 붙여졌습니다.

양골담초는 실내보다는 통풍이 잘되고, 햇빛을 충분히 받는 야외 공간에서 물 관리만 잘해 주면 꽃이 피고 지며 여름이 오기 전까지 계속해서 노란 얼굴을 내밉니다. 그러고는 여름이 가까워지면 꽃잎이 다 떨어져 버리지요. 하지만 걱정하지 마세요. 양골담초가 죽은 건 아니니까요. 콩과 식물답게 늦봄에는 꼬투리 열매가 달립니다. 꼬투리에서 씨앗을 얻을 수도 있지요. 하지만 씨앗은 발아시키기 힘들고, 꽃을 피우는 데까지 3년이라는 긴 시간이 걸립니다. 가지치기를 해야 하면 이 시기에 예쁘게 자르면 되지요. 그럼 금세 또다시 연둣빛의 사랑스러운 잎을 풍성히 올려줍니다. 그리고 다음 해에 또다시 꽃을 만날 수 있을 거예요. 양골담초는 1~3m까지 크는 관목이므로 잘 키우면 작은 포트에서부터 점점 커져가는 재미를 느낄 수 있습니다.

| 식물 정보 | 난이도 | 식물분류 | 빛 | 물주기 | 비료 | 개화시기 | 최적온도 | 최저온도 |
|---|---|---|---|---|---|---|---|---|
| | 하 중 상 | 꽃 관목 | 양지 반양지 | 저면 관수 자주 | 봄·가을 | 5~6월 | 12~20℃ | 5℃ |

### Planterior (Plant + Interior)

노란 개나리 같은 양골담초의 꽃은 어디에 두어도 봄을 알리기에 충분합니다. 노란빛은 보고만 있어도 기분이 좋아지지요. 봄 햇살이 비치는 창가에 두면 더 사랑스럽습니다. 작은 꽃 화분 하나로 봄을 만끽해 보세요.

재·배·포·인·트
### 이렇게 키워 보세요! · · · · · · · · · · · · · · · · · · · · · · · · · · ·

1. 물은 겉흙이 살짝 마르면 흠뻑 주세요. 양골담초는 물을 아주 좋아하는 식물로 조금이라도 물이 마르게 되면 꽃봉오리부터 잎, 줄기를 따라 말라갑니다. 저면 관수로 물을 주는 것도 좋은 방법이지요.
2. 최대한 밝고 통풍이 잘되는 곳에서 키워야 합니다.
3. 분갈이를 할 때는 흙을 털거나 뿌리를 자르면 몸살을 심하게 할 수 있고, 죽을 수도 있으니 주의하세요.

**Tip**

가지치기할 때는 가지가 갈라지는 바로 위를 잘라 내야 수형을 예쁘게 만들 수 있습니다.

초롱초롱 작은 종
# 캄파눌라

Bell Flower, Campanula
초롱꽃과 *Campanula poscharskyana*

# 식 물 이 야 기

아주 옛날 깊은 숲속에 '캄파눌라'라는 예쁜 요정이 살았습니다. 캄파눌라는 신전 과수원의 황금사과를 지키는 일을 맡았지요. 위급한 상황이 생기면 작은 종을 울리는 일이었습니다. 어느 날 과수원에 도둑이 들어와 황금사과를 훔치려고 했어요. 캄파눌라는 즉시 용에게 이 사실을 알리려고 은종을 울렸지만 결국 도둑은 캄파눌라를 죽이고 황금사과를 빼앗아 달아났지요. 이 사실을 알게 된 꽃의 신 '플로라'는 슬퍼하면서 캄파눌라를 종과 같이 예쁜 꽃으로 변하게 했습니다.

캄파눌라는 종 모양의 꽃이 조롱조롱 달려 덩굴성으로 자라는 모습이 마치 아름다운 꽃잔디를 연상시킵니다. 캄파눌라는 덩굴성으로 자라는 종류 외에도 직립으로 자라는 종류도 있어요. 종 모양의 크기와 색상, 자라는 모양에 따라 각각 다른 이름을 가지고 있지만 꽃은 모두 종 모양으로 피어납니다.

분화로 키우는 작은 종 모양의 덩굴성 캄파눌라는 이른 봄부터 시작해 2~3개월 동안 계속해서 꽃이 피고 집니다. 종에 따라서는 여름까지 꽃이 피는 경우도 많지요. 캄파눌라는 야생화 종류이기 때문에 실외의 환경과 같은 조건을 만들어 주는 것이 좋습니다. 통풍이 잘되고, 햇빛이 잘 드는 장소지요. 이 조건만 맞는다면 물주기만으로도 캄파눌라를 예쁘게 키울 수 있습니다.

캄파눌라의 꽃말은 '감사의 마음'과 '따뜻한 사랑'입니다. 이런 마음을 담아 사랑하는 사람, 가족, 친구, 선생님께 캄파눌라를 선물해 보세요.

| 식물 정보 | 난이도 | 식물분류 | 빛 | 물주기 | 비료 | 개화시기 | 최적온도 | 최저온도 |
|---|---|---|---|---|---|---|---|---|
| | 하 중 상 | 꽃 덩굴성 | 양지 반양지 | 저면 관수 보통 | 봄·가을 | 5~6월 | 10~21℃ | 5℃ |

**Planterior** (Plant + Interior)

캄파눌라는 얇고 투명한 꽃잎이 종 모양처럼 피어나는데, 그 색이 투명하고 깨끗하여 시원한 느낌으로 연출하기에 좋은 꽃입니다.

줄기와 가지가 옆으로 퍼지고 늘어지는 덩굴성으로 걸이용 화분이나 바구니를 이용해 벽걸이 장식으로 연출하는 것도 좋습니다. 또한 높은 화기를 이용해 아래로 늘어뜨리듯이 키우는 것도 멋스럽습니다.

재·배·포·인·트
## 이렇게 키워 보세요!

1. 물은 겉흙이 마르면 화분 구멍으로 흘러나올 때까지 흠뻑 주는 것이 좋습니다.
2. 물주기를 할 때 꽃잎에는 물이 닿지 않게 하는 것이 꽃을 더 오래 볼 수 있는 방법이지요.
3. 꽃이 피는 시기에 흙을 바짝 말리게 되면 꽃이 피지 않은 채 말라 버릴 수 있으니 주의해야 합니다.
4. 통풍이 잘되고 햇빛이 잘 드는 장소에 놓아 주세요.
5. 가을에 포기를 나누어 심으면 다음 해에 더 풍성한 꽃을 볼 수 있습니다.

**Tip**

캄파눌라는 노지에서 겨울나기가 가능하므로 화단에 심는 것이 좋습니다. 겨울이 되면 지상부는 모두 죽어 버리지만 뿌리는 살아 있다가 봄에 다시 새순을 내지요. 잔잔하게 깔리는 사랑스러운 보랏빛 잔디를 만들어 보세요.

밀착!
식물
속으로

## 봄을 느끼는 하나의 시작, 씨앗

모종이나 큰 나무를 선물하는 것도 좋지만 씨앗을 심어 식물을 키우는 것도 흥미로운 일입니다. 식물이 싹을 틔우고 자라는 모습을 보며 꽃을 피우기까지 모든 과정이 소소한 즐거움이 될 거예요. 삭막한 현대 사회에서 자연과 가까워질 수 있는 기회를 만들어 보세요. 씨앗을 키우는 일은 하루아침에 되는 것이 아니기 때문에 인내심을 가지고 꾸준히 지켜보아야 합니다. 정성을 들인 시간만큼 뿌듯함이 배가 되지요.

1 봄은 만물이 소생하는 시기이므로 씨앗을 심기에도 아주 좋습니다.
2 씨앗은 종류에 따라 심는 시기나 방법이 조금씩 다릅니다.
   • 여름과 가을에 꽃이 피는 식물은 봄에 씨앗을 심습니다.
   • 봄에 꽃이 피는 식물은 직전 해 가을에 씨앗을 심어 주는 것이 좋지요.
   가을에 씨앗을 심는 종류 중에는 추운 겨울을 지내고 나야 봄에 싹이 트는 식물이 있습니다. 그런 식물은 인위적으로 노지에 심어 겨울을 나게 해야 합니다. 이 과정을 인위적으로 하기 위해서는 흙에 씨앗을 뿌린 후 촉촉한 상태를 유지하여 냉장 보관을 해서 6주 정도 후에 꺼내면 되지요.
3 씨앗을 심을 때는 씨앗 크기의 2~3배만큼 흙을 덮는 것이 좋습니다. 큰 씨앗의 경우 흙을 많이 덮어야 하지만 아주 작은 씨앗일 때에는 거의 덮지 않는 것이 좋지요. 씨앗이 너무 작을 경우에는 체에 흙과 함께 섞어 뿌리는 것도 좋은 방법입니다.
4 온대 식물의 경우 12~21℃, 아열대 식물은 16~27℃, 열대 식물은 25~35℃가 씨앗이 발아하는 데 적당한 온도이므로 따뜻한 곳에 두는 것이 좋습니다.
5 씨앗은 싹을 틔우기 위해 햇빛을 필요로 하는 종류와 어둠을 필요로 하는 종류가 있는데, 전자를 호광성 종자, 후자를 혐광성 종자라고 합니다. 이 밖에도 어떤 조건에서도 싹을 틔우는 씨앗도 있습니다.
   • 호광성 종자는 씨앗을 심고 나서 흙을 살짝 덮어 주는 것이 좋습니다.
   • 혐광성 종자는 흙을 덮고 위에 통풍이 되는 신문지 같은 것을 덮어 주세요.
6 씨앗을 심고 난 후에는 흙을 촉촉하게 유지시켜 주어야 싹이 잘 올라옵니다. 수분은 60~70%로 유지시켜 주는 것이 좋지요. 고온다습한 환경이 씨앗 발아에 도움이 됩니다. 건조해지지 않도록 자주 분무해 주세요. 물뿌리개로 물을 주면 작은 씨앗은 어디론가 흘러가 버릴 수 있으니 분무기를 이용하는 것이 좋습니다.
7 씨앗을 파종하고 난 후에는 심은 용기를 직사광선이 들지 않는 그늘에 놓아 두세요.
8 구입한 씨앗 봉투에는 키우는 방법이 적혀 있습니다. 설명서를 잘 참고하여 심으세요.

### 채소 씨앗이란?

씨앗을 심었을 때 가장 잘 자라고 먹는 재미까지 느낄 수 있는 것이 바로 채소 씨앗입니다. 채소 씨앗은 새싹을 위해 나온 새싹용 씨앗과 일반 씨앗이 있습니다. 일반 씨앗은 겉에 코팅이 되어 있기 때문에 일반 씨앗을 새싹으로 먹으면 몸에 좋지 않지요. 새싹을 먹을 거라면 새싹용 씨앗을 심으세요.

### 새싹용 채소

새싹용 재배기가 따로 있지만 머그잔 한 개만 있어도 새싹을 재배할 수 있습니다.

**해당 채소** : 무순, 치커리, 비타민채, 적양배추, 브로콜리, 메밀, 알팔파, 케일, 배추, 청경채

**1** 머그잔을 준비해서 키친타월을 깝니다.

**2** 분무기로 키친타월을 촉촉하게 적십니다.

**3** 씨앗이 서로 겹치지 않게 놓습니다.

**4** 분무기로 충분히 물을 뿌립니다.

**5** 촉촉하고 어두운 곳에서 싹이 잘 나오므로 신문이나 키친타월로 덮어 주세요. 하루만 지나도 싹이 하나둘씩 올라오는 것을 볼 수 있을 거예요.

### 채소 씨앗 1

씨앗을 심을 때, 큰 화분에 심으면 물을 주는 도중 씨앗이 떠내려갈 수 있으므로 모판을 이용해서 심는 게 편합니다. 모판이 없으면 계란판을 이용해도 좋습니다. 떡잎이 나오고 본잎이 나오기 시작할 때 큰 화분에 옮겨주면 더 잘 자랍니다.

**해당 채소** : 청상추, 적상추, 케일, 청경채, 깻잎, 겨자, 치커리, 부추, 근대, 브로콜리, 양상추, 쑥갓, 시금치, 배추, 쑥, 셀러리

**1** 계란판과 씨앗을 준비하고, 계란판에 송곳으로 구멍을 뚫어 물이 빠질 수 있게 해줍니다.

**2** 계란판에 흙을 담은 뒤 분무기를 이용하여 흙을 촉촉하게 적십니다.

**3** 구멍을 살짝 내어 씨앗을 심고 흙으로 살짝 덮어 줍니다.

**4** 분무기로 물을 흠뻑 주세요. 싹이 나올 때까지 분무기를 이용해 흙을 촉촉하게 유지시키는 게 좋습니다.

### 채소 씨앗 2

씨앗을 큰 화분에 심어도 됩니다. 바깥에서 키울 때는 상관없으나 실내에서 키울 때는 웃자랄 수 있으니 어느 정도 자란 후에는 흙을 덮어 주는 것이 더 좋습니다.

**1** 화분에 흙을 담고 물을 흠뻑 줍니다. 젓가락이나 손가락을 이용하여 씨앗을 심을 고랑을 만듭니다.

**2** 고랑에 씨앗을 뿌리고 흙으로 살짝 덮어 줍니다.

**3** 분무기로 물을 흠뻑 주세요. 싹이 나올 때까지 분무기를 이용해 흙을 촉촉하게 유지해 주세요.

**열매 씨앗**

열매로 자라는 화초는 채소류보다 더 넓은 공간을 필요로 합니다. 그렇기 때문에 싹을 틔우고 어느 정도 자라나면 넓은 곳으로 옮겨 심는 것이 좋습니다. 주변에서 쉽게 구할 수 있는 일회용 컵을 이용해서 심어 보세요.

**해당 채소** : 방울토마토, 고추, 강낭콩, 무, 애호박, 오이, 가지, 파프리카

1 일회용 컵과 씨앗을 준비합니다.

2 컵의 바닥을 송곳으로 뚫어 물이 빠질 수 있도록 합니다.

3 난석이나 마사토를 넣어 배수층을 만들어 줍니다.

4 흙을 넣고 물을 충분히 뿌려 흙을 촉촉하게 합니다.

5 구멍을 낸 뒤 씨앗을 심고 흙을 덮어 줍니다.

6 분무기로 물을 흠뻑 준 뒤 싹이 나올 때까지 흙을 촉촉하게 유지합니다.

### 허브 씨앗

허브는 종류에 따라 다르지만 채소 씨앗보다 발아율이 낮고 자라는 속도가 조금 느립니다. 그래서 씨앗을 심어 놓은 상태에서 발아하지 못하는 경우도 생기지요. 또 식물 중에는 옮겨심기를 아주 싫어하는 것이 있습니다. 이런 식물은 유기질 토양으로 만들어진 피트펠렛을 이용하여 싹을 틔우면 옮겨 심을 걱정이 없지요. 피트펠렛에서 싹이 어느 정도 자라면 통째로 다른 화분에 심으면 되기 때문에 편리합니다. 물주기를 할 때에도 물뿌리개나 분무기를 사용하지 않고 접시에 올려 두고 물이 마를 때마다 공급하면 됩니다.

#### 피트펠렛 사용의 장점

- 씨앗이 발아할 때 수분을 적절하게 공급합니다.
- 미생물, 박테리아가 없어 발아가 잘됩니다.
- 발아가 제대로 되지 않거나 발아기간이 긴 희귀씨앗, 씨앗이 너무 작아 물을 줄 때 다칠 수 있는 미세씨앗, 식물이 옮겨심기를 싫어해서 이식을 해야 하는 경우, 스트레스를 받는 식물은 피트펠렛을 이용하면 좋습니다.
- 허브 종류는 발아하기 어려운 편이므로 피트펠렛을 이용하면 싹을 틔울 확률이 높습니다.

1 피트펠렛과 씨앗을 준비합니다.

2 접시에 물을 담고, 피트펠렛을 불립니다. 납작하던 피트펠렛이 점점 불어납니다.

3 씨앗을 넣고 흙을 살짝 덮어 주세요.

4 접시에 물을 담고 그 위에 피트펠렛을 올려 둡니다. 접시의 물이 마르지 않도록 물을 공급합니다.

**TIP**
피트펠렛이 마르지 않도록 해주세요. 단, 접시에 물이 없어지지 않은 상태에서 계속 물을 주면 오히려 곰팡이가 생기거나 썩을 수 있으니 주의하세요.

### 꽃씨앗

꽃씨앗은 꽃의 종류에 따라 다른 특성을 가지고 있습니다. 구입할 때 씨앗 봉투에 적혀 있는 설명서를 자세히 읽고 심어야 실패율이 적습니다. 꽃씨앗은 지피포트를 이용해 심을 수 있습니다. 지피포트는 피트모스를 주재료로 하여 만든 발아용 화분입니다. 주로 원형이나 사각형이 있지요. 공기가 잘 통하고 뿌리의 발육이 좋아 씨앗을 파종할 때 사용하면 좋습니다. 또한 피트펠렛처럼 흙이 주재료이므로 자연스럽게 부식되는 장점이 있습니다.

**1** 지피포트와 흙, 씨앗을 준비합니다. 지피포트는 피트펠렛과 달리 흙을 따로 넣어야 합니다.

**2** 지피포트에 흙을 넣은 뒤 물을 흠뻑 주세요.

**3** 흙에 씨앗만큼 구멍을 뚫어 씨앗을 심고 흙을 살짝 덮어 주세요. 작은 씨앗의 경우는 거의 덮지 않아도 됩니다.

**4** 저면 관수로 아래에서 물을 공급합니다. 접시에 물을 담고 지피포트를 올려 둡니다.

## 2

# 여름을 시원하게 해주는 식물

종려방동사니(시페루스) • 워터코인 • 스파티필룸 • 수국 • 클레마티스

여름에 실내에서 키우면 좋을 화초들을 소개합니다.
더운 여름에 인기 있는 화초를 꼽으라면 단연 수경 식물입니다.
물에 심어 놓은 화초들을 감상하면 잠시나마
더위를 잊을 수 있거든요.
그럼 보기만 해도 기분전환이 되는 여름 화초에는
무엇이 있는지 한번 살펴볼까요?

우산 모양의 잎을 가진
# 종려방동사니 (시페루스)

Umbrella Plant
사초과 *Cyperus alternifolius*

식 물 이 야 기

사초과인 종려방동사니는 곧게 뻗은 시원한 줄기에 우산이 펼쳐진 모양의 잎을 가지고 있는 것이 특징입니다. 그래서 영문명도 'Umbrella Plant'지요. 종류에 따라 줄기의 굵기와 우산의 모양이 조금씩 다릅니다.

종려방동사니는 방동사니, 시페루스, 왕골, 파피루스로 불려 헷갈리는 분들이 있습니다. 시페루스 Cyperus라는 학명에서 알 수 있듯이 종려방동사니와 왕골, 파피루스는 모두 이 시페루스속에 속하는 식물이지요. 위의 세 식물은 모두 시페루스라고 불러도 무방하나 종려방동사니나 왕골을 파피루스로 혼동해서 부르는 것은 옳지 않습니다.

▶종려방동사니
시페루스 = 방동사니 ▶왕골
▶파피루스

왕골은 우리 나라 자생의 시페루스로 둑이나 강가의 물이 많은 곳에서 흔하게 볼 수 있습니다. 과거 우리 나라에서는 왕골의 줄기를 이용하여 화문석을 만들어 사용하였지요. 줄기를 다양한 색으로 염색하여 아름다운 무늬를 수놓듯이 하나하나 엮어서 만들었습니다.

| 식물정보 | 난이도 | 식물분류 | 빛 | 물주기 | 비료 | 개화시기 | 최적온도 | 최저온도 |
|---|---|---|---|---|---|---|---|---|
| | 하 중 상 | 잎 | 양지 반양지 | 분무 자주 | 봄 | - | 18~25℃ | 5~8℃ |

종려방동사니
*Cyperus alternifolius*

왕골
*Cyperus exaltatus* var. *iwasakii* T. KOYAMA

파피루스
*Cyperus papyrus*

파피루스는 고대 이집트의 나일강 습지대에서 무성하게 자란 식물입니다. 높이가 4~5m까지 자라는 것도 있었다고 해요. 이집트인들은 주변에서 쉽게 볼 수 있는 파피루스를 다양하게 이용했습니다. 이집트인들이 세계 최초의 종이로 일컬어지는 파피루스를 만드는 데 사용한 식물이 바로 파피루스지요. 종이뿐만 아니라 돛이나 천을 만드는 데도 사용했습니다.

 **밀착! 식물 속으로**

### 종려방동사니(시페루스) 잎꽂이

잎꽂이는 꺾꽂이의 한 방법으로 줄기가 너무 웃자라 수형이 좋지 않거나 줄기가 꺾였을 때 해줍니다. 줄기를 잘라 잎꽂이를 하면 새로운 시페루스 개체를 만들 수 있지요.

**1** 튼튼한 종려방동사니의 잎을 잘라서 준비합니다.

**2** 기다란 잎과 줄기는 잘라서 정리합니다.

**3** 수경 화분에 물을 넣고 잎을 거꾸로 꽂아 둡니다. 한 달 정도 지나면 새로운 뿌리가 나옵니다.

**4** 잎꽂이 후 뿌리와 줄기가 자란 모습입니다.

# Planterior (Plant + Interior)

종려방동사니는 시원스레 길게 뻗은 줄기 때문에 여름이 되면 생각나는 식물입니다. 습지나 수중에서 자라는 수생 관엽 식물로 물에서 키울 수 있으므로 더운 여름 시원한 느낌으로 연출하기에 적합합니다. 다양한 수중 식물을 높낮이를 다르게 심어서 연출하는 것도 좋은 방법입니다. 더위를 조금이나마 잊고 싶다면 집 안 곳곳에 종려방동사니를 키워 보세요.

### 재·배·포·인·트
## 이렇게 키워 보세요!

1. 햇빛이 충분한 곳에서 키우는 것이 좋지만 음지에서도 잘 자랍니다.
2. 물속에서 키우거나 물을 자주 주는 것이 좋습니다.
3. 물을 잘 머금고 있는 진흙에 심는 것이 좋으며 분무를 자주 해주세요.

### Tip

- 누렇게 된 줄기와 잎은 과감하게 잘라 내세요.
- 번식력이 좋아 새로운 순이 계속해서 올라옵니다.

동전 모양의 잎이 주렁주렁 달린
# 워터코인

Dollarweed, Manyflower, Marsh Pennywort, Water Pennywort
산형과 *Hydrocotyle umbellata*

## 식물 이야기

동글동글 귀여운 잎을 가진 워터코인입니다. 줄기에 잎이 주렁주렁 달리면서 자라는 모양이 아주 사랑스러운 식물이지요. 싱그러움이 가득한 워터코인은 일 년 내내 줄기에서 작고 새로운 잎들이 계속해서 얼굴을 내밉니다. 7월~9월쯤이 되면 작고 앙증맞은 꽃이 달리기도 해 키우는 재미가 쏠쏠하지요.

워터코인은 잎 모양이 동전과 같은 모습을 하고 있어 워터코인이라는 이름으로 불립니다. 영문명 또한 Dollarweed라고 합니다. 워터코인은 아직 한글명이 등록되어 있지 않아서 유통명인 워터코인으로 불리지요.

워터코인은 두 종류로 나누어 볼 수 있습니다. 첫 번째는 일반적으로 워터코인이라 불리는 종류로, 작고 여린 잎을 가지며 줄기가 늘어지면서 새로운 잎이 계속해서 달립니다. 두 번째는 크고 도톰한 잎과

킹워터코인 　　　　　워터코인의 꽃

| 식물 정보 | 난이도 | 식물분류 | 빛 | 물주기 | 비료 | 개화시기 | 최적온도 | 최저온도 |
|---|---|---|---|---|---|---|---|---|
| | 하 중 상 | 잎 | 양지 반양지 | 자주 | 봄·여름·가을 | - | 16~30℃ | 0℃ |

단단한 줄기를 가진 킹워터코인으로, 위를 향해 줄기를 꼿꼿이 세우며 자라는 종입니다. 두 종류의 워터코인을 원하는 공간에 적절히 배치하면 서로 다른 분위기를 연출할 수 있을 거예요. 여름에는 투명한 유리 화기를 이용하여 연출하면 공간을 청량하고 시원하게 만들 수 있습니다.

조롱조롱 달리는 워터코인의 잎은 사랑스럽기 그지없지만 자생 지역에서는 잔디 위를 장악하기 때문에 잡초 취급을 당하기도 합니다. 그만큼 번식력이 강하고 키우기 쉬운 식물입니다.

워터코인은 물가에서 사는 것처럼 환경을 만들어 주는 것이 잘 키우는 방법이지만, 흙에서도 잘 자라는 수생 식물입니다. 단, 햇빛이 잘 들어오지 않는 곳에서는 잎이 누렇게 변해 시들어갈 수 있으니 주의해야 합니다.

# Planterior (Plant + Interior)

여름을 시원하게 연출하는 데는 수생 식물만 한 것이 없지요. 워터코인 한 포기로도 싱그러운 아름다움을 뽐내기에 충분합니다. 유리 수반에 여러 포기의 워터코인을 한꺼번에 심는 것도 좋고, 다양한 수생 식물과 함께 연출하는 것도 좋습니다.

### 이렇게 키워 보세요!

1 흙에서도 잘 자라지만 구멍이 없는 화분에 심어 물을 가득 채워 주는 것이 좋습니다. 흙을 완전히 씻어서 수경 재배를 하는 것보다는 포트를 물에 담가 두는 것이 워터코인을 더 잘 키울 수 있는 방법입니다.
2 햇빛을 좋아하므로 창가에 두는 것이 좋습니다. 햇빛이 부족하면 잎이 누렇게 변하면서 떨어져 버릴 수 있어요.
3 여름에는 더위에 강하고 번식력이 왕성하므로 야외에서 시간을 보내게 해주세요. 그러면 더 풍성해집니다.
4 겨울에 추운 곳에 두면 잎이 얼어서 죽어 버리지만 지하부는 살아 있기 때문에 봄이 되면 다시 새순이 올라옵니다. 하지만 온도가 영하로 내려가는 곳에서는 뿌리까지 다 얼어 버릴 수 있으니 주의하세요.

밀착! 식물 속으로

## 수생 식물이란?

**Q 수생 식물에 대해 알려주세요.**

**A** 물옥잠이나 시페루스, 연꽃, 갈대, 물수세미, 수련, 마름, 물양귀비와 같은 식물의 공통점은 무엇일까요? 모두 물에서 자라나는 수생 식물이라는 것이지요. 수생 식물은 일부분 또는 전체가 물속에서 자라는 식물로 줄기나 잎, 뿌리에 공기가 저장될 수 있는 통기조직이 발달해 있습니다. 그래서 물속이나 물가에서 살 수 있는 것이지요. 이런 식물은 온몸으로 영양분을 흡수하며 살아갑니다. 수생 식물은 수중 식물이라고도 하는데 크게 3가지로 나눌 수 있습니다.

- **부수 식물** 물 위에 떠서 자라는 식물로 부레옥잠, 물상추, 마름, 개구리밥 등이 있습니다.
- **침수 식물** 식물체 전체가 물속에서 자라는 식물로 물수세미, 검정말, 붕어마름 등이 있습니다.
- **수지 식물** 뿌리를 흙속에 내리고 물위에서 자라는 식물로 물옥잠, 수련, 물양귀비, 워터칸나, 워터코인 등이 있습니다.

워터칸나

부레옥잠

연꽃

### Q 그럼 수생 식물은 수경 재배와 다른 것인가요?

A 네, 전혀 다릅니다. 수생 식물이 물에서 사는, 공기가 통하는 길을 가진 식물이라면 수경 재배는 원래 흙에서 사는 식물을 물에서 재배하는 것이지요. 수경 재배를 물재배 또는 물가꾸기라고도 합니다. 대부분의 관엽 식물은 수경 재배가 가능합니다. 페페로미아 종류, 아이비, 싱고니움, 스파티필룸, 필로덴드론, 히아신스, 접란 등 그 종류가 아주 다양하지요. (*280쪽 수경 재배 참고)

청초한 능력쟁이
# 스파티필룸

Peace Lily
천남성과 *Spathiphyllum patinii*

# 식 물 이 야 기

쾌적하고 신선한 공기를 원하세요? 그렇다면 그 어떤 식물보다도 다양한 능력을 두루 갖춘 스파티필룸을 추천합니다. 스파티필룸은 싱그러운 잎 사이로 하얀색 꽃이 아름답게 꽃대를 쏘옥 올려 주지요. 또한 음지나 햇빛이 드는 곳을 가리지 않고 어떤 장소에서도 무난하게 잘 자랍니다. 빛을 완전히 차단한 지하에서도 15일가량을 버틸 수 있는 매우 강한 녀석입니다. 하지만 그늘에 너무 오랫동안 있으면 꽃을 피우지 못하지요. 스파티필룸의 꽃을 보고 싶다면 간접적으로라도 빛이 들어오는 곳에 두어야 합니다.

스파티필룸을 키우다 보면 어느 순간 잎이 축 처지면서 말라가는 것을 볼 수 있을 거예요. 이럴 때에는 물을 흠뻑 주세요. 물을 마시면 언제 그랬냐는 듯 고개를 쏘옥 올리며 다시 싱싱해진답니다. 식물 초보자들은 물을 언제 주어야 할지 몰라서 어려움을 겪는 경우가 많은데, 이 스파티필룸은 온몸으로 표현해 주니 얼마나 고마운 식물인지 모릅니다.

스파티필룸은 수경 재배도 아주 잘되는 식물입니다. 특히 여름에 시원한 분위기를 연출하기에 아주 좋지요. 흙을 깨끗하게

| 식물정보 | 난이도 | 식물분류 | 빛 | 물주기 | 비료 | 개화시기 | 최적온도 | 최저온도 |
|---|---|---|---|---|---|---|---|---|
| | 하 중 상 | 꽃 잎 | 반음지 음지 | 보통 | 봄·여름·가을 | 연중 | 18~25℃ | 13℃ |

털어 내고 다양한 유리병에 심을 수도 있습니다. 이때 색돌을 사용하여 장식하는 것도 좋은 방법입니다.

스파티필룸은 잎과 꽃을 모두 감상할 수 있으며 키우는 데도 까다롭지 않다 보니 실내 조경으로도 많이 사용되고 있는 식물이지요. 스파티필룸 하나로 내 책상, 우리 집도 쾌적하고 싱그러운 공간으로 만들어 보세요.

미국항공우주국(NASA)에서 선정한 에코플랜트 중 종합평가 10위를 차지한 식물이기도 합니다. 포름알데히드뿐 아니라 벤젠, 아세톤, 알코올, 트리클로로에틸렌 등의 오염물질 제거에 뛰어난 능력을 가지고 있어 공기정화에 아주 우수한 식물이지요. 증산율도 높아 실내에서 가습효과를 얻을 수 있습니다.

# Planterior (Plant + Interior)

쭉쭉 뻗은 시원한 잎과 희고 청초한 꽃을 가진 스파티필룸은 어디에 두어도 잘 어울립니다. 특히 여름에는 유리 화기에 담아 수경 재배를 하면 더 시원하게 감상할 수 있습니다. 수경 재배가 가능한 싱고니움이나 아이비와 함께 연출하는 것도 좋은 방법이지요. 암모니아를 제거하는 능력이 우수하고 음지에서도 잘 자라는 스파티필룸은 화장실에서 키우기에 적당한 식물입니다.

## 재·배·포·인·트
### 이렇게 키워 보세요!

1. 물은 겉흙이 마르면 화분 구멍으로 흘러나올 때까지 흠뻑 주는 것이 좋습니다. 물주기는 과하지 않게 하는 것이 좋습니다.
2. 공중습도를 높게 유지하는 것이 좋으므로 분무를 자주 하는 것도 좋지요.
3. 음지에서 잘 자라지만 햇빛이 너무 없으면 꽃을 피우지 못합니다.
4. 줄기수가 너무 많거나 잎이 화분 밖으로 처지고 꽃대가 잘 올라오지 않는 경우에는 분갈이를 해주는 것이 좋습니다.
5. 포기가 너무 커졌다면 포기나누기로 화분수를 늘려 보세요.

## 수경 재배란?

수경 재배는 흙을 사용하지 않고 물에서만 식물을 기르는 방법으로 물재배, 물가꾸기라고도 합니다. 뿌리가 자라는 모습을 관찰하기 좋아서 교육용으로도 좋고, 식물 키우기에 흥미를 느낄 수 있지요. 집 안에서 쉽게 할 수 있는 방법으로 특히 여름에 시원하게 실내를 연출할 때 사용하면 더욱 좋아요.

싱고니움, 페페로미아, 스파티필룸, 개운죽, 아이비와 같은 관엽 식물은 모두 수경 재배가 가능합니다. 히아신스, 수선화와 같은 구근식물뿐만 아니라 채소류도 수경 재배로 키울 수 있습니다. 식물을 번식시킬 때도 물꽂이를 하여 뿌리를 내린 후 흙에 심기도 하지요. 수경 재배라고 해서 물만 넣어 주는 것은 아닙니다. 잎이 시들고 죽어가는 경우가 있는데, 이것은 물속에 영양분이 거의 없기 때문에 생기는 현상으로 수경 재배를 할 때에는 영양분을 따로 넣어 주는 것이 좋습니다.

**+ 스파티필룸을 수경 재배해 볼까요?**

1 화분에서 식물을 빼냅니다. 뿌리가 꽉 차서 잘 빠지지 않는 경우도 있으니 고무화분의 경우 화분 주변을 눌러 잘 빠지도록 하는 것이 좋습니다.

2 뿌리에 붙은 흙을 깨끗하게 털어 냅니다.

3 물에서 흙을 씻어 낸 후, 물에 30분가량 담가 두어 흙이 남아 있지 않도록 합니다.

4 유리 화기에 색돌을 깐 뒤, 스파티필룸을 넣고 남은 색돌로 뿌리를 고정시킵니다.

5 화분에 물을 채워 넣으세요.

6 완성된 모습입니다.

물을 좋아하는 탐스러운 꽃
# 수국

Hydrangea
범의귀과 *Hydrangea macrophylla*

### 식물 이야기

수국은 수많은 작은 꽃들이 모여 하나의 꽃을 완성합니다. 한여름에 피어 있는 모습을 보면 한 아름 안고 싶은 꽃이지요. 수국의 학명 Hydrangea는 그리스어로 '물'이라는 뜻이며, macrophylla는 '아주 작다'는 의미를 가지고 있습니다. 작은 꽃들이 많이 모인 물을 아주 좋아하는 꽃이라는 뜻입니다. 이름에서도 알 수 있듯이 수국은 물을 엄청 좋아하는 식물입니다. 특히 꽃이 피어 있는 동안 물이 부족하면 꽃이 금방 지거나 말라 버릴 수 있으니 물주기에 특별히 신경을 써야 합니다. 수국은 물을 많이 먹는 만큼 증산작용이 아주 활발하여 가습효과에 탁월한 식물입니다.

수국의 탐스러운 겉모양만 보면 서양에서 들어온 꽃처럼 보입니다. 하지만 수국은 한국, 중국, 일본에 분포하던 식물로 영국의 식물학자가 영국에 전하여 품종개량을 한 것이지요. 그래서 우리 나라 곳곳에서도 산수국을 많이 발견할 수 있습니다. 품종개량을 한 수국은 화려하지만 좀 인위적인 느낌을 풍기는데, 우리 나라의 산수국은 자연스럽고 탐스러운 모습을 동시에 느낄 수 있습니다.

품종을 개량한 수국은 분에 심어 정원용이나 화분용으로도 많이 이용하며 꽃꽂이에도 일 년 내내 사용됩니다. 비닐하우스에

| 식물 정보 | 난이도 | 식물분류 | 빛 | 물주기 | 비료 | 개화시기 | 최적온도 | 최저온도 |
|---|---|---|---|---|---|---|---|---|
| | 하 중 상 | 꽃 | 양지 반양지 | 분무 자주 | 봄·여름·가을 | 6~8월 | 10~25℃ | -15℃ |

서 재배된 수국은 사시사철 언제라도 볼 수 있지요. 하지만 원래 수국이 피는 시기인 6~8월에 값도 더 저렴하고 풍성합니다.

수국은 꽃다발, 꽃바구니뿐만 아니라 부케에도 많이 사용됩니다. 한 송이가 탐스럽기 때문에 그윽한 분위기로 깔끔하게 장식하기에 아주 좋습니다. 또한 흰색, 하늘색, 분홍색, 보라색, 자주색 등 꽃 색깔이 여러 가지라 다양하게 연출하기에 적합한 꽃입니다.

수국은 '변덕'과 '진심'이라는 양면의 꽃말을 가지고 있습니다. 수국의 꽃 색깔이 토양의 산도에 따라 달라지는 특징 때문에 이런 꽃말이 생긴 것이 아닌가 싶습니다. 하지만 보통은 좋은 의미의 '진심'이라는 꽃말로 더 많이 사용되고 있지요. 진심을 선물하고 싶으세요? 그럼 수국 한 송이, 수국 한 포트 선물해 보는 것은 어떨까요?

### 리트머스지 역할을 하는 수국

수국의 꽃 색깔은 토양의 산도에 따라 변화하는 리트머스지 같은 역할을 합니다. 산성 토양에서는 파란색, 염기성 토양에서는 분홍색 꽃이 피지요.
또한 토양의 비료성분에 따라 꽃 색깔이 달라지는데 질소성분이 적으면 붉은색, 질소성분이 많고 칼륨(칼리)성분이 적으면 꽃 색깔이 파란색으로 변합니다.

## Planterior (Plant + Interior)

수국은 다양한 색상과 꽃송이가 탐스러워 어디에 두어도 눈길이 가는 꽃이지요. 화분에 기를 때는 꽃 색깔에 맞추어 다양하게 연출할 수 있는데, 여름에 꽃이 피는 식물이다 보니 시원한 분위기로 연출하는 것이 좋습니다. 흰색, 하늘색, 보라색 수국은 그 시원함이 한층 더 배가 되지요.

노지에서 월동이 가능하여 화단이나 조경용으로도 사용하기 좋은 식물입니다. 탐스러운 정원을 꾸미고 싶으면 수국을 심어 보세요.

### 재·배·포·인·트
### 이렇게 키워 보세요!

1. 물은 겉흙이 마르면 화분 구멍으로 흘러나올 때까지 흠뻑 주는 것이 좋습니다.
2. 수국은 물을 좋아하는 식물이므로 특히 꽃이 피었을 때는 물주기에 더 신경을 써야 합니다.
3. 노지에서 겨울을 날 수 있어 화단에 심어 기르는 것도 좋습니다. 하지만 재배종의 경우는 가능하지 않은 경우가 있으니 잘 확인하고 심으세요.

**Tip**

수국이 피었다 지면 바로 가지치기를 하는 것이 좋습니다. 다음 해에 필 꽃눈이 10월~11월경에 생겨나기 때문이지요. 다음 해에는 이번 해에 꽃이 피지 않은 가지에서 꽃이 피므로 가지치기를 할 때에는 꽃이 피었던 가지만 잘라 내는 것이 좋습니다.

서양 으아리
# 클레마티스

Clematis
미나리아재비과 *Clematis* spp.

## 식 물 이 야 기

클레마티스, 이름도 어려운 식물이지요. 혹시 '으아리'라고 들어 보셨나요? 우리 나라에서 자생하는 토종 덩굴성 식물로 클레마티스는 서양의 으아리라고 생각하면 됩니다. 클레마티스도 으아리와 같은 덩굴성 식물로 노지에서 겨울을 날 수 있답니다. 우리 나라 토종 으아리는 단아하고 청초한 작은 흰꽃이 덩굴 사이로 한 아름 피어나 동양화를 보는 듯한 느낌이 들지요. 반면, 클레마티스는 꽃이 크고 화려하며 색상도 다양합니다. 동양화와 서양화, 동양꽃꽂이와 서양꽃꽂이 그리고 으아리와 클레마티스의 모습이 대조적임을 느낄 수 있지요. 동양화, 동양꽃꽂이, 으아리는 여백의 미를 가진 평화로운 느낌을 받을 수 있습니다. 이와 달리 서양화, 서양꽃꽂이, 클레마티스는 화려하고 풍성한 특징을 가지고 있지요. 주변의 이런 식물로부터 우리의 정서와 문화가 영향을 받고 발전해온 것이 아닌가 싶습니다.

으아리

클레마티스는 세계적으로 300여 종이 자생하고 우리 나라에도 여러 종이 있습니다. 대표적으로는 '큰꽃으아리'와 '참으아리'를 들 수 있습니다. 클레마티스는 우리 나라에 들어온 지 그리 오래

클레마티스

| 식물<br>정보 | 난이도 | 식물분류 | 빛 | 물주기 | 비료 | 개화시기 | 최적온도 | 최저온도 |
|---|---|---|---|---|---|---|---|---|
| | 하 중 상 | 꽃 덩굴성 | 양지 반양지 | 보통 | 봄·가을 | 6~9월 | 15~20℃ | 0~3℃ |

되지 않아 흔하게 판매되고 있지는 않아요. 그래도 여름이 되면 여기저기서 클레마티스의 예쁜 얼굴을 볼 수 있습니다. 작은 솜뭉치 같은 꽃봉오리는 점점 색을 드러내며 커지다가 어느 순간 터지면서 감추고 있던 아름다운 색을 선보입니다. 이 순간이 클레마티스를 키우면서 가장 행복한 때가 아닐까 싶습니다.

유럽에서는 흔하게 볼 수 있는 꽃이지만 한때는 영국 왕실에서만 키우던 꽃이라고 합니다. 그래서 별명이 '귀족꽃'이지요. 이름에서 알 수 있듯이 키우기가 조금 까다로운 식물입니다. 노지에서 자라는 식물이라 정원이나 실외의 환경을 만들어 주어야 잘 자라지요. 또한 키우는 장소에 따라 개화 시기와 꽃 색깔이 많이 달라질 수 있습니다.

클레마티스는 '당신의 마음은 진실로 아름답다'라는 따뜻하고 사랑스러운 꽃말을 가지고 있어요. 생긴 것만큼이나 꽃말도 아름다운 클레마티스로 시원한 여름을 즐기세요.

**Planterior** (Plant + Interior)

햇빛이 잘 드는 베란다에서 행잉 바구니를 이용하여 클레마티스가 늘어지게 하거나 벽을 타고 올라갈 수 있도록 만들어 주세요. 풍성하고 사랑스러운 클레마티스의 매력에 흠뻑 빠지게 될 거예요.

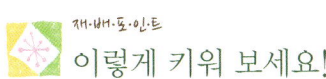
이렇게 키워 보세요!

1. 물은 겉흙이 마르면 화분 구멍으로 흘러나올 때까지 흠뻑 주세요.
2. 개화 시기에는 특히 관심을 가지고 물이 마르지 않도록 주의하세요. 그래야 꽃을 더 아름답게 오랫동안 볼 수 있습니다.
3. 비료를 아주 좋아하는 식물이므로 성장기 때는 월 2회 정도로 자주 주는 것이 좋습니다.

# 3

# 가을 단풍 같은 식물

남천 • 베쿠버제라늄 • 피라칸사 • 국화

가을이 되면 사람들은 산과 숲으로 단풍을 즐기러 가지요.
단풍놀이라고 하면 으레 바깥에서만 할 수 있다고 생각하지만,
실내에서도 가을을 느끼게 해주는 식물이 있습니다.
마치 울긋불긋 단풍이 든 것처럼
가을의 향연을 즐길 수 있도록 말이에요.

## 집에서 즐기는 단풍
# 남천

Heavenly Bamboo
매자나무과 *Nandina domestica*

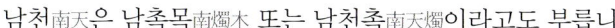 식 물 이 야 기

가을이 깊어갈수록 더욱 붉게 물드는 남천의 잎을 본 적 있나요? 푸른 잎이 조금씩 빨갛게 물들어가는 가을 속 자연의 모습을 멀리 여행을 떠나지 않고도 가까이에서 즐길 수 있게 해주는 매력적인 남천나무.

봄에는 여린 연둣빛 새순을 올려 주고, 여름에는 푸른 잎과 하늘거리는 하얀 꽃을, 가을에는 붉게 물들어가는 줄기와 잎을, 겨울이 깊어가면 더욱 단단하고 붉은 열매로 성탄 분위기까지 자아내는 나무입니다.

남천南天은 남촉목南燭木 또는 남천촉南天燭이라고도 부릅니

남천

다. 열매가 달린 모양이 빨간 촛대를 세워 놓은 것 같아 붙여진 이름이지요. 이 밖에도 잎이 대나무를 닮았다고 하여 남천죽南天竹이라고도 부릅니다. 일본에서는 남천南天을 '난텐'이라고 읽어요. '어려움難이 변하여轉 복이 된다'는 의미의 난전難轉과 발음이 같아서 생긴 이름이지요. 이 때문에 '전화위복'이라는 꽃말을 가지고 있지요.

| 식물정보 | 난이도 | 식물분류 | 빛 | 물주기 | 비료 | 개화시기 | 최적온도 | 최저온도 |
|---|---|---|---|---|---|---|---|---|
| | 하 중 상 | 꽃·잎·열매·관목 | 양지·반양지·반음지 | 보통 | 봄·가을 | 5~7월 | 13~25℃ | 0℃ |

남천은 정화, 해독, 전화위복 등의 의미와 함께 다양한 풍습을 간직하고 있습니다. 모든 재액을 물리친다 하여 정원수로 심는가 하면, 혼례 때 색시의 가마 속을 지키는 뜻으로 방석 밑에 잎을 넣어 주기도 했지요. 또한 임산부의 순산을 기원하며 마루 밑에 깔기도 했답니다.

일본 사람들은 습관처럼 다른 사람에게 음식을 선물할 때 음식 위에 남천 잎 세 장을 올려서 보냈다고 해요. 남천 잎을 곁들인 음식은 독을 소멸시킨다고 믿었기 때문이지요.

# Planterior (Plant + Interior)

남천은 일반적인 관엽 식물과 달리 잎이 작고 아름답습니다. 잎이 풍성하게 달리면 대나무 같은 느낌을 물씬 풍겨 동양적인 아름다움을 연출합니다.

또한 고요하고 깔끔한 스타일의 현대적인 인테리어에도 잘 어울리며 심플한 화기와 함께 연출하면 세련된 멋스러움을 감상할 수 있습니다. 깔끔한 벽면 앞에 남천을 놓아 두면 작고 하늘하늘한 잎과 가지의 자태가 한층 더 살아나지요. 암모니아를 제거하는 효과가 있어 화장실에 두어도 좋습니다.

## 재·배·포·인·트
### 이렇게 키워 보세요!

1. 강한 햇빛을 좋아하지만 실내의 그늘에서도 잘 자랍니다. 하지만 햇빛이 너무 약하면 웃자라서 모양이 이상해질 수 있으니 주의하세요.
2. 물은 겉흙이 마르면 흠뻑 주고, 꽃이 피고 열매가 맺는 시기에는 충분히 주는 것이 좋습니다.
3. 뿌리의 번식이 왕성하고 강해서 화분은 되도록 큰 것을 사용하는 것이 좋아요.
4. 2월 정도 새순이 나오기 전에 가지치기를 하면 나무의 모양을 예쁘게 만들 수 있습니다.
5. 실내에서는 깍지벌레가 생길 수 있으니 통풍을 잘 시켜 주세요.
6. 남부지방에서 정원수로 많이 사용하고, 중부지방에서도 노지에서 겨울을 날 수 있습니다.

**Tip**

남천의 붉은 잎을 감상하려면 가을부터 온도를 낮추고 햇빛이 잘 드는 베란다에 두는 것이 좋아요. 자연과 가까운 환경을 만들어 주기 위해서지요. 실내에서는 열매 맺기가 조금 힘듭니다.

## 실내에서 즐기는 단풍
# 밴쿠버 제라늄

Vancouver Centennial Geranium
쥐손이풀과 *Pelargonium horturum* 'Golden Ears'

# 식 물 이 야 기

울긋불긋 물든 단풍은 가을의 신호탄 같습니다. 더위가 채 가시지 않아도 식물은 어떻게 아는지 붉은 가을빛을 내기 시작합니다. 가을이 되면 자연의 놀라운 신비를 보려고 너도나도 단풍놀이를 떠나지요. 하지만 바쁜 일상 속에서 여유가 없는 사람들에게는 고통의 계절입니다. 떠나고 싶지만 떠날 수 없을 때 멀리 떠나지 않고도 가까이에서 단풍을 즐길 수 있는 식물이 있습니다. 바로 밴쿠버제라늄이지요. 생긴 모양이 단풍잎과 많이 닮아 단풍제라늄이라고도 불립니다. 가을날, 풍성하게 보이는 단풍은 아니지만 가까이에서 단풍제라늄을 바라보며 위안을 삼을 수 있어요.

밴쿠버제라늄은 잎이 아주 아름다워 꽃보다 더 사랑받는 식물입니다. 햇빛을 많이 받으면 받을수록 색깔이 선명해져 더욱 붉은빛의 잎을 감상할 수 있지요. 수시로 꽃대를 올려 주니 키우는 즐거움이 배가 됩니다.

밴쿠버제라늄은 제라늄의 한 종류로 펠라르고늄랜디, 로즈제라늄, 센티드제라늄, 애플제라늄 등 그 종류가 아주 다양합니다. 제라늄의 속명인 Pelargonium은 제라늄 열매의 뾰족한 부분이 황새의 부리와 닮았다고 하여 그리스어의 황새$_{pelargos}$에서 유래된 것이지요. 제라늄은 남아프리카가 고향이지만

| 식물정보 | 난이도 | 식물분류 | 빛 | 물주기 | 비료 | 개화시기 | 최적온도 | 최저온도 |
|---|---|---|---|---|---|---|---|---|
| | 하 중 상 | 꽃 잎 관목 | 양지·반양지·반음지 | 보통 | 봄·가을 | 연중 | 18~24℃ | 8℃ |

로즈제라늄(구문초)
*Pelargonium citrosa*

제라늄
*Pelargonium inquinans*

펠라르고늄랜디
*Pelargonium graveolens*
=*Pelargonium rosium*

아이비제라늄
*Pelargonium peltatum*

유럽, 미국 등지에서 재배되고 개량되어 지금은 전 세계에 가장 넓게 보급되고 있는 식물 중 하나입니다.

제라늄은 냄새와 악취제거에 탁월한 능력을 가졌습니다. 과거에는 화장실에 제라늄을 두어 악취를 제거하기도 했지요. 모기나 벌레가 제라늄의 독특한 향을 아주 싫어한다고 해서 '천연 모기장'으로 인기를 끌고 있습니다. 로즈제라늄(구문초)은 그중에서 가장 탁월한 능력을 가지고 있어 '천연 모기장'으로 많이 이용되지요. 로즈제라늄은 푸른 잎에 작은 제비꽃같이 생긴 꽃이 피어납니다. 다양한 제라늄을 이용하여 한여름 모기와의 전쟁에서 해방되어 보세요.

제라늄은 햇빛만 잘 보여주면 키우는 데 별 어려움이 없는 식물입니다. 병충해에도 강해서 어디서든 꿋꿋하게 잘 살지요. 허브 종류지만 건조함에도 강하고 번식력이 좋아 꺾꽂이를 이용해 개체수를 많이 늘릴 수 있습니다. 꽃의 색도 다양하고 일 년 내내 꽃을 피우기 때문에 화단에 없어서는 안 될 소중한 식물입니다.

**로즈제라늄**
우리 나라에서는 구문초를 로즈제라늄이라고 부르지만 실제로 로즈제라늄은 펠라르고늄랜디를 말합니다.

## Planterior (Plant + Interior)

밴쿠버제라늄과 함께 실내를 가을 분위기로 바꿔 보세요. 어두운 톤의 화기에 밴쿠버제라늄을 심어 놓으면 가을의 정취가 물씬 풍깁니다. 따뜻한 느낌의 실내에 두면 밴쿠버제라늄의 매력이 한층 더 살아날 거예요.

### 재·배·포·인·트
## 이렇게 키워 보세요!

1. 물은 겉흙이 마르면 화분 구멍으로 흘러나올 때까지 흠뻑 주세요.
2. 한여름에는 물이 과하면 뿌리가 썩어 버릴 수 있으니 속흙이 마르고 나서 물을 주는 것이 좋습니다. 여름에는 공중습도가 높기 때문에 물을 많이 주지 않아도 괜찮아요.
3. 햇빛이 잘 드는 창가에 두는 것이 좋고 양지에서도 잘 자랍니다. 음지에서도 견디지만 웃자라서 수형이 흐트러지거나 식물이 점점 약해질 수 있으니 오랫동안 음지에 두는 것은 피하세요.
4. 꽃이 피고 난 후에는 가지치기를 하세요. 줄기를 더 튼튼하게 만들 수 있는 방법입니다.

**Tip**

제라늄은 덥고 습한 여름에 아주 힘들어해요. 휴식할 수 있도록 해주는 것이 좋습니다. 물주기를 줄이고 비료주기는 가을로 미루세요.

밀착! 식물 속으로

## 제라늄 번식시키기

**제라늄 꺾꽂이**

1 화분에서 꺾꽂이할 줄기를 잘라 냅니다.

2 줄기 밑부분의 잎을 정리합니다.

3 물속에 1시간 정도 담가 물올리기를 해 줍니다.

4 화분에 흙을 담고 구멍을 뚫어 줄기를 심습니다.

5 흙을 덮고 잘 마무리해 주세요.

6 2~3주 후면 뿌리를 내리고 3개월 정도 지나면 잎도 풍성해집니다.

7 잎꽂이를 통해 새순이 나온 모습입니다.

탐스러운 붉은 열매로 가을을 풍성하게 만드는
# 피라칸사

Angustifolius Firethorn
장미과 *Pyracantha angustifolia*

# 식 물 이 야 기

피라칸사는 가을이 되면서 열매가 주황빛으로 물들어 장관을 이루는 식물입니다. 가지가 꺾일 듯 수많은 열매들이 조롱조롱 무리지어 달린 모습이 가을의 정취를 한껏 느끼기에 안성맞춤이지요.

피라칸사의 꽃은 5~6월에 조팝나무처럼 작은 흰색 꽃들이 무리지어 피는데 청초하고 화사한 느낌을 물씬 풍깁니다. 이 꽃자리에 연두색 열매가 달리고 9~10월이 되면 붉게 익어갑니다. 피라칸사 열매는 아주 풍성하고 아름다워 꽃보다 더 매력적입니다. 열매는 겨울 내내 달려 있어 오랫동안 감상할 수도 있지요. 피라칸사의 학명도 이런 특징을 표현한 이름으로 지어졌답니다. 속명 Pyracantha는 그리스어인 불꽃Pyro과 가시acantha의 합성어입니다. '불꽃이 이는 듯한 붉은 열매와 가시'로 표현한 이름이 피라칸사의 모습과 딱 어울리지요. '알알이 영근 사랑'이라는 꽃말도 가지고 있답니다. 피라칸사는 이렇게 열매가 익는 시기에 꽃꽂이용 소재로도 많이 사용됩니다. 풍성한 가을 장식이나 한가위 장식에 잘 어울리는 소재지요.

피라칸사의 고향은 중국이지만 우리 나라에서부터 중국 서남부, 유럽 남부에 이르는 지역에 살고 있습니다. 중국 원산지에서는 2m까지 키가 자라 큰 나무로 성장합니다. 우리 나라에서는 남부지방의

| 식물 정보 | 난이도 | 식물분류 | 빛 | 물주기 | 비료 | 개화시기 | 최적온도 | 최저온도 |
|---|---|---|---|---|---|---|---|---|
| | 하 중 상 | 잎 열매 관목 | 양지 반양지 | 보통 | 봄·가을 | 5~6월 | 20~25℃ | 0℃ |

노랑열매 피라칸사

피라칸사의 열매

피라칸사의 가시

가로수나 울타리용으로도 사용할 정도로 많이 쓰이고 있지요. 중부지방에서는 월동이 힘들어 겨울에는 베란다에 두고 키우는 것이 좋지만 종류에 따라서는 월동이 가능한 것도 있습니다.

피라칸사는 새로운 싹을 틔우는 힘이 아주 강해 분재를 만들거나 토피어리를 만들기에도 좋은 식물입니다. 둥근 모양부터 회오리 모양에 이르기까지 다양한 형태의 토피어리가 있지요.

### **Planterior** (Plant + Interior)

가을의 정취에 푹 빠지게 만드는 피라칸사의 열매를 감상하기에는 어떤 장소라도 좋습니다. 채광이 좋은 집 입구나 창가에 토피어리 형태의 피라칸사를 줄지어 놓아 보세요. 아주 풍성한 가을을 맞이할 수 있을 거예요. 이 열매는 겨울까지 계속 달려 있어 크리스마스 분위기를 내기에도 좋습니다.

#### 재·배·포·인·트
#### 이렇게 키워 보세요!

1  물은 겉흙이 마르면 화분 구멍으로 흘러나올 때까지 흠뻑 주는 것이 좋습니다. 꽃이 피고 성장하는 시기인 5~10월에는 물을 충분히 주어야 합니다. 물이 부족하면 잎이 우수수 떨어지거나 열매가 쪼글쪼글해지지요.
2  직사광선이나 햇빛을 좋아하는 식물이지만 음지에서도 어느 정도 견딜 수 있어요. 하지만 햇빛이 너무 없으면 꽃을 피우고 열매를 맺기 어렵습니다.
3  겨울에 실내에서 월동을 할 경우에는 서늘하게 관리합니다. 적당한 추위는 피라칸사에게 다음 해 개화와 성장에 밑거름이 되기 때문이지요.

가을 꽃의 대명사
# 국화

Chrysanthemum
국화과 *Dendranthema grandiflorum (Chrysanthemum morifolium)*

## 식 물 이 야 기

가을이면 가장 먼저 떠오르는 꽃이 바로 국화가 아닐까요? 가을이 되면 화단이나 공원에 한 아름 심어 둔 소국을 많이 볼 수 있지요. 소국을 꽃병에 꽂아 두면 가을 분위기가 물씬 풍기고, 향기도 진해 주변을 향기롭게 만듭니다. 노란색, 주황색, 흰색, 연두색, 자주색 등 여러 가지 색의 국화가 있지만 가을에는 아무래도 주황이나 짙은 자주와 같이 낙엽과 비슷한 색의 국화에 눈이 가지요.

작은 화분에 앙증맞게 심은 국화를 실내 곳곳에 두고 보면 단조로운 실내에서도 가을을 느낄 수 있을 거예요. 국화는 원래 가을에 피는 꽃이지만 지금은 개화 시기를 조절하여 재배하므로 일 년 내내 국화를 볼 수 있습니다. 꽃꽂이용으로도 많이 재배를 하고 있어서 언제든지 구할 수 있지요.

국화는 노지에서 겨울을 날 수 있는 숙근초입니다. 겨울이 되어 시들시들 죽어간다고 버리지 마세요. 식물의 지상부는 죽어도 뿌리가 살아남아 다음 해에 또 새순이 돋고 꽃이 핍니다. 하지만 처음 구입한 화분은 농장에서 자랐기 때문에 추위에 약할 수 있어요. 한 해는 베란다에서 겨울을 나고, 다음 해에는 화단에 심어 겨울을 나게 하는 것이 안전합니다. 겨울을 보내고 나면 그 다음 해에 더 예쁜 꽃을 볼 수 있답니다.

| 식물 정보 | 난이도 | 식물분류 | 빛 | 물주기 | 비료 | 개화시기 | 최적온도 | 최저온도 |
|---|---|---|---|---|---|---|---|---|
| | 하 중 상 | 꽃 | 양지 반양지 | 보통 | 봄·가을 | 9~11월 | 16~18℃ | 5℃ |

국화는 중국, 일본이 원산지인 꽃으로 국화의 중국 이름은 '국菊'입니다. 중국에서 '국菊'은 '누룩'을 뜻하는데 누룩이 술의 기본이며 맛의 원천이라 하여 아주 귀하게 여겼다고 해요. 한글명으로 부르는 '국화'는 '국菊'에 '화花'가 붙은 것이지요. 중국에서는 국화를 '황화' 또는 '황예'라고도 부릅니다. 국화꽃이 황색이라 붙여진 이름이기도 하지만 중국인들은 황하黃河를 자신들의 피부를 황색으로 해준 어머니의 강이라고 여길 정도로 노란색을 신성하게 여겼습니다. 또한 군주를 황제라고 칭했듯이 국화를 '꽃의 왕자'라는 뜻인 황화라고 한 것이지요.

## Planterior (Plant + Interior)

국화는 작은 화분에 심어 실내 곳곳에 두면 가을 분위기를 내기에 안성맞춤이지요. 바구니에 여러 개의 국화 포트를 담아서 자연스럽고 풍성하게 연출해 보세요. 가을의 풍성함을 만끽할 수 있을 거예요. 꽃꽂이용 국화를 한 아름 꽃병에 꽂아 두는 것도 좋은 장식이 됩니다. 국화는 수명이 길어서 2주 넘게 예쁜 꽃을 볼 수 있어요.

### 재·배·포·인·트
### 이렇게 키워 보세요!

1. 물은 겉흙이 마르면 화분 구멍으로 흘러나올 때까지 흠뻑 주세요. 특히 성장이 활발한 시기에는 물을 충분히 주는 것이 좋습니다.
2. 햇빛이 풍부한 곳에 두고 키우세요. 하지만 낮에 햇빛이 너무 강한 경우에는 온도가 함께 올라가므로 반음지에 두는 것이 좋습니다.
3. 노지에서 겨울을 나는 기특한 화초입니다.

**Tip**

가을이 되었는데 국화꽃이 피지 않는다고요? 밤에 조명이 너무 밝아 상대적으로 암기가 부족하기 때문이랍니다. 국화는 하루 중 빛이 없는 시간이 14시간 정도 되어야 꽃눈이 생깁니다. (*316쪽 포인세티아를 붉게 만드는 단일 처리 참고)

## 4

# 겨울, 크리스마스에 어울리는 식물

포인세티아 ● 아라우카리아 ● 호랑가시나무 ● 백묘국

추운 겨울, 따스함이 느껴지는 화초들이 있습니다.

겨울이 되면 대부분의 식물이 시들하게 지낼 것 같지만,

일 년 내내 푸르게 자라는 식물도 있지요.

크리스마스나 한 해의 마지막 무렵을

한껏 즐길 수 있는 화초들도 있고요.

몸과 마음이 추운 겨울, 실내에서 감상할 수 있는

식물 중에는 무엇이 있는지 알아볼까요?

크리스마스의 대표 주자
# 포인세티아

Poinsettia
대극과 *Euphorbia pulcherrima*

## 식물 이야기

포인세티아는 울긋불긋한 잎사귀와 진한 초록 잎이 크리스마스 이미지를 떠올리게 하는 식물입니다. 포인세티아 하나로도 얼마든지 크리스마스 분위기를 낼 수 있기 때문에 빼놓을 수 없는 좋은 식물이지요. 이 꽃 하나로 추운 겨울 따뜻함이 느껴지기도 하니까요. 농장에 빨간 포인세티아가 모습을 드러내면 크리스마스가 다가오고 있음을 느낍니다.

• • •

포인세티아의 꽃말은 '축복합니다', '축하합니다', '나의 마음은 타고 있습니다'이며 이와 관련된 아름다운 전설을 가지고 있습니다. 16세기 멕시코에서는 크리스마스 이브에 예수님의 탄생을 축하하며 제단에 선물을 두는 풍습이 있었습니다. 하지만 한 작은 소녀는 너무 가난하여 예수님께 바칠 선물이 없었지요. 그래서 소녀는 겸손한 마음으로 길가의 잡초들을 모아서 교회로 갔습니다. 교회의 제단에 다가갔을 때, 크리스마스의 기적이 일어났어요. 잡초에서 붉은색과 연두색의 아름다운 꽃이 피어난 것이지요. 그 꽃이 바로 포인세티아이고, '성스러운 밤의 꽃'이라고 이름 붙이게 되었답니다. 멕시코 사람들은 그 후로 크리스마스를 축하하기 위해 포인세티아를 사용하게 되었습니다. 포인세티아의 잎 모양이 베들레헴의 별을 닮았고, 어두운 붉은색이 예수님의 피를 나타낸다고 생각했답니다.

포인세티아는 추운 겨울 분위기와 달리 멕시코가 고향인 식물입니다. 멕시코 원주민 아즈텍족은 포인세티아 수액을 의학적인 목적으로 사용하였습니다. 포엽은 빨간 염료를 만드는 데에 사용하였고 옷을 만들 때 유용하게 쓰였습니다.

| 식물 정보 | 난이도 | 식물분류 | 빛 | 물주기 | 비료 | 개화시기 | 최적온도 | 최저온도 |
|---|---|---|---|---|---|---|---|---|
| | 하 중 상 | 꽃 잎 관목 | 양지 반양지 | 저면 관수 보통 | 봄·여름·가을 | 11~1월 | 16~30℃ | 8℃ |

포인세티아는 1825년 조엘 로버트 포인세트Joel Roberts Poinsett에 의해 미국에 처음 소개되었습니다. 포인세트는 멕시코 주재 미국 초대 대사이며 탁월한 아마추어 식물학자였습니다. 그의 노력으로 인해 아름다운 포인세티아를 미국으로 가지고 가게 되었지요. 그 후 미국에서는 포인세티아가 인기를 끌게 되었는데, 'Mexican Fire Plant', 'Painted Leaf'라고 불렸어요. 1851년 포인세트가 세상을 떠난 뒤에 그의 이름을 따서 포인세티아라는 이름을 붙이게 되었고, 12월 12일을 포인세티아의 날로 지정했답니다.

· · ·

지금은 크리스마스 하면 가장 먼저 떠오르는 식물이고, 수만 개의 포인세티아가 크리스마스 시즌에 팔려나가고 있습니다. 포인세티아를 겨울에 많이 볼 수 있다고 해서 추운 곳에서도 잘 견딜 수 있을 것이라는 생각은 오산입니다. 포인세티아는 멕시코 원산의 열대나 아열대 지방에서 자라는 작은 나무로 찬바람을 살짝만 맞아도 잎이 축 처질 수 있어요. 줄기는 녹색으로 자라다 점점 갈색으로 목질화되는데, 우리가 흔하게 접하는 작은 크기의 포인세티아는 목질화가 되기 전이라 줄기와 잎이 약하답니다. 뿌리도 약해서 분갈이를 하다 죽는 경우도 많으므로 되도록이면 분갈이를 하지 않고 그대로 보는 것이 좋습니다.

포인세티아에서 우리가 꽃이라고 보는 붉은 부분은 꽃이 아닌 '포엽'입니다. 포인세티아의 잎은 처음에는 녹색으로 자라다가 밤이 길어지고 낮이 짧아지게 되면 붉게 물들어가지요. 포인세티아의 진짜 꽃은 잎 가운데에 있으며 노란색의 둥근 열매같이 생겼어요. 자세히 보면 그 둥근 열매 안에 작은 입술 모양의 꿀샘과 수꽃, 암꽃이 함께 피어나지요.

포인세티아는 크리스마스의 대표적인 꽃인 만큼 절화나 조화로도 많이 사용되고 있습니다. 포인세티아를 이용해서 리스를 만들거나 센터피스를 만들어 사용할 수도 있지요. 이 밖에도 솔방울, 오리목, 계피, 호랑가시나무 같은 소재를 함께 연출하면 붉은 포인세티아를 더 돋보이게 해줍니다.

## Planterior (Plant + Interior)

크리스마스가 되면 가정이나 사무실, 백화점, 호텔, 식당 등 포인세티아가 없는 곳이 없을 정도입니다. 작은 포인세티아 화분 하나로 실내 분위기를 확 바꾸어 크리스마스 분위기를 물씬 풍길 수 있으니까요. 카페나 식당에서는 테이블 위에 이 포인세티아 하나만 올려놔도 훌륭한 장식이 될 수 있어요. 포인세티아는 다른 소품들과 함께 장식하면 더 큰 효과를 볼 수 있습니다. 니트로 된 화분 덮개나 솔방울, 산타인형 등을 함께 장식할 수 있지요. 크리스마스에 어울리는 백묘국이나 율마와 같은 식물을 함께 연출하는 것도 좋습니다.

### 재·배·포·인·트
### 이렇게 키워 보세요!

1. 물은 겉흙이 마르면 화분 구멍으로 흘러나올 때까지 흠뻑 주는 것이 좋습니다. 물이 부족하거나 너무 많으면 잎이 축 처지면서 점점 노랗게 말라갑니다. 저면 관수법을 이용해서 물을 주는 것이 좋습니다.
2. 햇빛을 아주 좋아해서 하루 종일 햇빛을 잘 받을 수 있는 장소에 두는 것이 좋습니다.
3. 추위에 매우 약하므로 찬바람이 불기 전에 따뜻한 실내로 들여놓아야 합니다. 보통 겨울에 키우는 경우가 많은데 포인세티아를 사오는 동안에도 바깥의 찬바람을 맞으면 잎이 처지고 죽을 수 있으니 주의해야 해요.
4. 포인세티아의 분갈이는 5월경에 하는 것이 좋은데, 뿌리가 약해서 분갈이를 잘못했다가는 식물 전체가 시들어 버릴 수 있으니 조심해야 합니다. 꽃이 핀 동안은 분갈이를 하지 않고 그대로 보는 것이 더 좋습니다.

**Tip**

포인세티아는 줄기를 자르면 흰색 유액이 나오는데 피부병을 일으킬 수 있으므로 피부에 닿지 않도록 하는 것이 좋습니다. 특히 어린아이들이 만지거나 먹지 않도록 주의하세요.

## 포인세티아를 붉게 만드는 단일 처리

포인세티아를 밖에서 키우면 12월쯤에 푸른 잎이 붉게 물들어갑니다. 하지만 실내에서 포인세티아를 키우면 밤에도 조명이 환하게 켜져 있어 암기가 사라지게 되지요. 포인세티아의 잎이 계속 푸른 상태라면 단일 처리를 해서 잎을 붉게 변화시킬 수 있습니다. 낮의 길이가 짧고 밤이 길어져야 꽃이 피는 단일 식물이기 때문입니다. 조건이 맞지 않으면 푸른 잎만 계속해서 무성해지거든요. 꽃을 피게 하기 위해서는 단일 처리로 조건을 만들어 주세요.

### 단일 처리 방법

1. 빛이 없는 시간을 14시간 정도 만들어 줍니다. 따뜻하고 어두운 장소에 두거나 종이상자를 덮어 빛을 가려 주세요.
2. 6주 이상 1번에서 말한 조건을 만들어 주면 잎이 서서히 붉게 변합니다.
3. 통풍이 되지 않는 차광막은 피하는 것이 좋습니다.

단일 식물은 하루 중에 낮이 짧고, 밤이 일정시간 이상 지속될 때 꽃이 피는 식물입니다. 보통 낮이 12시간보다 짧아지는 시기에 꽃이 피는 식물로 포인세티아, 게발선인장, 칼랑코에, 국화, 나팔꽃, 봉선화, 줄맨드라미 등이 있습니다.

실내에서 키우는 크리스마스나무
# 아라우카리아

Norfolk Island Pine
아라우카리아과 *Araucaria heterophylla*

# 식 물 이 야 기

층층이 뻗어나가는 가지의 모습이 아름다운 아라우카리아(아로카리아)는 실내에서 키우기 좋은 에코플랜트 가운데 하나지요. 피라미드 모양으로 자라는 멋스러운 모습을 감상하는 것이 아라우카리아를 기르는 재미입니다. 삼각뿔 모양의 생김새 때문에 '호주삼나무'라고도 불리지요. 녹색의 바늘 같은 잎을 가지고 있는 침엽수지만 잎이 잘 떨어지지 않아요. 또한 해충에 대한 저항력이 높아 실내에서 키우기에 좋은 식물입니다. 크리스마스가 되면 아라우카리아의 매력이 한층 빛납니다. 포인세티아와 더불어 좋은 크리스마스 장식품이 되는 아라우카리아는 크리스마스 트리로 쓸 수 있는 아주 멋진 나무지요.

• • •

아라우카리아의 고향은 오스트레일리아령에 있는 노퍽 섬입니다. 그래서 영문명도 '노퍽 섬 소나무 Norfolk Island Pine'라고 부르지요. 소나무라는 이름이 붙었지만 소나무하고는 상관 없는 아라우카리아과에 속하는 식물입니다. 아라우카리아과 식물은 약 15종이 자생하고 있는데 실내

| 식물정보 | 난이도 | 식물분류 | 빛 | 물주기 | 비료 | 개화시기 | 최적온도 | 최저온도 |
|---|---|---|---|---|---|---|---|---|
| | 하 중 상 | 잎 교목 | 양지 반음지 | 보통 가끔 | 봄·가을 | - | 20~25℃ | 5℃ |

에서 키울 수 있는 종은 이 아라우카리아 하나뿐입니다. 노퍽 섬은 오스트레일리아와 뉴질랜드 사이, 시드니에서 동북쪽으로 약 1,496km나 떨어진 곳에 있는 화산섬입니다. 2,000여 명 정도가 사는 작은 나라로 노퍽 섬의 국기에는 노퍽 섬 소나무가 그려져 있기도 합니다. 아라우카리아는 노퍽 섬 외에도 뉴질랜드, 뉴칼레도니아, 남미 대륙에서 자랍니다. 자생지에서는 70m 높이로 아주 크게 자라는 나무지요. 지금은 전 세계적으로도 많이 심는데 30m 높이 정도만 자라고, 우리 나라의 실내 환경에서는 최고 3m 정도까지 자랍니다.

아라우카리아는 미국항공우주국(NASA)에서 선정한 에코플랜트 가운데 종합평가 30위를 차지한 식물입니다. 재배와 관리가 편하고 해충에 대한 저항력이 커서 실내에서 키우기에 아주 적당한 에코플랜트지요. 또한 증산작용이 활발하여 실내 상대습도를 높이는 효과도 얻을 수 있습니다.

## Planterior (Plant + Interior)

작은 아라우카리아는 책상 위나 테이블에 놓고 기를 수 있습니다. 크기가 좀 더 큰 나무는 실내의 한 코너에 두고 관상할 수 있지요. 뿐만 아니라 아라우카리아는 크리스마스 분위기를 내는 나무로도 손색이 없습니다. 크리스마스 시즌이 되면 은하수 전등이나 리본, 각종 구슬과 오너먼트, 인형을 이용하여 나무를 장식할 수 있지요. 하지만 너무 무거운 오너먼트는 가지를 꺾이게 할 수 있으니 주의해야 합니다.

### 재·배·포·인·트 이렇게 키워 보세요!

1. 물은 겉흙이 마르면 화분 구멍으로 흘러나올 때까지 흠뻑 주는 것이 좋습니다. 10월 이후에는 물주기를 줄이고 겨울에는 휴식을 취하므로 물을 거의 주지 않아도 됩니다.
2. 건조하면 잎이 마를 수 있으니 분무를 자주 해주세요.
3. 빛을 좋아해서 햇빛이 드는 곳에 두고 키우면 좋지만 반음지에서도 잘 자랍니다.
4. 빛을 받는 방향으로 식물이 휘어서 자랄 수 있으니 수형을 아름답게 하려면 햇빛을 골고루 쬐어 주세요.
5. 아라우카리아는 한 곳에서 오래 키우는 것이 좋습니다. 자주 분갈이하는 것을 싫어하므로 3~5년에 한 번 정도 꼭 필요한 시기에 해줍니다.
6. 2년에 한 번씩은 윗부분의 흙을 새로 갈아 주세요.
7. 비료는 자주 주지 않는 것이 좋습니다.

**Tip**

아라우카리아는 자라면서 한쪽으로 쓰러질 수 있으므로 지지대를 세우는 것이 좋습니다.

붉은 열매로 크리스마스를 장식하는
# 호랑가시나무

Horned Holly, Chinese Holly
감탕나무과 *Ilex cornuta*

식 물 이 야 기

호랑가시나무는 '홀리 나무'라고 불리며 크리스마스를 상징하는 나무이기도 합니다. 한 번쯤 크리스마스실이나 카드에 그려진 호랑가시나무의 열매를 본 적이 있을 거예요. 자생 지역에서는 일 년 내내 푸르른 호랑가시나무 잎을 볼 수 있지요. 광택이 나는 짙은 녹색의 잎이 아름다워 실내에 두고 키우기에도 아주 좋습니다. 잎은 뾰족하게 파인 모양으로 만지면 따가우니 조심해야 합니다.

4~5월이 되면 아카시아 향이 나는 앙증맞은 꽃이 피어납니다. 겨울이 되면 붉게 익은 열매가 자연스레 크리스마스트리가 되기도 하지요. 하얀 눈이 소복하게 내려앉은 겨울에도 푸른 잎과 빨간 열매를 선명하게 보이는 호랑가시나무의 모습은 유독 눈에 띄는 아름다운 풍경입니다. 이렇게 아름다운 열매를 가진 호랑가시나무는 우리 나라의 남부지방에서도 볼 수 있답니다. 변산반도 도청리의 호랑가시나무 군락지는 천연기념물 122호로 지정되어 있지요. 이 지역이 우리 나라에서 호랑가시나무가 살 수 있는 북한계선입니다.

· · ·

성스러운 호랑가시나무는 '가정의 행복과 평화'라는 아주 따뜻한 꽃말을 가지고 있습니다. 꽃말처럼 집안의 평화와 행복이 가득하기를 바라는 마음에서 호랑가시나무를 소중히 여기는 것이겠지요.

호랑가시나무는 고양이의 발톱 같다 하여 '묘아자猫兒刺', 껍질이 개의 뼈다귀를 닮았다 하여 '구골목狗骨木'이라고도 부릅니다. 우리 나라에서는 호랑이가 나뭇잎에 붙은 가시로 등을 긁는다고 하여 '호랑이 등긁이 나무'라고 부르다가 '호랑가시나무'가 되었지요. 호랑이 발톱같이 생겼다 하여 '호랑발톱

| 식물정보 | 난이도 | 식물분류 | 빛 | 물주기 | 비료 | 개화시기 | 최적온도 | 최저온도 |
|---|---|---|---|---|---|---|---|---|
| | 하 중 상 | 꽃 잎 열매 관목 | 양지 반음지 | 보통 가끔 | 봄·가을 | 4~5월 | 16~30℃ | 3℃ |

나무'라고 부르기도 합니다.

• • •

예로부터 음력 2월 날씨는 종잡을 수 없이 변덕스러웠습니다. 사람들은 변덕스러운 날씨가 바람을 다스리는 신神인 영등할머니 때문이라고 생각했지요. 영등할머니는 하늘에 살고 있다가 음력 2월이 되면 땅에 내려오는데, 이때 사람들은 나쁜 잡귀들이 영등할머니를 방해한다고 믿었습니다. 그래서 여러 가지 방법으로 잡귀를 물리치려고 했지요. 우리 나라 변산 지방에서는 영등날, 호랑가시나무 가지에 정어리를 꿰어 처마에 매달아 놓고 나쁜 잡귀를 쫓는 풍습이 있습니다. 정어리의 눈알로 귀신을 노려보게 하여 호랑가시나무의 가시에 눈이 찔린 귀신이 오지 못하도록 한 것이지요. 일본에서도 입춘 전날 호랑가시나무 잎으로 문을 장식하여 도깨비가 들어오지 못하도록 했답니다. 십자가에 못 박힌 예수의 가시관도 호랑가시나무로 만들었다는 설이 있습니다. 골고다 언덕에서 날카로운 가시에 찔려 피를 흘리고 있는 예수님께 로빈이라고 하는 작은 새가 예수의 머리에 박힌 가시를 뽑아내다가 자신도 가시에 찔려 죽게 되었지요. 이 로빈새가 호랑가시나무 열매를 잘 먹기 때문에 서양 사람들은 열매를 함부로 따면 안 된다고 믿었답니다.

고대 로마에서도 호랑가시나무를 성스럽게 여겼는데, 겨울 동안 문에 장식하여 악령을 쫓는 데 사용했지요. 유럽에서도 호랑가시나무를 성스럽게 여겨 이 나무로 장식하면 집안을 보호할 수 있다고 믿었습니다. 또 영국에서는 이 나무로 지팡이를 만들어 짚으면 행운이 찾아와 위험한 일을 막을 수 있다고 믿었지요.

호랑가시나무는 흔히 'Holly Tree'라고 부르는데 성스럽다는 뜻의 'Holy'에서 전해진 이름이지요. 영어 이름은 '홀리Holly', 우리 나라에서 자라는 호랑가시나무는 '차이니즈 홀리Chinese Holly'라고 하며 유럽에 자라는 종류는 '잉글리시 홀리English Holly', 미국에서 자라는 것은 '아메리칸 홀리American Holly'라니 세계적으로 성스럽게 여기는 나무가 틀림없나 봅니다.

 **Planterior** (Plant + Interior)

호랑가시나무는 늘 푸르른 잎을 일 년 내내 어디에 두고 보아도 좋습니다. 특히 크리스마스가 되면 호랑가시나무가 더 빛을 발하게 될 거예요. 호랑가시나무를 트리 삼아 오너먼트와 리본을 이용해서 장식해 보세요.

호랑가시나무는 겨울이 되면 자른 가지들을 꽃시장에서도 구할 수 있습니다. 푸른 잎 소재라서 꽃보다 더 오래 볼 수 있지요. 크리스마스 리스, 촛대 장식, 트리를 만들기도 하고, 호랑가시나무 잎을 이용해 카드를 만들 수 있답니다. 빨간 장미와 함께 크리스마스 센터피스를 만들어도 아주 멋스럽지요.

### ▣ 공기정화에 좋아요

미국항공우주국(NASA)에서 선정한 에코플랜트 중 종합평가 11위를 차지한 식물입니다. 실내공기정화를 위해서 키우는 것도 좋습니다.

 **재·배·포·인·트**
## 이렇게 키워 보세요! · · · · · · · · · · · · · · · · · · · · ·

1. 건조한 환경에 강한 편이므로, 물은 겉흙이 마르고 2~3일 정도 후에 화분 구멍으로 흘러나올 때까지 흠뻑 주는 것이 좋습니다.
2. 반음지에서 키우는 것이 좋습니다.
3. 남부지방에서는 실외 월동이 가능하지만 중부지방에서는 자라기 힘듭니다. 겨울에는 실내에 두고 기르는 것이 좋아요.
4. 자라는 속도가 느려서 분갈이를 자주 해주지 않아도 됩니다. 분갈이를 할 때는 이른 봄에 하여 튼튼한 뿌리로 겨울을 날 수 있게 해주세요.

**Tip**

호랑가시나무는 암수딴그루이므로 한 그루의 나무로는 열매를 맺기 힘들어요.

벨벳 질감의 따뜻한 잎을 가진
# 백묘국

Dusty Miller, Silver Cineraria
국화과 *Senecio cineraria*

## 식물 이야기

고급스러운 은백색 벨벳 느낌의 백묘국은 솜털이 보송보송 달려 따뜻하고 포근한 느낌을 줍니다. 레이스 같은 백묘국의 잎은 눈이 하얗게 덮인 나무를 연상시키기도 하지요. 이 때문에 '백묘국', '설국'이라는 이름이 붙었답니다. 속명 Senecio는 라틴어 Senex에서 유래되었는데 '백발 노인'이라는 뜻으로, 하얗게 올라온 백묘국의 털 때문에 붙여진 이름입니다. 잎이 독특하고 아름다워 꽃보다 더 사랑받는 식물이지요.

지중해가 원산지인 식물이지만 우리 나라에도 식물원이나 공원에서 많이 볼 수 있습니다. 무리지어 핀 백묘국은 하얀 눈이 덮여 있는 것 같은 착각을 일으키지요. 루돌프 사슴의 뿔을 떠올리게 하는 겨울에 잘 어울리는 식물입니다. 크리스마스 장식으로 사용해도 손색이 없지요. 화려한 포인세티아나 호랑가시나무보다 세련된 크리스마스 식물을 원한다면 백묘국을 활용해 보세요. 백묘국의 은빛이 어떤 공간이라도 돋보이게 만들어 줄 테니까요.

백묘국은 노란색의 작은 꽃이 피는데 고급스럽고 우아한 잎에 비하면 볼품없어 보입니다. 하지만 아기자기하고 귀여운 노란 솜털 같은 꽃을 미워할 수 없지요. 시든 꽃을 바로바로 제거하면 다음에 올

| 식물정보 | 난이도 | 식물분류 | 빛 | 물주기 | 비료 | 개화시기 | 최적온도 | 최저온도 |
|---|---|---|---|---|---|---|---|---|
| | 하 중 상 | 꽃 잎 | 양지 반양지 | 보통 | 봄·가을 | 6~9월 | 16~25℃ | 8~10℃ |

라올 꽃들을 더 풍성하게 감상할 수 있어요. 하지만 아름답고 풍성한 잎을 계속해서 보고 싶다면 꽃대가 올라올 때 꽃을 제거하면 됩니다. 백묘국은 실내에서 키우는 것도 좋지만 화단에 무리지어 심어 키우는 것도 예쁘게 볼 수 있는 방법이지요. 화단에 심으면 햇빛을 잘 받을 수 있어서 아주 튼튼하게 잘 자랄 거예요.

## Planterior (Plant + Interior)

세련되고 독특한 연출을 원한다면 백묘국을 이용해 보세요. 은백색 백묘국 잎이 사람들의 시선을 독차지할 것입니다. 크리스마스에는 고급스럽게 장식할 수 있는 아주 좋은 식물이지요. 금색이나 은색 화기에 심어 화려하게 보아도 좋고, 빨간 털실로 만든 화분 커버를 이용해 아기자기하게 연출해도 좋습니다.

### 재·배·포·인·트 이렇게 키워 보세요!

1. 물은 속흙이 마르면 화분 구멍으로 흘러나올 때까지 흠뻑 주세요. 건조한 환경에 강해서 물이 과한 것보다 적게 주는 것이 좋습니다. 저면 관수법을 이용해서 물을 주면 좋습니다.
2. 백묘국은 햇빛을 아주 좋아하므로 하루 종일 햇빛을 잘 받을 수 있는 장소에 두세요. 햇빛이 적은 곳에 두면 잎에 힘이 없고 웃자라게 되거든요. 햇빛이 충분하면 통통하고 예쁜 잎을 볼 수 있습니다.
3. 통풍이 잘되는 곳에서 잘 자라므로 환기를 자주 시키는 것이 좋습니다.
4. 추위에 약하므로 찬바람이 불기 전에는 실내로 들여놓는 것이 좋습니다. 화단에 심을 때는 늦서리가 지나간 후에 심습니다.
5. 웃자랐을 경우에는 줄기를 자르면 새로운 잎이 나와 더 튼튼하게 키울 수 있습니다.

**Tip**

백묘국의 잎과 줄기에는 독성이 있으므로 어린아이나 애완동물이 먹지 않도록 주의하세요.

## part 4 소품을 이용한 다양한 화초 가꾸기

식물을 다양하게 이용하고 손쉽게 장식할 수 있는 방법을 알려드릴게요.
집 안에 굴러다니는 애꿎은 소품이나 버려지기 직전의 물건들을 이용하여
식물을 가꿔 보세요. 많은 돈을 들이지 않고도 내 손을 거쳐
소품 하나하나가 소중하게 바뀔 거예요.

## SPECIAL 01 허브 다양하게 이용하기

향긋한 허브는 관상용으로 키우는 것 외에도 요리나 방향제, 비누, 팩, 크림, 장식용에 이르기까지 다양하게 이용할 수 있습니다. 허브를 증류시켜 얻은 에센셜 오일을 이용하여 아로마 테라피에 사용하지요. 집에서도 간단하게 활용할 수 있는 방법이 아주 많답니다.

### 허브티

직접 키운 허브를 이용해 손쉽게 차를 마실 수 있다는 건 얼마나 즐거운 일인지 몰라요. 허브와 따뜻한 물만 있으면 쉽게 만들 수 있지요. 싱싱한 허브 줄기를 수확하여 따뜻한 물에 우려 내면 신선한 허브티를 맛볼 수 있답니다. 허브티는 허브를 말려서 사용하기도 하고, 신선한 허브를 따서 바로 사용할 수도 있어요.

**이용 허브** 로즈메리, 민트, 세이지, 레몬밤, 레몬버베나, 캐모마일, 타임 등

## 허브 비니거

**재료** 허브 10cm 정도 2~3개, 식초 200ml

요리할 때 쓰는 허브 비니거를 만들 수도 있어요. 만드는 요리에 조금씩 넣어서 허브 향을 가득 내보세요. 고기와 생선의 비린내를 없앨 수 있답니다. 샐러드의 드레싱에 사용하면 상큼한 맛을 느낄 수 있지요.

**이용 허브** 바질, 로즈메리, 레몬밤, 타임, 타라곤, 오레가노, 세이지, 마조람, 민트, 월계수, 딜 등

+ 어두운 그늘에서 2~3주 정도 숙성시킨 후 사용하세요.
+ 사용기한 : 9개월

## 허브 오일

**재료** 허브 10cm 정도 2~3개, 올리브유 200ml

허브 향이 가득한 요리를 위해 오일을 만들 수 있답니다. 볶음이나 튀김 요리를 할 수 있고 고기나 생선을 잴 때 사용해도 좋습니다. 요리의 맛을 더욱 깊게 해주지요. 샐러드 드레싱에 사용하는 것도 잊지 마세요. 오일을 만들 때 사용한 허브를 꺼내 샐러드로도 먹을 수 있답니다.

**이용 허브** 바질, 로즈메리, 타라곤, 타임, 딜, 세이지, 오레가노 등

+ 어두운 그늘에서 2~3주 정도 숙성시킨 후 사용하세요.
+ 허브 오일 외에 허브 솔트, 허브 버터, 허브 젤리도 만들 수 있어요.
+ 사용기한 : 6개월

## 허브 양초

**재료** 왁스(소이왁스, 비즈왁스, 팜왁스), 양초 심지, 유리 용기, 냄비, 중탕할 그릇, 나무젓가락, 스푼, 허브 가루, 아로마 오일

허브를 이용해서 분위기 있는 양초를 만들어 보세요. 양초를 만든 후에 허브 잎을 이용해 꾸미면 장식용으로도 손색 없는 천연양초가 탄생됩니다. 허브 양초를 만들 때는 파라핀왁스보다 천연왁스를 사용하기를 권합니다. 공업용 파라핀왁스는 그을음과 이산화탄소 발생량이 많아 건강에 해로울 수 있기 때문이지요. 만들 때 아로마 오일 몇 방울을 넣어 주면 더 풍성한 향을 가진 허브 양초를 만들 수 있습니다.

1 왁스를 중탕 용기에 넣고 녹입니다.
2 유리 용기에 양초 심지를 붙여 주세요.
3 나무젓가락을 이용하여 양초 심지를 고정시킵니다.
4 왁스가 다 녹으면 허브 가루와 아로마 오일을 왁스에 넣고 섞어 줍니다.
5 심지가 움직이지 않도록 유리 용기에 왁스를 부어 주세요.
6 허브 잎을 이용해 유리 용기를 장식합니다.

## 허브 포푸리

**재료** 포푸리 망, 말린 허브 잎, 끈

허브를 말려 포푸리로 이용할 수 있어요. 포푸리 망에 말린 허브를 넣어 베개 커버나 장롱, 서랍에 넣어 주세요. 향긋한 허브 향기를 맡을 때마다 기분전환이 될 거예요.

1 허브를 자연건조시킵니다.
2 건조된 허브를 밀폐용기에 1개월 정도 넣어 둡니다.
3 ②의 허브를 망이나 유리병에 넣어 포푸리로 이용합니다.

## 허브 페이셜스팀

**재료** 10cm 길이의 허브 2~3개, 식초 200ml

향기로운 허브 향을 맡으며 얼굴에 생기를 불어넣어 주세요. 피부의 노폐물을 없애고 잡티나 노화현상을 완화시키는 데 효과적입니다. 허브 향을 호흡함으로써 심신의 안정과 피로회복에도 도움이 되지요.

1 허브를 흐르는 물에 깨끗이 씻어 주세요.
2 허브를 대야에 넣고, 끓인 물을 허브가 잠길 정도로 부어 줍니다.
3 깨끗하게 세안한 후 얼굴의 물기를 제거합니다.
4 머리에 수건을 덮어 수증기가 빠져나가지 않고 얼굴에 집중되도록 합니다.
5 수증기를 5분 정도 얼굴에 쐬어 줍니다.
6 끝난 후에는 가볍게 세안합니다.

+ 허브 대신 아로마 오일을 두세 방울 넣어 사용해도 됩니다.

**Tip. 허브 보관방법**

### 건조시키기
바람이 잘 통하는 곳에 허브를 묶어 거꾸로 매달아 말리거나 통기성이 좋은 바구니나 소쿠리에 펼쳐 놓고 말리면 됩니다. 이때 직사광선은 피하고 통풍이 잘되는 그늘에서 말리는 것이 좋지요. 식물에 따라 차이가 있겠지만 보통 10일 정도 말리면 되고 공기 중의 습도나 온도, 건조방법에 따라 달라질 수 있습니다. 완전히 건조되면 밀폐된 용기에 넣어 보관합니다.
1주일 정도 지나서 용기에 이슬이 맺히면 허브를 꺼내 다시 말리는 것이 좋습니다. 빠른 건조를 해야 하는 경우는 허브를 전자레인지에 넣고 2~4분만 돌려 줍니다.

### 냉동시키기
수확한 허브는 바로 냉동저장을 하면 필요할 때마다 꺼내 사용할 수 있지요. 상태가 깨끗한 것은 그대로 쓰고, 그렇지 못한 것은 물로 씻어 지저분한 잎을 모두 제거해 주세요. 허브가 그대로 냉동실에 노출되면 수분과 향이 날아가 버리므로 밀봉이 되는 지퍼백에 넣어서 보관하세요. 허브를 가장 신선하게 유지하려면 −32℃ 정도로 냉동시키는 것이 좋습니다.

## SPECIAL 02 내추럴 스타일링 만들기

### 계피를 이용한 크리스마스 장식

계피는 향이 좋고 모양도 예뻐서 장식에 활용하기 좋은 소재입니다. 행잉 발이나 리스를 만들어도 좋지요. 생화 센터피스를 만들 때 사용하면 예쁘게 활용할 수 있습니다. 포인세티아, 아라우카리아, 백묘국, 호랑가시나무를 함께 연출하면 더 자연스럽고 예쁜 크리스마스 장식이 될 거예요.

**재료** 계피 스틱, 식물 화분, 가위, 끈

**HOW TO**

1 계피를 가위로 자릅니다. 자연스러운 연출을 위해 길이를 똑같이 자르지 않아도 됩니다.

2 끈을 이용해 계피를 엮어 나갑니다. 매듭을 한 번씩만 지어 주세요.

3 원하는 사이즈만큼 엮으세요.

4 처음과 마지막 계피를 묶어 원형 울타리로 만듭니다.

5 완성된 계피 울타리입니다.

6 집에 있는 화분을 계피 울타리 안에 넣으면 완성됩니다.

## 자작나무 껍질·마른 잎·가지치기 줄기를 이용한 장식

식물이나 꽃은 우리에게 한없이 베푸는 존재입니다. 말라가면서까지 유용하게 사용할 수 있으니 말이에요. 플라스틱 용기에 잎을 붙여 화병을 만들거나 유리병이나 초에 리본과 함께 하나씩 장식하는 것도 자연의 기운을 불어넣기에 좋습니다.

**재료** 자작나무 껍질, 초, 월계수 잎, 로즈메리 잎, 백량금 잎, 남천 잎, 양면 테이프, 끈

### HOW TO

**1** 자작나무 껍질을 깨끗하게 닦아 준비합니다.

**2** 자작나무 껍질에 양면 테이프를 붙입니다.

**3** 준비한 화분에 자작나무 껍질을 두릅니다.

**4** 자작나무 껍질의 마감 부분은 스테이플러로 고정시킵니다.

**5** 화분에 두른 자작나무 껍질에 양면 테이프를 이용하여 잎을 붙입니다.

**6** 붙인 잎이 떨어지지 않도록 끈으로 묶어 고정시켜 주세요. 끈이 길면 리본으로 묶어 장식하세요.

## 조개 · 전복 · 소라 껍데기를 이용한 화분, 장식품

바다로 여행을 떠나면 한 번쯤 조개 껍데기를 주워온 경험이 있을 겁니다. 청량하고 시원한 색을 머금고 있는 조개와 소라를 이용하여 바다를 떠올리게 하는 화분을 만들 수 있지요. 음식 재료로 썼던 조개 · 전복 · 소라 껍데기도 좋은 장식이 될 수 있으니 버리지 마세요. 또한 산호조각을 화분 옆에 살짝 놓아 두면 푸른 대서양의 바다가 문득문득 떠오를 거예요.

## 간단한 소품으로 분위기 변신

### 일회용품을 이용한 식물 이름표 만들기

버려지는 일회용품을 이용해서 아기자기한 식물의 이름표를 만들 수 있습니다. 일회용 포크, 숟가락, 아이스크림 막대, 빨대, 꼬치, 젓가락, 박스 등을 활용할 수 있지요. 이름을 써서 꽂아 놓는 것만으로도 분위기가 확 바뀔 거예요. 플라스틱 일회용 숟가락과 포크는 아크릴물감을 칠해서 색다른 느낌으로 사용할 수도 있습니다.

**재료** 일회용 포크, 일회용 숟가락, 아이스크림 막대, 꼬챙이, 빨대, 젓가락, 박스, 아크릴물감, 붓, 네임펜

## HOW TO

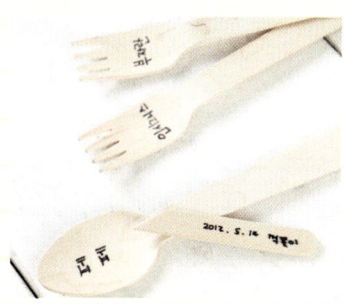

1 나무로 된 일회용 포크, 숟가락, 아이스크림 막대, 꼬챙이에 네임펜을 이용하여 식물의 이름을 쓰세요.

2 씨앗을 심었거나 꺾꽂이를 한 날짜를 표시합니다.

3 두툼한 박스는 좋은 이름표가 될 수 있어요. 박스를 다양한 크기로 잘라 주세요.

4 매직이나 네임펜으로 식물의 이름을 적은 뒤 큰 화분에 사용합니다.

## 리본 하나로 분위기 변신

리본은 색상, 질감, 사이즈, 종류에 따라서 분위기를 다르게 연출할 수 있는 소품입니다. 라피아나 노끈을 사용해서 자연스러운 연출을 할 수도 있고, 레이스를 이용해 아늑하고 편안한 분위기를 낼 수 있지요. 공단리본을 사용하면 화려하게, 오간디리본은 시원하고 투명한 느낌으로, 가죽끈을 이용하면 고급스럽고 깔끔한 분위기를 낼 수 있습니다.

## HOW TO

**양면이 다른 공단리본 예쁘게 묶는 법**

**1** 리본을 화분에 두릅니다.

**2** 매듭을 한 번 지어 주세요.

**3** 리본 고리를 만든 후 한 바퀴 감아 줍니다.

**4** 보통 리본 매는 방법으로 여기서는 나머지 고리 한 개를 더 만들어 줍니다.

**5** 양면 리본을 반 바퀴 더 돌립니다.

**6** 나머지 골을 만듭니다.

**7** 리본을 꽉 매어 주세요.

**8** 리본 고리 중 아래 리본을 잡아당기면 매듭이 꽉 지어지고, 위의 리본을 잡아당기면 매듭의 길이를 조절할 수 있습니다.

**9** 완성된 모습입니다.

## 종이 포장으로 옷 입히기

작은 화분을 종이 한 장으로 예쁘게 변신시킬 수 있습니다. 종이를 잘라 붙이는 것만으로도 포인트가 되기도 하지요. 모양을 예쁘게 자를 자신이 없다면 원래 있던 모양을 오려서 붙여 주세요. 계절감이 느껴지는 패턴을 잘라 붙여도 좋겠지요.

### HOW TO

**1** 종이를 화분 사이즈에 맞게 자릅니다.

**2** 종이를 길게 접어 주세요.

**3** 화분을 종이 포장지로 감싸 줍니다.

**4** 화분이 완전히 가려지도록 종이로 감싸 주세요.

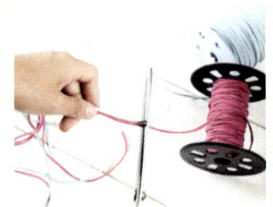

**5** 원하는 색깔의 리본을 잘라서 준비합니다.

**6** 종이 포장지가 고정되도록 끈을 감아 리본으로 묶어 줍니다.

**7** 완성된 모습입니다.

## 문양 만들어 붙이기

본인의 취향에 맞게 잡지, 포장지, 그림에 있는 문양을 잘라 붙여 보세요. 화분의 분위기를 살짝 바꿀 수 있는 프린트나 그림을 선택해도 좋아요.

### HOW TO

**1** 잡지 등에서 오리고 싶은 부분을 잘라 냅니다.

**2** 화분을 감쌀 수 있을 길이로 자르거나 여러 조각을 연결시킵니다.

**3** 뒷면에 양면 테이프를 붙입니다.

**4** 양면 테이프가 부착된 종이를 화분에 붙입니다.

**5** 완성된 모습입니다.

## SPECIAL 04 주방용품 화분으로 활용하기

### 주전자와 유리잔을 이용한 수경 재배

유리 주전자와 유리잔은 시원하게 수경 재배로 연출하기 좋은 소품입니다. 다양한 식물을 함께 연출하면 수경 식물이 더욱 싱그러워 보일 거예요. 싱고니움, 스파티필룸, 아이비와 같이 수경 재배가 가능한 식물을 활용해서 연출해 보세요. 시원한 분위기를 더해주는 매트나 패브릭을 함께 스타일링하면 식물이 한층 더 빛이 납니다.

## 접시와 수반을 이용한 행운목과 수생 식물 기르기

여름이 되면 실내를 시원하게 하는 수생 식물이 생각나지요. 주방에서 고른 수반 하나면 간단하게 수생 식물을 키울 수 있습니다. 물에 띄워 주기만 하면 되니까요.
행운목의 수경 재배를 위해서도 화분이 따로 필요 없습니다. 주방에 있는 접시나 수반, 컵 등에 행운목을 넣기만 하면 되지요. 흙 없이 물에서만 키워 깨끗하고도 간단합니다.

## 화분으로 변신한 머그잔

사용하다 보면 깨지거나 싫증이 나서 쓰지 않는 머그잔이나 커피잔이 많을 거예요. 이제 그릇장 구석에서 꺼내 빛을 보여주세요. 새로운 화분으로 다시 태어날 차례입니다. 머그잔은 구멍이 없는 화분으로 그냥 사용해도 좋고 구멍을 뚫어 사용해도 됩니다.

**재료** 머그잔, 망치, 못, 물수건, 테이프, 대야, 난석, 흙

## HOW TO

**1** 사용하지 않는 머그잔을 꺼내서 준비해 주세요. 머그잔이 깨지는 것을 방지하기 위해 따뜻한 물에 30분 정도 불린 뒤 사용하는 것이 좋습니다.

**2** 테이프를 머그잔의 구멍 뚫을 위치 양면에 붙여 화분 구멍 주변이 깨지는 것을 줄이고 파편이 튀는 것을 방지합니다.

**3** 충격을 덜기 위해 머그잔 속에 물수건을 넣습니다. 그런 다음 머그잔에 못을 대고 망치로 탕탕 치세요. 너무 세게 치면 머그잔이 와장창 깨질 수 있으니 살살 여러 번 쳐 줍니다.

**4** 난석이나 마사토를 넣어 배수층을 만듭니다.

**5** 배수층을 깔아 둔 머그잔 속에 흙을 넣습니다.

**6** 머그잔에 식물을 넣어 줍니다.

**7** 식물이 잘 심어지도록 흙을 다져 주세요.

**8** 완성된 모습입니다.

# 재활용품을 이용한 화분 만들기

## 주스병에 꽂은 화초

주스병은 우리 주변에서 아주 쉽게 구할 수 있는 재활용품이지요. 주스병뿐만 아니라 잼을 먹고 난 후 남은 병들, 푸딩을 먹고 난 후 나오는 작은 유리병도 좋은 화병이 됩니다. 모양도 다양하고 병에 붙어 있는 상표 스티커만 떼어 내면 아주 훌륭한 화병으로 변신합니다.
수경 재배가 가능한 식물을 꽂아 놓기도 하고, 개운죽처럼 흙이 없어도 간단하게 키울 수 있는 식물도 좋아요. 물꽂이할 줄기를 꽂아서 장식용으로도 사용하고 뿌리가 나오면 옮겨 심으면 되지요. 주스병에 꽂은 한두 송이의 꽃으로 식탁 분위기를 상큼하게 바꿀 수 있어요.

**재료** 먹고 난 잼병 또는 주스병, 리본, 수경 재배가 가능한 식물(개운죽, 자주만년초)

유리병에 스타일링한 화분들

장미허브

자주만년초

## 일회용품으로 만든 디저트 상차림 세트

테이크아웃 커피를 많이 마시는 요즘, 수없이 많은 플라스틱 컵들이 쓰레기통으로 버려지지요. 한 번 쓰고 버려지는 플라스틱 컵을 이용해 화분으로 유용하게 쓸 수 있습니다. 일회용 컵 안에 색돌, 커피콩, 포푸리, 말린 열매, 마카로니 등을 넣어 장식하고 수경 재배할 식물을 이용해 보세요. 간편하게 키울 수 있고 색다른 분위기를 낼 수 있습니다. 일회용 케이크 뚜껑과 소스통을 이용해서 케이크, 머핀, 커피 세트를 만들어 보세요. 아기자기하고 재미있는 디저트 상차림이 완성됩니다.

**재료** 플라스틱 컵, 머핀용 유산지, 작은 일회용 컵, 리본, 일회용 케이크 케이스, 소스컵, 커피콩, 각종 식물, 펀치

## HOW TO

**일회용 플라스틱 컵 활용**

1 작은 일회용 컵에 식물을 심고 플라스틱 컵에는 커피콩을 담습니다.

2 플라스틱 컵에 일회용 컵에 담긴 식물을 넣고 커피콩을 담아 주세요.

3 일회용 컵이 보이지 않도록 커피콩으로 덮어 주세요.

4 일회용 컵을 이용한 화분이 완성되었습니다.

**케이크 케이스 활용**

1 케이크 케이스 바닥에 구멍을 뚫습니다.

2 난석이나 마사토를 넣어 배수층을 만들어 줍니다.

3 흙을 넣어 줍니다.

4 식물을 심습니다.

5 완성된 모습입니다.

## SPECIAL 06 내 손으로 만드는 화분 DIY

### 분유통·깡통을 화분으로 변신시키기

버려지는 분유통이나 깡통들을 모아서 화분으로 만드는 건 어떨까요? 물이 새지 않는 모든 것들이 화분이 될 수 있어요. 분유통과 깡통 바닥에 구멍을 뚫고, 손잡이를 달아서 걸 수 있게 만들 수도 있지요. 조금만 정성을 들이면 돈을 들이지 않고도 내 취향에 딱 맞는 수많은 화분들을 만들 수 있어요. 정성이 들어간 화분이 완성되면 볼 때마다 기쁨도 두 배가 될 것입니다. 단순히 페인트칠만 하는 것이 재미없다면 핸드프린트를 할 수도 있어요. 스텐실을 이용하거나 붓으로 글씨를 써서 장식할 수도 있지요. 칠판페인트를 칠하여 분필로 글씨를 써도 좋아요. 스텐실은 도안을 구입하여 장식해도 좋고 도안을 직접 만들어서 사용해도 좋습니다. 아이들과 함께 놀이로 해보는 것도 좋을 거예요. 단, 깡통을 이용할 때는 깡통의 뚜껑 부분을 조심해야 합니다. 분유통처럼 뜯어 낸 부분에 손이 베어 상처가 나지 않도록 안전하게 처리된 깡통을 사용하세요.

**재료** 분유통, 깡통, 젯소, 페인트, 바니시, 스텐실 도안, 송곳

## HOW TO

1 재활용할 분유통이나 깡통을 준비합니다.

2 깡통 바닥에 구멍을 뚫어 물구멍을 만듭니다.

3 착색이 잘 되도록 젯소를 발라 줍니다.

4 젯소가 완전히 마르면 원하는 색으로 페인트칠을 해주세요. 페인트는 2~3번 정도 칠하면 비치지 않고 더 깨끗하게 칠해집니다.

5 페인트가 마르고 나면 스텐실 도안을 이용하여 글자나 그림을 찍어 줍니다. 작은 붓을 이용해 직접 그림을 그리거나 글씨를 써도 좋지요. 바니시를 발라 마무리하면 페인트칠이 보호됩니다.

6 난석이나 마사토를 넣어 배수층을 만듭니다.

### Tip. 젯소와 바니시

**젯소** 페인트를 칠하기 전에 착색이 잘 되도록 발라 줍니다. 페인트의 접착력을 높여 주고, 발림성이 좋아져요. 페인트의 원래 색상을 더욱 선명하게 보이기 위한 방법이지요. 매니큐어의 베이스코트 같은 것이라고 보면 됩니다.

**바니시** 페인트를 칠한 후 페인트가 잘 보호될 수 있도록 위에 덧바르는 페인트입니다. 매니큐어에 비유하자면 탑코트 역할을 하는 것이지요. 무광과 유광 두 가지 종류가 있는데, 페인트색 그대로를 돋보이게 하려면 무광을 바르고, 광이 나게 할 때는 유광 바니시를 바르면 됩니다.

7 흙을 넣어 주세요.

8 식물을 심으면 완성입니다.

## 요구르트통을 이용한 화분 만들기

떠먹는 요구르트통이나 페트병을 활용하려는데 재활용품 냄새가 풀풀 풍기는 것이 세련되지 못해 보인다고요? 걱정하지 마세요. 간단하게 색칠하여 사용할 수 있습니다. 플라스틱 화분도 이런 방법으로 변신시켜도 좋지요. 작은 요구르트통 몇 개만 칠하려고 하는데 페인트를 이용하기에는 부담스러운 면이 있지요. 하지만 아크릴 물감을 이용하면 그런 걱정을 날려 버릴 수 있습니다. 사용하는 방법은 페인트와 같아요. 색을 칠한 후에 레터링지로 간단하게 장식을 할 수도 있지요. 식물의 이름을 쓰거나 자신의 이름을 써도 좋고 원하는 문구를 적을 수도 있습니다. 꺾꽂이용 미니 화분으로 사용하거나 물꽂이용 화병으로 사용해도 좋습니다.

**재료** 떠먹는 요구르트통, 젯소, 아크릴물감, 바니시, 스텐실 도안, 송곳, 붓

## HOW TO

1 재활용할 요구르트통 화분을 준비합니다.

2 바닥에 송곳이나 펀치로 구멍을 뚫어 물구멍을 만듭니다.

3 착색이 잘 되도록 젯소를 바릅니다.

4 젯소가 완전히 마르면 아크릴물감을 칠해 주세요. 2~3번 덧칠하면 더 깔끔하게 칠해집니다. 한 번 칠하고 완전히 말리기를 반복해야 합니다.

5 페인트가 마르고 나면 레터링지를 이용해서 글자를 붙입니다. 바니시를 발라 마무리하면 아크릴물감이 잘 보호될 수 있어요.

6 만든 화분에 식물을 심어 완성합니다.

## 칙칙한 화분, 개성 있게 변신시키기

집에 화분은 많은데 정작 내 마음에 드는 화분이 없다고요? 화분이 제각각 색상도 모양도 다르다면 주방에서 쓰던 알록달록한 그릇들을 이용하는 방법도 있습니다. 페인트를 이용해서 화분에 색을 입히는 것이지요.

**재료** 화분, 젯소, 페인트, 산화제, 바니시, 붓, 접시, 난석, 흙, 식물

## HOW TO

**1** 조화롭지 않은 다양한 화분을 모두 모아 준비합니다.

**2** 페인트칠할 재료를 준비합니다.

**3** 화분에 착색이 잘 되도록 젯소를 발라 줍니다.

**4** 젯소가 완전히 마르면 원하는 색의 금속 페인트칠을 해주세요.

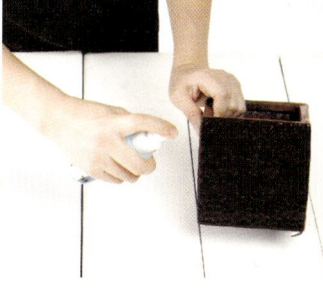

**5** 페인트를 완전히 말린 후에 녹슨 느낌을 내는 산화제를 뿌려 줍니다.

**6** 2~3시간 정도 말리면 부식이 되어 녹슨 느낌이 나게 됩니다. 다른 페인트에 비해 냄새가 많이 날 수 있으니 통풍이 잘되는 곳에서 작업하는 것이 좋습니다. 페인트가 다 마르면 바니시를 발라 마무리합니다.

**7** 난석으로 배수층을 만들고 흙을 넣어 식물을 심어 줍니다.

**+** 여기에서는 일반적으로 사용하는 젯소, 페인트와는 다르게 녹슨 느낌이 나는 전용 페인트를 사용하였습니다.

## 우유팩 공중걸이분으로 활용하기

우유팩은 깨끗하게 씻어서 공중걸이분으로 만들 수 있습니다. 패브릭이나 종이로 우유팩을 장식하는 것이지요. 우유팩 화분은 식물을 심어도 좋지만 작은 모종을 넣는 화분으로 활용할 수 있어요. 캔버스천을 사용하여 천에 도장을 찍어 장식해 보세요. 나만의 개성 있는 공중걸이분이 완성될 거예요.

**재료** 우유팩, 노끈, 캔버스천, 리본, 펀치, 양면 테이프, 가위

## HOW TO

1 우유팩은 깨끗하게 씻어서 윗부분을 깔끔하게 자릅니다.

2 천을 자르고 실밥이 나오지 않도록 접어서 양면 테이프로 붙입니다.

3 천의 가장자리에 양면 테이프를 붙여 주세요.

4 우유팩에 천을 둘러 붙여 줍니다.

5 천이 떨어지지 않게 하고, 지저분한 실밥이 나오지 않도록 정리합니다.

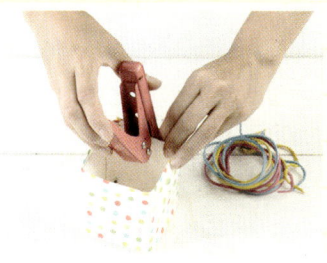

6 펀치를 이용하여 우유팩 양쪽에 구멍을 뚫습니다.

7 구멍에 리본을 꿰어 손잡이를 만듭니다.

8 식물 포트를 완성된 우유팩 화분 속에 넣습니다.

9 완성된 모습입니다.

# 찾아보기

## ㄱ
관엽 식물 26, 44
구근베고니아 202
국화 306
그린볼 168
그을음병 61
금전수(자미오쿨카스) 104, 108
깍지벌레 64
깔망 48
꺾꽂이 80, 112
꽃기린 88
꽃댕강나무 176

## ㄴ
난석 48, 52
남천 292
녹병 62
님트리 180

## ㄷ
다육 식물 25, 45, 136, 138
단일 식물 316
단일 처리 316

디펜바키아 165
디펜바키아 마리안느 158
떡갈잎고무나무 142

## ㄹ
로즈메리 208, 213
로즈제라늄 298

## ㅁ
마사토 52
맥반석 52
모히토 218
무기질 비료 55
무름병 61
무스카리 238

## ㅂ
바니시 354, 355
바이러스병 61
바크 52
박쥐란 92

반점세균병 62
배양토 52
백량금 114
백묘국 326
밴쿠버제라늄 296
부수 식물 274
불염포 199, 201

## ㅅ
산세비에리아 스투키 192
새집증후군 20
선인장 138
선충 65
수경 재배 275, 280
수국 282
수생 식물 274
수선화 242
수지 식물 274
순지르기 86
스파티필룸 276
시페루스 267
싱고니움 70
씨앗 259

## ㅇ

아라우카리아 318
아레카야자(황야자) 188
아이비 165, 275, 280
안스리움 198
알로카시아 148
알뿌리 식물 236
압력분무기 49
애플민트 214
야생화 25
양골담초(애니시다) 252
온실가루이 65
왕골 267, 268
워터코인 270
월계수 172
유기질 비료 55
율마 224
응애 64
잎꽂이 81, 121, 268

## ㅈ

자작나무 338
자주만년초(부자란) 110
장미허브 220
잿빛곰팡이병 61
저면 관수 11, 39
점무늬성병 62
접란 132
젯소 354, 355
종려방동사니(시페루스) 266
증발 127
증산 127

지피포트 264
진딧물 64

## ㅊ

총채벌레 65
침수 식물 274

## ㅋ

칼라데아 인시그니스(부부초) 124
칼랑코에 82
캄파눌라 256
커피나무 152
커피존 156
클레마티스 286
클루시아 162

## ㅌ

탄저병 62
토피어리 53, 173, 211, 225, 227, 304, 305
튤립 248

## ㅍ

페페로미아(신홀리페페로미아) 76
포기나누기 107, 108
포름알데히드 19, 21, 73

포인세티아 312
포푸리 334
피라칸사 302
피톤치드 226
피트모스 52
피트펠렛 157, 263, 264

## ㅎ

행복나무(해피트리) 128
행운목 98
허브 227
허브 비니거 333
허브티 332
허브 페이셜스팀 335
협죽도 165
호랑가시나무 322
호야 케리 120
흰가루병 61
히아신스 232

# 참고문헌

곽병화, 〈신제 화훼원예총론〉, 향문사, 1983

최연진, 〈한국민속식물〉, 아카데미서적, 1997

김종천, 〈원예학원론〉, 건국대학교출판부, 1997

한국화훼연구회, 〈화훼원예학총론〉, 문운당, 1998

윤평섭, 〈환경미학〉, 문운당, 1999

윤평섭, 〈한국의 화훼원예식물〉, 교학사, 2001

마이크 대시, 〈튤립 그 아름다움과 투기의 역사〉, 지호, 2002

한국원예학회, 〈원예학용어 및 작물명집〉, 한국원예학회, 2003

송기엽·윤주복, 〈야생화 쉽게 찾기〉, 진선출판사, 2003

서정남·최지용·허무룡·박천호, 〈실내식물〉, 부민문화사, 2003

한국화훼장식교수연합회, 〈600가지 꽃도감〉, 부민문화사, 2003

윤주복, 〈나무 쉽게 찾기〉, 진선출판사, 2004

손기철, 〈실내식물이 사람을 살린다〉, 중앙생활사, 2004

월버튼, 〈웰빙 실내공기 정화식물〉, 문예마당, 2004

윤병성·장광진, 〈닥터그린〉, 그린홈, 2004

Moritz Bürki, 〈Marianne Fuchs〉, Topfpflanzen, Ulmer, 2004

김규원 외, 〈화훼재료 및 형태학〉, 위즈밸리, 2005

이종석, 〈화훼품질유지 및 관리론〉, 위즈밸리, 2005

박양세, 〈선인장 다육 식물〉, 교학사, 2006

유용권 외, 〈원예식물 이름의 어원과 학명 유래집〉, 전남대학교출판부, 2006

도테니센, 〈쉽게 기르는 실내식물 140〉, J&P, 2006

곽병화 · 이남현, 〈공기정화식물 키우기〉, 웰빙플러스, 2007
제갈영, 〈베스트 공기정화식물〉, 이비락, 2010
이광만, 〈우리 나라 조경수 이야기〉, 이비락, 2010

### 참고 사이트

국가생물종지식정보시스템 http://www.nature.go.kr/
국가병해충관리시스템 http://npms.rda.go.kr/
국가표준식물목록 http://www.nature.go.kr/kpni
농촌진흥청 국립원예특작과학원 http://www.nihhs.go.kr/
미국농무부 http://www.plants.usda.gov/
미국국립열대식물원 (National Tropical Botanical Garden) http://ntbg.org/
플로리다의 자연 (Florida's Nature) http://www.floridasnature.com/
님재단 http://neemfoundation.org/

부록

알뜰하게 잘라 쓰는
계절별 화초 엽서

뒷면에 식물 정보가 담겨 있어요!

**히아신스**

Hyacinth
백합과 *Hyacinthus orientalis*

| 식물정보 | 난이도 | 식물분류 | 빛 | | 물주기 | 비료 | 개화시기 | 최적온도 | 최저온도 |
|---|---|---|---|---|---|---|---|---|---|
| | | | 개화 전 | 개화 후 | | | | | |
| | 하 중 상 | 꽃 | 양지 반양지 | 반음지 | 보통 | 봄 | 3~4월 | 10~23℃ | 5℃ |

**수선화**

Narcissus
수선화과 *Narcissus* spp.

| 식물정보 | 난이도 | 식물분류 | 빛 | | 물주기 | 비료 | 개화시기 | 최적온도 | 최저온도 |
|---|---|---|---|---|---|---|---|---|---|
| | | | 개화 전 | 개화 후 | | | | | |
| | 하 중 상 | 꽃 | 양지 반양지 | 반음지 | 보통 | 봄 | 3~4월 | 10~20℃ | 5℃ |

## 워터코인

Dollarweed, Manyflower, Marsh Pennywort, Water Pennywort
산형과 *Hydrocotyle umbellata*

## 수국

Hydrangea
범의귀과 *Hydrangea macrophylla*

| 식물정보 | 난이도 | 식물분류 | 빛 | 물주기 | 비료 | 개화시기 | 최적온도 | 최저온도 |
|---|---|---|---|---|---|---|---|---|
| | 중 | 잎 | 양지 / 반양지 | 자주 | 봄·여름·가을 | – | 16~30℃ | 0℃ |

| 식물정보 | 난이도 | 식물분류 | 빛 | 물주기 | 비료 | 개화시기 | 최적온도 | 최저온도 |
|---|---|---|---|---|---|---|---|---|
| | 중 | 꽃 | 양지 / 반양지 | 분무 / 자주 | 봄·여름·가을 | 6~8월 | 10~25℃ | -15℃ |

**밴쿠버제라늄**

Vancouver Centennial Geranium
쥐손이풀과 *Pelargonium horturum* 'Golden Ears'

**국화**

Chrysanthemum
국화과 *Dendranthema grandiflorum (Chrysanthemum morifolium)*

**포인세티아**

Poinsettia
대극과 *Euphorbia pulcherrima*

**백묘국**

Dusty Miller, Silver Cineraria
국화과 *Senecio cineraria*